THE
HISTORIA REGUM BRITANNIE
OF GEOFFREY OF MONMOUTH

I

Bern, Burgerbibliothek, MS. 568

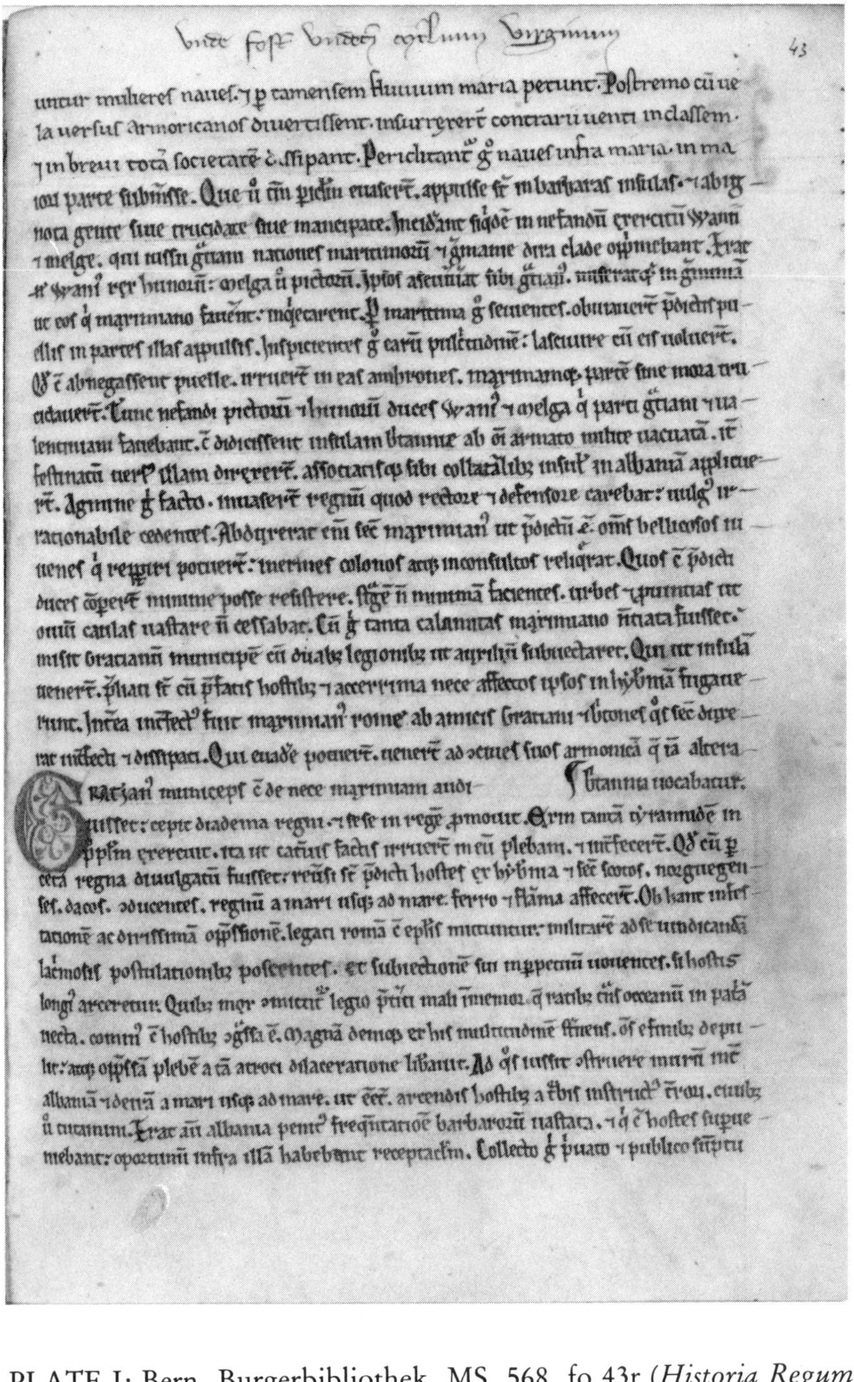

PLATE I: Bern, Burgerbibliothek, MS. 568, fo 43r (*Historia Regum Britannie* §§ 88–89, by kind permission of the Burgerbibliothek.)

THE
HISTORIA REGUM BRITANNIE
OF GEOFFREY OF MONMOUTH
I

Bern, Burgerbibliothek, MS. 568

Edited by Neil Wright

D. S. BREWER
CAMBRIDGE

© Neil Wright 1984

Published by D. S. Brewer Ltd
240 Hills Road, Cambridge
an imprint of Boydell & Brewer Ltd
PO Box 9, Woodbridge, Suffolk IP12 3DF
and
51 Washington St, Dover, New Hampshire 03820, USA.

First published 1985

British Library Cataloguing in Publication Data

Geoffrey of Monmouth, *Bishop of St. Asaph.*
The historia regum Britannie of Geoffrey
of Monmouth. 1
1. England — Kings and rulers
2. Great Britain — History — To 1066
I. Title   II. Wright, Neil
III. Burgerbibliothek Bern. Manuscript. 568
936.2'009'92   DA135

Library of Congress Cataloguing in Publication Data

Geoffrey of Monmouth, Bishop of St. Asaph,
1100?–1155
The Historia regum Britannie of Geoffrey
of Monmouth I Bern, Burgerbibliothek MS
568.
Bibliography: p.
Includes index.
1. Great Britain — History — To 449.
2. Legends, Celtic.   3. Arthur, King.
4. Merlin.
I. Wright, Neil.   II. Title.
DA140.G353.   1984   941.01   84–24170

ISBN 0 85991 211 6

ISSN 0267–2529

Printed and bound by Short Run Press Ltd., Exeter

CONTENTS

DEDICATION

TO THE MEMORY
OF
W. LEWIS JONES & G. B. MATTHEWS
WHO DID NOT LIVE TO COMPLETE
THEIR EDITION AND TRANSLATION OF THE BERN TEXT
OF
GEOFFREY'S HISTORIA
FOR
THE HONOURABLE SOCIETY OF
CYMMRODORION

Editor's Preface

The *Historia Regum Britannie* of Geoffrey of Monmouth is un-doubtedly one of the most important literary products of the Anglo-Norman period. A pseudo-history of great imaginative power, it exercised a far-reaching influence which quite overshadowed that of the more sober histories of Geoffrey's contemporaries, William of Malmesbury and Henry of Huntingdon. Yet until well into the present century there existed, in the words of Acton Griscom, 'no critical or even reasonably accurate text' of the *Historia Regum Britannie*. The editions of Griscom himself and Edmond Faral went some way towards improving this deplorable situation; but both were based on too few manuscripts to shed sufficient light on the complex text-history of the *Historia Regum Britannie*. Indeed, a truly critical edition must be based on a thorough examination of all the extant manuscripts which number more than two hundred. Jacob Hammer was engaged in this task when his researches were cut short by his untimely death. Since then very little has been done. The present programme has been instituted in order to rectify this omission; its ultimate aim is to provide scholars with a modern edition firmly based on all extant manuscripts. The examination and collation of these manuscripts will naturally be a major undertaking requiring several years. In the interim, the present single-manuscript edition based on an important early witness — Bern, Burgerbibliothek, MS. 568 — will make Geoffrey's work readily available again. At the same time it will serve as the basis for the longer-term project of producing a com-prehensive critical edition. Other volumes to appear shortly in this series will include editions of the extant Variant Versions of the *Historia Regum Britannie*, a Latin verse recension of Breton origin, and a handlist giving summary descriptions of all surviving manu-scripts.

I should like to thank all those who have aided me in the production of this volume. My greatest debt is to the Trustees of the Vinaver Fund who have generously sponsored the entire project as well as this initial edition. I am also very grateful to Dr Christoph von Steiger of the

Burgerbibliothek Bern for providing a microfilm of Bern MS. 568, and to himself and his staff for their kindness and ready assistance when I visited Bern to examine the manuscript itself. My thanks are also due to Professor Brynley Roberts, Dr David Dumville whose palaeographical knowledge and sage advice were the mainstay of the description of Bern MS. 568 contained in this volume, Dr Michael Lapidge who generously read the text and saved me from many errors, and above all to Dr Richard Barber whose patient and attentive help at all stages of the preparation of this edition has been invaluable. I should also like to express my thanks to Iris and Richard Hunter for their friendship and untiring encouragement.

INTRODUCTION

I *Geoffrey of Monmouth's life and works*

Despite the great importance of the *Historia Regum Britannie*, comparatively little is known of Geoffrey's life.[1] The date of his birth is unknown. On three occasions (*Historia Regum Britannie* §§ 3, 110, and 177) he refers to himself as *Monemutensis*, which suggests that he had a close connection with Monmouth. He also manifests an interest in the local geography of that area.[2] Most probably he was born or brought up there. But Geoffrey's racial origin is uncertain. In a revised version of the prologue to the *Prophetie Merlini* (*Historia Regum Britannie* §§ 109–110), he calls himself *pudibundus Brito*, 'an abashed Briton'.[3] This phrase is, however, ambiguous; a 'Briton' might mean a Welshman, a Breton, or even a Cornishman. From 1075 Monmouth was controlled by a Breton lord, Wihenoc, who founded a priory there. It has been inferred from this that Geoffrey may himself have been of Breton origin; in addition, the Bretons play an important role in the *Historia*, while the Welsh are represented as unworthy descendents of the original British population. However, Brittany is not the only Celtic region to figure favourably in Geoffrey's work; Cornwall too is prominent.[4] Geoffrey's distaste for the later Welsh may simply reflect the attitude of his contemporary Norman audience. Arguments based on Geoffrey's linguistic competence,[5] as far as this

---

[1] The standard accounts are: Jones, 'Geoffrey of Monmouth'; Faral, 'Geoffroy de Monmouth'; Lloyd, 'Geoffrey of Monmouth'; and Tatlock, *The Legendary History*, pp. 438–48.

[2] *Ibid.*, pp. 69–77.

[3] Printed by Faral, *La Légende*, III.189 from Paris, Bibliothèque nationale, MS. lat. 6233; there is at present no reason to doubt that this revision is the work of Geoffrey.

[4] Padel, 'Geoffrey of Monmouth and Cornwall'.

[5] See, for example, Crawford, 'On the linguistic competence'.

can be judged from the *Historia*, are similarly inconclusive. It seems justified to conclude that Geoffrey was a normanised Celt, perhaps of Breton descent, although we cannot be sure of his exact racial extraction.

By 1129 Geoffrey was in Oxford, since in the years from then until 1151 he witnessed a number of Oxford charters.[6] Other witnesses to these documents include Archdeacon Walter, from whom Geoffrey claimed to have received the ancient book on which he based his History, and a Ralph of Monmouth. In two charters Geoffrey is described as *magister*, a title which implies teaching responsibilities; most probably he was a secular canon of the college of St George in Oxford. The charters also provide further information about Geoffrey's name, since he witnesses as *Galfridus Arturus* (or *Artur*). Both the chronicler Robert of Torigni and Henry of Huntingdon also refer to Geoffrey in this way.[7] It has been suggested that Arthur was the name of Geoffrey's father, but this is unlikely since such a patronymic would require the form *Gaufridus Arturi* (viz, with the latter name in the genitive). It is therefore more likely that Arthur is a nickname; it may, indeed, have been taken by Geoffrey because of an early, and enduring, interest in the figure who was to be the chief hero of the *Historia Regum Britannie*.

In 1149 the college of St George was dissolved, but by 1151 Geoffrey had been elected Bishop of St Asaph (Llanelwy) in north-east Wales; he was consecrated in the following year, but there is no evidence that he ever visited his frontier bishopric. If we may believe *Brut y Tywysogion*,[8] he died shortly afterwards — in 1155.

Geoffrey's literary activity belongs to his period at Oxford, although we cannot be sure that he was resident there throughout this time. His first work, the *Prophetie Merlini*, purports to be a translation from British verse of the prophecies delivered by Merlin to Vortigern. These consist of allusive political prophecies of a type which became increasingly popular in the middle ages.[9] The initial prophecies are retrospective in that they clearly refer to events recorded in the

---

[6] Salter, 'Geoffrey of Monmouth'.

[7] Howlett, *Chronicles*, IV.168 and 75 respectively; for other sources which name Geoffrey in this manner, see Tatlock, *The Legendary History*, pp. 478–9, and Hammer, *Geoffrey of Monmouth: Historia Regum Britanniae*, pp. 22 and 264.

[8] Lloyd, 'Geoffrey of Monmouth', p. 466.

[9] Taylor, *The Political Prophecy*.

latter part of Geoffrey's *Historia Regum Britannie* and continue to Geoffrey's own day. The remaining prophecies, which become increasingly obscure, look forward over the rest of time until doomsday. The best evidence for the date of composition of the *Prophetie* is internal, since, in their original form, they contain no reference to the death of Henry I;[10] they were perhaps therefore completed before Henry's death in 1135 and, as we shall see, probably not long before that date.

The form in which the *Prophetie* first appeared merits some discussion. They are incorporated into the *Historia Regum Britannie* proper as §§ 111–117; but in an introduction (§ 109), Geoffrey explains that, when he had not yet reached the point in the *Historia* at which Merlin's prophecies were to appear (viz, the reign of Vortigern), his contemporaries pressed him to release his translation immediately. To this introduction Geoffrey appended another, quite separate, preface in the form of an epistolary dedication[11] to Alexander, bishop of Lincoln. The natural conclusion to be drawn from this arrangement is that the *Prophetie* were sent to Alexander before the completion of the *Historia* and originally circulated separately from it. Evidence that this was indeed the case is provided by the *Historia Ecclesiastica* of Orderic Vitalis. In Book XII, chapter 47, Orderic quotes parts of the *Prophetie* and offers explanations of some of those dealing with events of his own times.[12] Although Orderic undeniably uses the *Prophetie* in this passage, he does not draw on the *Historia* proper;[13] rather he states that his source was a *libellus Merlini*. This book of Orderic's *Historia* was written in 1135–6; so the *Prophetie* were available separately, in the form of a *libellus*, in Normandy at this date — a date fully concomitant with their probable completion by 1135. The existence of copies of the *Prophetie* without the *Historia* also bear witness to their continued existence as an independent entity, although in some cases the Prophecies had probably been separated from the *Historia* at a later stage of transmission.

---

[10] The sentence beginning 'Ue tibi, Neustria', dealing with Henry's death, is a later interpolation; Griscom, 'The date of composition', p. 135.

[11] *Historia Regum Britannie* § 109: 'prophetias transtuli et eidem cum huiusmodi litteris direxi'.

[12] Chibnall, *The Ecclesiastical History*, VI.380–8; Thorpe, 'Orderic Vitalis'.

[13] There is no real evidence (*pace* Tatlock, *The Legendary History*, pp. 418–21) that Orderic refers to the remainder of Geoffrey's *Historia* nor that this passage is a later interpolation in the *Historia Ecclesiastica*.

As we have seen, the *Prophetie* were later incorporated into Geoffrey's *magnum opus*, the *Historia Regum Britannie*.[14] The composition of this work took some years. Geoffrey was already engaged on it when he transferred his attention to the *Prophetie* and on his own admission had not at that time reached the reign of Vortigern (although the contents of the initial prophecies [1–7] indicate that he had already drawn up at least a general outline of the second half of the *Historia*). He had therefore begun work on the *Historia* before 1135, but we cannot be sure how long before that date. Conversely, the *Historia* must have been finished by 1139, since in January of that year Henry of Huntingdon, as he tells us in his *Epistola ad Warinum*, was shown a copy at Le Bec by Robert of Torigni.[15]

The question remains as to how long before 1139 the *Historia* was completed. Acton Griscom considered that this question turns on the related problem of the dedication of the *Historia* (§§ 3–4), which exists in a number of different forms.[16] Of these forms, the three most important, all of which seem to be the work of Geoffrey himself, consist of dedications respectively to Robert of Gloucester alone, to Robert and Waleran of Meulan, and to King Stephen and Robert.[17] I set out these three dedications below.[18]

[14] This title, which is regularly employed by modern scholars, first appeared in the edition of Commelin (*Historiae Regum Britanniae*) and was given its familiar form in that of San Marte; it is extrapolated from § 1, 'in hystoriam regum Britannie inciderem'. In the manuscripts the work has various titles, the most common being *Historia Britonum*. Geoffrey himself states that it was known as the *Gesta Britonum* (*Vita Merlini*, line 1529, although this title may be affected by the demands of metre). In order to avoid confusion with the pseudo-Nennian *Historia Brittonum*, I have retained the usual title in the present edition.

[15] There is no modern edition of the *Epistola ad Warinum* in the form in which Henry included it in his *Historia Anglorum*, but a modified version is found in Robert of Torigni's chronicle (Howlett, *Chronicles*, IV.65–75, at p. 65).

[16] 'The date of composition'.

[17] There is a fourth anonymous dedication, which exists in various versions (Hammer, 'Remarks', pp. 529–30); it is based on the single dedication to Robert, but the latter's name has been clumsily suppressed. Despite Hammer's assertion that it too is the work of Geoffrey, its place in the text-history of the *Historia* has yet to be established.

[18] The Robert-dedication is here quoted from Leiden, Bibliothek der Rijksuniversiteit, MS. B.P.L. 20, that to Robert and Waleran from Griscom's diplomatic edition of Cambridge, University Library, MS. Ii.1.14 (1706), and that to Stephen and Robert from Bern, Burgerbibliothek, MS. 568 which is the sole witness.

I Robert of Gloucester

[3] Opusculo igitur
meo, Roberte dux
Claudiocestrie, faueas
ut sic te doctore te
monitore corrigatur
quod non ex Galfridi
Monemutensis
fonticulo censeatur
exortum sed sale
Mineruae tuae
conditum illius dicatur
edicio quem Henricus
illustris rex Anglorum
generauit, quem
philosophya liberalibus
artibus erudiuit, quem
innata probitas in
militia militibus
prefecit: unde Britannia
tibi nunc temporibus
nostris acsi alterum
Henricum adepta
interno gratulatur
affectu.

II Robert of Gloucester and Waleran of Meulan

[3] Opusculo igitur
meo, Roberte dux
Claudiocestrie, faueas
ut sic te doctore te
monitore corrigatur
quod non ex Galfridi
Monemutensis
fonticulo censeatur
exortum set sale
Minerue tue conditum
illius dicatur editio
quem Henricus illustris
rex Anglorum
generauit, quem
philosophia liberalibus
artibus erudiuit, quem
innata probitas in
milicia militibus
prefecit: unde Britannia
insula tibi nunc
temporibus nostris acsi
alterum Henricum
adepta interno
congratulatur affectu.
[4] Tu quoque,
Galeranne consul
Mellenti, altera regni
nostri columpna,
operam adhibeas tuam
ut utriusque
moderatione
communicata editio in
medium producta
pulchrius elucescat. Te
etenim ex illius
celeberimi regis Karoli
stirpe progenitum mater
phylosophia in gremio
suo excepit
scientiarumque suarum
subtilitatem edocuit ac
deinde ut in militaribus

III King Stephen and Robert of Gloucester

[3] Opusculo igitur
meo, *Stephane rex
Anglie,* faueas ut sic te
doctore te monitore
corrigatur quod non ex
Gaufridi Monemutensis
fonticulo censeatur
extortum set sale
minerue tue conditum
illius dicatur editio
cuius Henricus illustris
rex Anglorum *awnculus
extitit,* quem
philosophia liberalibus
artibus erudiuit,
qu<e>m innata pro-
bitas in milicia milicibus
prefecit: unde Britannia
insula tibi nunc
temporibus nostris acsi
alterum Henricum
adepta interno
congratulatur affectu.

[4] Tu quoque, *Roberte*
consul *Claudiocestrie,*
altera regni nostri
columna, operam
adhibeas tuam ut
utriusque moderatione
communicata editio in
medium producta et
pulcrius elucescat. Te
etenim ex *illo
celeberrimo rege
Henrico* progenitum
mater philosophia in
gremio suo excepit
scientiarumque suarum
subtilitatem edocuit ac
deinde ut in militaribus
clareres exercitiis ad

clareres exercit<ii>s
ad castra regum direxit
ubi commilitones tuos
audacter supergressus et
terror hostium existere
et protectio tuorum esse
paternis auspiciis
addicisti. Fidelis itaque
protectio tuorum
existens me tuum uatem
codicemque ad
oblectamentum tui
editum sub tutela tua
recipias ut sub tegmine
tam patulae arboris
recubans calamum
musae tue coram inuidis
atque improbis tuto
modulamine resonare
queam.

castra regum derexit,
ubi commilitones tuos
audacter supergressus et
terror hostium insistere
et protectio tuorum esse
paternis auspiciis
addidicisti: fidelis
itaque protectio tuorum
existens me tuum uatem
codicemque ad
oblectamentum tui
editum sub tutela tua
recipias ut sub tegmine
tam patule arboris
recubans calamum muse
mee coram inuidis
atque improbis tuto
modulamine resonare
queam.

Griscom sought to date the composition of the first version of the *Historia* by establishing the order in which these dedications were composed. He maintained that the single dedication to Robert of Gloucester postdated the double dedications and that it was a shortened version of that to Robert and Waleran;[19] however, his arguments carry little weight. In fact, the relationship of the Robert and Robert—Waleran dedications cannot be resolved with certainty, although it is possible that that to Robert alone is the earlier. The only evidence which can be brought to bear is internal to the *Historia*: in § 177, Geoffrey addresses a single unnamed patron as 'consul auguste'. This may suggest that the work originally had only one dedicatee and hence that the dedication to Robert was the first to be written. There remains, however, the difficulty that, if this was the case, Robert is addressed as *dux* in § 3, while the anonymous patron of § 177 is termed *consul*.[20]

No such uncertainty surrounds the double dedications. As Griscom showed, the dedication to Stephen and Robert is manifestly a re-

[19] 'The date of composition', pp. 154–6.
[20] The term, that is, which is reserved for Waleran in the double dedication; however, earlier, fictional earls of Gloucester are called *consul* in *Historia Regum Britannie* §§ 105 (Eldol) and 156 (Moruid).

working of that to Robert and Waleran; the substitution of Stephen for Robert, and Robert for Waleran, has caused stylistic disruption,[21] while the terms of the Robert—Waleran dedication are apposite to both men, but become far less apt when reapplied to Stephen and Robert.[22] The dedication to Robert and Waleran therefore predates that to Stephen and Robert.

Griscom's attempts to date these two latter dedications were less happy. He argued that neither can be later than 1138, the date of the final rupture between Robert and Stephen (and, by implication, between Robert and Waleran, who was one of Stephen's chief supporters). There would, Griscom maintained, be no point in either dedication after the patrons were no longer on friendly terms. This in itself need not necessarily be convincing. The *Historia* abounds in examples of the folly of civil strife and the advantages of concord; the dedication of the work to men who newly found themselves enemies might therefore be a powerful, if covert, plea for unity.[23] The *terminus ante quem* must therefore remain that of January 1139 set by Henry of Huntingdon's discovery of the *Historia* at Le Bec.

Griscom based a further argument on the circumstances of the composition of the dedication to Stephen and Robert, which was probably prepared for a royal presentation copy. On the strength of the recasting discussed above, he described it as a hasty reworking and tried to explain the reasons for this alleged haste as follows. Stephen visited Oxford, where Geoffrey was probably working, in 1136. Griscom suggested that Geoffrey seized this opportunity to present a copy of his work to the king, hastily revising the existing dedication (that to Robert and Waleran). He concluded that the *Historia* must have been completed by 1136. This is mere surmise. Stephen, if he was concerned with Geoffrey's activities at all, need not have received a dedication-copy at the time of his visit; he may merely have expressed interest in the work and requested a copy on its completion. Moreover, the suggestion that the admittedly transparent reworking of the dedication was solely due to haste is misleading. This dedication (as well as that of the *Prophetie* to Alexander of Lincoln [*Historia Regum Britannie* §110]) is one of the most difficult and self-consciously rhetorical passages in the *Historia*; probably it cost

---

[21] The impressive tricolon (with anaphora), 'quem Henricus . . . generauit, quem philosophia erudiuit, quem innata probitas . . . prefecit', is, for example, lost in the Stephen—Robert version.

[22] Griscom, 'The date of composition', pp. 149–54.

[23] Schirmer, *Die frühen Darstellungen*, pp. 25–8.

Geoffrey no small effort in the writing. It is therefore hardly surprising that, when preparing a presentation-copy for King Stephen, he limited the modifications made in this purple patch to the minimum necessary to adapt it to the new recipient(s).

Griscom's hypothesis that the *Historia* was finished by 1136 is therefore unfounded. Moreover, as Tatlock perceived,[24] it involves a serious difficulty. When early in 1139 Henry of Huntingdon was shown a copy of the *Historia* at Le Bec, his reaction was one of amazement ('stupens inueni'). It seems inconceivable that Henry, himself a historian, could have been ignorant of Geoffrey's work as late as 1139 if it had been available since 1136, particulary when both authors shared a patron in Alexander of Lincoln. The fact that Henry was unaware of the existence of the *Historia* in January 1139 must suggest that the work had been completed only in the previous year. We may provisionally conclude, then, that Geoffrey began work on the *Historia* at some date before 1135 and that it was completed in 1138.

This is not the place for a full literary analysis of the *Historia*;[25] the following account is intended as no more than a sketch of its contents. The narrative proper falls roughly into five sections. The first of these (§§ 6–20), which begins with Aeneas's flight from Troy, deals with Brutus's birth and exploits and the arrival of the Trojans in Britain. Although Geoffrey derived the Trojan origin of the Britons from the pseudo-Nennian *Historia Brittonum*, the literary influence of Vergil is also strong in this section.[26] The next (§§ 21–53) deals with the establishment of the kingdom of Britain and the reigns of its kings until Caesar's invasions. By creating — from minimal source material — a continuous history of Britain in the pre-christian era, Geoffrey filled an obvious gap in previous histories. Among the various major episodes of this section, that of Belinus and Brennius is perhaps the most important, since it introduces the important theme of the uneasy relationship between Britain and Rome. This theme is further explored in §§ 54–118. Although Caesar's invasions are eventually successful, Geoffrey praises British bravery. The Roman occupation is represented as a series of debilitating confrontations between Britain and Rome;

[24] *The Legendary History*, p. 434.
[25] There exists in English no comprehensive literary study of Geoffrey's work. For discussion of aspects of the *Historia*, see Hanning, *The Vision*, pp. 121–72; Flint, 'The *Historia*'; Schwartz, 'The founding'; Leckie, *The Passage*; Schirmer, *Die frühen Darstellungen*; Pähler, *Strukturuntersuchungen*.
[26] Tausendfreund, *Vergil*.

the expedition of Maximianus (as Geoffrey calls the historical Maximus) is a turning point which results in the formation of Brittany and leaves Britain, without her best warriors, prey to barbarian attacks. Moreover, the usurper Vortigern receives the English into the island, another step on Britain's road to ruin. At this point Geoffrey artfully inserts the *Prophetie Merlini*, which, like the sixth book of the *Aeneid*, allow him to look forward to his own time and beyond. The penultimate section (§§ 119–178) deals with the more successful reigns of Ambrosius and Uther (who represent a Breton dynasty) and culminates in that of Arthur, whose triumphs over the Saxons and over the Romans at Siesia are undoubtedly conceived as the high-points of the *Historia*. However, they are also the prelude to disaster, since Arthur's reign ends in civil strife at Camlann. The final section (§§ 179–208) on Britain's downfall is a gloomy picture of failure, relieved only by the reign of Caduallo. Ultimately, the British, except for a few who return to become the degenerate Welsh, abandon the island, which is taken over by the English (although there is a prophecy that the British will eventually return to power).

Geoffrey claims that the *Historia* is a translation of a 'very ancient book in the British tongue' which Walter, Archdeacon of Oxford brought *ex Britannia*.[27] Scholarly opinion is divided as whether Geoffrey intended this to be understood as a Welsh book brought from Wales or a Breton book from Brittany, although the latter must, in fact, be the meaning of *Britannia* if Geoffrey employs this term with any consistency in the *Historia*.

However, whether this alleged source was Breton or Welsh, few modern critics believe Geoffrey's assertion, although recently support has been given to the hypothesis originally advanced by La Borderie[28] that two Breton-Latin texts, which allegedly predate the *Historia*, reflect a narrative tradition similar to Geoffrey's and on which he may have drawn. The date of these works (*Vita Goeznouii* and the *Livre des faits d'Arthur*)[29] is, however, far from certain and any resolution of this complex question must await their publication in modern critical editions. Certainly, since they are Latin texts, they cannot be identified with the British book. Indeed, there are two

---

[27] *Historia Regum Britannie* § 2, 'quemdam Britannici sermonis librum uetustissimum', and § 208, 'librum istum Britannici sermonis quem Gualterus Oxenefordensis archidiaconus ex Britannia aduexit'.

[28] *L'Historia britannica*.

[29] They are discussed by Sterckx & Le Duc, 'Les fragments'; Le Duc, 'L'Historia Britannica'.

reasons to be sceptical about the existence of this book. First, an appeal to the authority of a fabulous source is a commonplace of mediaeval Latin and romance literature.[30] The second, and more compelling, argument can be drawn from Geoffrey's use of his known sources. Doubtless much work remains to be done on isolating Geoffrey's sources and analysing the ways in which he adapts them, but such studies as are available reveal the great skill with which Geoffrey gathered disparate strands from previous historians, Gildas, Bede and the author of the pseudo-Nennian *Historia Brittonum*, from genealogical material, from Welsh (and probably Breton) legends, from toponymic lore and from Latin literature,[31] and transformed them into a largely unified and seemingly authoritative history of the British people from their origins to the seventh century A.D. This fusion of heterogeneous sources, which is apparent almost everywhere in the *Historia*, completely dispells the fiction that the work is no more than a translation of a single Breton (or Welsh) book.

Geoffrey's achievement, then, was primarily as a creative artist; the *Historia* does not bear scrutiny as an authentic history and no scholar today would regard it as such.[32] This raises the problem of Geoffrey's intention in composing the *Historia*. Valerie Flint has suggested that the work was conceived as a parody of the histories of Geoffrey's contemporaries, William of Malmesbury and Henry of Huntingdon.[33] Her study includes a valuable discussion of the ways in which Geoffrey responds to these earlier histories. On several occasions he attempts to cap them, as the following examples demonstrate. When William can only guess cautiously that an inscription *Marii uictorie*

---

[30] Tatlock, *The Legendary History*, pp. 422–5, gives examples. Within the Latin tradition an arresting parallel is found in the pseudo-history of Dares Phrygius, which purports to be a translation from Greek (by Cornelius Nepos!) of an eyewitness account of the Trojan war. This work was very popular in the middle ages and is often transmitted with Geoffrey's *Historia*. Indeed, the opening words of Geoffrey's preface ('Cum mecum multa et de multis') possibly echo those of the preface to Dares's *Historia* ('Cum multa ago' [Meister, *Daretis Phrygii de Excidio Troiae Historia*, p. 1]), although this verbal parallel may be mere coincidence; the question deserves further investigation.

[31] Wright, 'Geoffrey of Monmouth and Gildas'; Piggott, 'The sources'; Hutson, 'Geoffrey of Monmouth. Two notes'; Roberts, 'Geoffrey of Monmouth and the Welsh historical tradition'; Tausendfreund, *Vergil*; Hammer, 'Geoffrey of Monmouth's use'.

[32] Brooke, 'Geoffrey of Monmouth as a historian'.

[33] Flint, 'The *Historia*'.

records an unknown Roman victory, Geoffrey 'corrects' him by recording its erection by a triumphant British king.[34] Henry mentions four major roads which bisect Britain; yet Geoffrey can name the British ruler who first ordered their construction.[35] Clearly, Geoffrey intends to emulate and outdo William and Henry in the *Historia*; indeed, the specific reference (or challenge) to these two historians in *Historia Regum Britannie* §208, where Geoffrey forbids them to discuss the kings of the British since they have not seen his British source-book, deliberately invites comparison with them.

However, this need not imply, as Flint asserts, that the *Historia* is simply a parody of these works. The twelfth century was a period when Anglo-Norman writers sought to re-investigate the history of the newly conquered island. In so doing, William and Henry rely heavily on Bede and bring his narrative down to their own time. The limitation of their histories, which Geoffrey clearly perceived, was their relative silence about the period preceding the advent of the English; moreover, for the Normans the pedigree of the recently defeated English was neither exalted nor was their history inspiring. Geoffrey's *Historia*, a narrative at once noble and tragic, remedied this defect. By reasserting the Trojan origin of the British, which gave them an ancestry as ancient as any European people, Geoffrey was able to represent Britain as the equal, and often the superior, of Rome. This was a history in which the new Norman masters of Britain could take pride. Furthermore, Geoffrey's continuous catalogue of British kings supplied a formidable array of forebears (at least by association, if not by blood) for the Norman kings, as well as, in the figure of Arthur, a powerful national hero for the inhabitants of the island. With this aim, Geoffrey, no matter how whimsical or ironic his treatment of his sources may on occasion be, cannot have intended the *Historia* only as a parody. Rather, in Nancy Partner's phrase, it as a 'serious entertainment' designed to fulfil the needs and expectations of the contemporary audience. It is small wonder that, despite some dissenting voices,[36] Geoffrey's *magnum opus* remained popular and influential for centuries after its composition.

Geoffrey wrote only one further work, although in *Historia Regum Britannie* §186 he also promises a translation of a book devoted to the exile of the British clergy in Brittany after the ravages of the African

---

[34] *Ibid.*, p. 453.
[35] *Ibid.*, p. 455.
[36] See Schirmer, *Die frühen Darstellungen*, pp. 37–8.

king Gormund.[37] Probably this promise was not made in earnest and the work, which is a further indication of Geoffrey's interest in Brittany, is not known to have been undertaken. Instead, Geoffrey returned to the subject of Merlin and composed a *Vita Merlini* in hexameters.[38] The *Vita Merlini* was, like the *Prophetie Merlini* before it, dedicated to an ecclesiastical patron, in this case Robert de Chesney, who succeeded Alexander as bishop of Lincoln in 1148. The reason for this episcopal dedication was probably the subject-matter of Geoffrey's final work. The *Historia*, which dealt almost entirely with secular history, was directed to secular patrons. The *Vita* is a more complex and difficult work; to a rich blend of Celtic legend and pseudo-history in the tradition of the *Historia*, it adds elements of Latin astronomical and philosophical learning which suits it better to a patron with the leisure for intellectual pursuits.

II *The Manuscript: Bern, Burgerbibliothek, MS. 568*

This is a codex of 198 leaves written in the late twelfth century and perhaps comprising originally two (or three) separate manuscripts. It is now contained in an Early Modern binding, the size of the whole being approximately 200 x 140 mm.. The entire book comprises twenty-seven quires which may be described in three series. The first series, of twelve gatherings (qq. A–M), presents no original quire-signatures; indeed, the last verso of q. C (fo 16v) displays a catchword. The collation is as in Table I.

[37] 'Plures etiam Armoricam Britanniam nauigio magno petierunt ita ut ecclesia duarum prouinciarum, Loegrie uidelicet et Norhaumbrie, a conuentibus suis desolaretur. Set hec alias referam cum librum de exulatione eorum transtulero'.
[38] Ed. & transl. Parry, *The Vita Merlini*; Faral, *La Légende*, III.305–52; Clarke, *Life of Merlin*; see also Tatlock, 'Geoffrey of Monmouth's *Vita Merlini*'.

TABLE I

Bern MS. 568: the physical collation

$<A>^2$	fos 1–2
$<B>^{12}$ [wants 7–12]	fos 3–8
LACUNA	
$<C>^8$	fos 9–16 Text acephalous. Catchword 16v.
$<D>^2$	fos 17–18
$<E>^8$	fos 19–26
$<F>^8$	fos 27–34
$<G>^8$	fos 35–42
$<H>^8$	fos 43–50
$<J>^8$	fos 51–58
$<K>^8$	fos 59–66
$<L>^8$	fos 67–74
$<M>^8$	fos 75–82
1^8	fos 83–90 Red-ink quire-signature (I) on 90v.
$<2>^8$	fos 91–98
$<3>^8$	fos 99–106
$<4>^8$	fos 107–114
$<5>^6$	fos 115–120

$<I>^{10}$ [3, 9 canc.]	fos 121–128
II^8	fos 129–136 Catchwords on 129r.
III^8	fos 137–144 Catchwords on 137r.
IIII^8	fos 145–152
V^8	fos 153–160
VI^8	fos 161–168
VII^8	fos 169–176
$<VIII>^8$	fos 177–184
$<VIIII>^8$	fos 185–192
$<X>^6$	fos 193–198

---

flyleaf	fos 199–200

A A letter-collection containing Church—State controversy in the third quarter of the twelfth century

1 1r1–2r18
Letter of the Emperor Frederick Barbarossa to Hillin, archbishop of Trier.
'F, romanus imperator et semper augustus dilecto suo H. uenerabili Treuerensi archiepiscopo gratie et dilecti[o]nis sue plenitudinem.
'Cum imperatoria dignitas . . . et filiis Belial unanimiter prout Dominus dederit resistant.'
Printed by Goldast, *Collectio*, I.264–5, and (after him) by Hontheim, *Historia*, I.581–3.
Printed also by [Pertz,] 'Mittheilungen', pp. 418–26, from a Malmedy manuscript at Aachen in 1821/2. The two following letters in Bern 568 are also in that book.

2 2r19–v24
Letter of Hillin, archbishop of Trier, to Pope Hadrian IV (1154–9):
'Domino et patri A. summo et uniuersali pontifici H. sancte Treuerensis ecclesie humilis minister subiectum in Domino famulatum et debitam in Christo orationem.
'Ollam succensam quam Ieremias uidit . . . faciatis labruscam.'
Printed by [Pertz,] 'Mittheilungen', pp. 426–8, from a Malmedy manuscript (at Aachen in 1821/2) which also contained items 1 and 3.

3 2v25–4r30
Letter of Pope Hadrian IV to the archbishops of Trier, Mainz, and Köln and their suffragans, A.D. 1158.
Edited by Jaffé [& Löwenfeld], *Regesta*, II.132–3 (Nr 10393); cf. also references given there; the text from the Malmedy manuscript (at Aachen in 1821/2) which also contained items 1–2 was printed by [Pertz,] 'Mittheilungen', pp. 428–34.

4 4r31–v7
Letter of Pope Alexander III to Roger, archbishop of York, and to all the bishops of England, A.D. 1166.
See Jaffé [& Löwenfeld], *Regesta*, II.197 (Nr 11257), and references given there; printed by Migne, *Patrologia Latina*, CC.406–7.

5 4v8–16

Letter of Henry II, king of England, to his son King Henry, A.D. 1170.

'H. rex Anglie et dux Norm. et Aquit. et comes Andeg. H. filio suo regi Anglie salutem.

'Sciatis quod Th. archiepiscopus Cant. pacem fecit mecum ad uoluntatem meam . . . ipsi archiepiscopo habere faciatis. Teste Rot. archiepiscopo Rothomag. apud Chinum.'

Edited by Robertson & Sheppard, *Materials*, VII.346–7; Delisle & Berger, *Recueil*, I.443–4 (no. CCXCIV) and cf. Delisle, *ibid.*, Introduction, p. 528 (no. 181 I).

6 4v17–5v27

Letter of Pope Alexander III to Roger, archbishop of York, and Hugh, bishop of Durham, A.D. 1170.

See Jaffé [& Löwenfeld], *Regesta*, II.239 (Nr 11836), and references given there; printed by Migne, *Patrologia Latina*, CC.703–5.

7 5v28–6v31

Letter of Pope Alexander III to the bishops of London, Salisbury, Exeter, Chester, Rochester, St Asaph, and Llandaf.

See Jaffé [& Löwenfeld], *Regesta*, II.238 (Nr 11835), and references given there; printed by Migne, *Patrologia Latina*, CC.700–2.

B   Three poems

8 7ra1–vb8

'Quero Deum testem circundederam mihi uestem . . . Qui nec erant nec erunt mihi fratres deseruerunt.'

Printed by Hagen, *Carmina*, pp. 178–82 (Nr CVII); cf. Laporte, 'Epistulæ Fiscannenses', p. 5, n. 4.

Walther, *Initia*, p. 783 (Nr 15088).

9 8r1–24

Title (partly cut away): *Ad honorem* [. . .

Post dubiam, a sequence.

Printed by Hagen, *Carmina*, pp. 182–6 (Nr CVIII).

Attributed to Peter of Blois by Dronke, 'Peter', p. 226 (no. 31); but cf. Laporte, 'Epistulæ Fiscannenses', p. 5, n. 5.

Walther, *Initia*, p. 741 (Nr 14313).

10 8r26–v4 (remainder of 8v blank)

Nec mare flumini, a sequence.

Printed by Hagen, *Carmina*, pp. 186–8 (Nr CIX).

Attributed to Peter of Blois by Dronke, 'Peter', p. 224 (no. 21); but cf. Laporte, 'Epistulæ Fiscannenses', p. 5, n. 5.
Walther, *Initia*, p. 599 (Nr 11689).

C *Disciplina clericalis*

11 9r1–15v13

An acephalous fragment of the *Disciplina clericalis* by Petrus Alfunsi, beginning 'leuius poterit' (§ 2: edd. Hilka & Söderhjelm [Helsingfors 1911], p. 6, line 13).

The text finishes, very incomplete, in the middle of 15v (§ 14: ed. cit., p. 20, line 12), with plenty of originally blank space following: in this it resembles some other early copies of the work. Cf. Pellegrin, 'Essai', p. 25.

D Three additions

12 15v14–17va9 (17va10–11 blank)

Opening rubric (15v14): 'Baucis. Glicerium. Traso. Dauus. Birria'.
Closing rubric (17va9): 'Explicit opus memorie dignum'.

The unique copy of the twelfth-century comedy *Baucis et Traso* (ed. Orlandi), arranged here in two columns per page.

13 17va12–16

Five hexameters, found only in this codex: 'Cuius totus eram cuius me cura regebat . . .'.
Walther, *Initia*, p. 176 (Nr 3526); printed by Hagen, *Carmina*, p. 200 (Nr CXXIV).

14 17va17–b40

A British king-list, derivative of Geoffrey of Monmouth, entered in an untidy fourteenth-century hand.

E Geoffrey of Monmouth and appendices

15 18r–79v

The *Historia Regum Britannie* of Geoffrey of Monmouth, as printed below.

16 80r–83r

Excerpts (concerning the evangelisation of the Anglo-Saxons) from Bede, *Historia Ecclesiastica Gentis Anglorum*, as follows: I.15, 23, 25, 26, 34; II.1, 2, 3, 5. For discussion, see Dumville, 'An early text', p. 16.

F Aelred of Rievaulx

17 83v–120r (120v blank, except for six lines of late mediaeval additions)

Aelred of Rievaulx, *Vita Edwardi Confessoris.*

'Incipit prologus in uitam sancti regis Edwardi ad gloriosum regem iuniorem Henricum.

'Multis ueterum studio fuisse . . . corda commouit.

'Sunt et alia plurima sancti Edwardi miracula que non sunt in hoc libro scripta'.

Ed. Migne, *Patrologia Latina*, CXCV.737–90; cf. Hoste, *Bibliotheca Aelrediana*, pp. 123–6. The *numbers* of the concluding three chapters have become disordered (to read xlii, xliiii, xliii) but there has been no *textual* dislocation.

G Works of Arnulf of Lisieux

18 121r–137v10

Nineteen items of the correspondence of Arnulf of Lisieux, as follows: ed. Barlow (his MS. C¹), nos 1, 4, 11, 30, 5, 16, 8, 7, 17, 22, 15, 18, 19, 20, 21, 9, 13, 26, 24.

19 137v10–140r1

Letter of Pope Alexander III to Arnulf, bishop of Lisieux, A.D. 1160. Ed. Giles, *Arnulfi Lexoviensis Episcopi Epistolæ*, pp. 112–16 (no. 22); Migne, *Patrologia Latina*, CC.88–90.

See Jaffé [& Löwenfeld], *Regesta*, II.150–1 (Nr 10627).

20 140r1–163v6

Eighteen items of the correspondence of Arnulf of Lisieux, as follows: ed. Barlow (his MS. C¹), nos 28, 23, 29, 33, 34, 35, 38, 40, 43, 39, 45, 46, 27, 32, 14, 25, 31, 12.

21 163v7–176v20

The sermon-collection of Arnulf of Lisieux.

(a)   163v7–164r23

Introductory, dedicatory epistle to Giles de la Perche, archdeacon of Rouen and subsequently (from 1170) bishop of Évreux: *Ad Egidium Rothomagensem archidiachonum.*

'Sermonem habitum . . . equitate cognoscas.'

Ed. Migne, *Patrologia Latina*, CCI.151–2; ed. Giles, pp. 1–2.

(b i) 164r23–165r18

'Sermo habitus in concilio Turonensi tempore scismatis sub Alexandro papa.

'Hodiernum sermonem Domini et patres mei mihi domini nostri qui presidet . . . adimpleat oportuno.'
Ed. Migne, *Patrologia Latina*, CCI.153–4A; ed. Giles, pp. 2–4 (line 20).

(b ii) 165r19–171v20

New section marked only by a large initial: it is not clear whether *Sermones* I–II were being redivided or, rather, simply run together.

'In omni itaque sermone Domini et patres mei karissimi . . . retributionis inferre.'

Ed. Migne, *Patrologia Latina*, CCI.154A–161; ed. Giles, pp. 4 (line 20) –16.

This manuscript's text embodies at 168r15–20 the variation reported by Migne, CCI.157, n. 56, from his MS. B.

(c) 171v21–176v20

'Quis putas fidelis seruus et prudens quem constituit Dominus . . . et delectentur in multitudine pacis prestante eodem domino .n.i.x. cui est honor et gratia in secula seculorum amen.'

Ed. Migne, *Patrologia Latina*, CCI.161–7; ed. Giles, pp. 16–25 (no. 3).

22 176v22 (line 21 blank for rubric) – 184r10

Seven items of the correspondence of Arnulf of Lisieux, as follows: ed. Barlow (his MS. C[1]), nos 2, 3, 37, 53, 47, 52, 51.

23 184r11–188v7

Verse attributed to Arnulf of Lisieux, anonymous in this manuscript.

(a) 184r11–v15

De natiuitate Domini: 'Semper ab eterno nascens ex tempore nasci'.

Ed. Giles, pp. 34–5 (no. 1); Hagen, *Carmina*, pp. 188–9 (Nr CX). Walther, *Initia*, p. 916 (Nr 17484).

(b) 184v16–185r8

Ad Henricum Wintoniensem episcopum: 'Quod per multiplices dispensat gratia formas'.

Ed. Giles, p. 35 (no. 2); Hagen, *Carmina*, pp. 189–90 (Nr CXI). Walther, *Initia*, p. 850 (Nr 16292).

(c) 185r9–v23

De induatione uernali: 'Quicquid hiemps tanquam ueteri deforme senecta'.

Ed. Giles, pp. 35–6 (no. 3); Hagen, *Carmina*, pp. 190–2 (Nr CXII, as 'De *innouatione* uernali').
Walther, *Initia*, p. 832 (Nr 15987).

(d) 185v24–186r17
De alterna temporum successione: 'Tempora circuitu ueteri reuoluta uicissim'.
Ed. Giles, p. 37 (no. 4); Hagen, *Carmina*, p. 192 (Nr CXIII).
Walther, *Initia*, p. 1002 (Nr 19112).

(e) 186r18–v8
Item idem ad poetam mendicum laudem et munus uersibus postulantem: 'Versus mendicos et muse pauperis ausum'.
Ed. Giles, pp. 37–8 (no. 5); Hagen, *Carmina*, p. 193 (Nr CXIV).
Walther, *Initia*, p. 1062 (Nr 20250).

(f) 186v9–21
Versus eiusdem ad sceuam de anu non reformanda: 'Sceua senescentis domine marcere decorem'.
Ed. Giles, p. 38 (no. 6); Hagen, *Carmina*, p. 194 (Nr CXV).
Walther, *Initia*, p. 907 (Nr 17310).

(g) 186v22–187r12
Item ad iuuenem et puellam affectuosius se inuicem intuentes: 'Occurrunt blando sibi lumina uestra fauore'.
Ed. Giles, pp. 38–9 (no. 7); Hagen, *Carmina*, pp. 194–5 (Nr CXVI).
Walther, *Initia*, p. 673 (Nr 13120).

(h) 187r13–v10
Item ad lasciuos sodales: 'Mens [mea ui]rtutum studiis a tempore primo'.
Ed. Giles, p. 39 (no. 8); Hagen, *Carmina*, pp. 195–6 (Nr CXVII).
Walther, *Initia*, p. 557 (Nr 10916).

(j) 187v11–23
Epitaphium regis Henrici primi: 'Henrici cuius celebrat uox publica nomen'.
Ed. Giles, pp. 39–40 (no. 9); Hagen, *Carmina*, pp. 196–7 (Nr CXVIII); Lohrmann, 'Der Tod', pp. 99–101 and 107.
Walther, *Initia*, p. 388 (Nr 7697).

(k) 187v24–188r18
Quomodo pauperi uel diuiti sit donandum: 'Res simplex triplici uicio dampnata datoris'.

Ed. Giles, p. 40 (no. 10); Hagen, *Carmina*, pp. 197–8 (Nr CXIX).

Walther, *Initia*, p. 870 (Nr 16648).

(l) 188r19–25

Epitaphium Matildis imperatricis: 'Regia progenies stirps regia cesaris uxor'.

Ed. Giles, p. 41 (no. 11); Hagen, *Carmina*, p. 198 (Nr CXX).

Cf. Lohrmann, 'Der Tod', p. 100.

Walther, *Initia*, p. 862 (Nr 16504).

(m) 188r26–v3

'Regis mater erat et regibus orta Mathildis' (not marked, except by a somewhat larger initial letter).

Ed. Giles, p. 41 (no. 12); Hagen, *Carmina*, p. 198 (Nr CXXI).

Walther, *Initia*, p. 863 (Nr 16528).

(n) 188v4–7

'Sic cruce tollo crucem moriens de morte triumpho' (continuous with the previous poem, in this manuscript).

Ed. Giles, p. 41 (no. 13); Hagen, *Carmina*, p.10199 (Nr CXXII).

Walther, *Initia*, p. 950 (Nr 18107).

H   Texts primarily connected with the abbey of Fécamp (Normandy)

24 188v8–18 (line 19 blank)

Versus Landrici de Anschitillo: 'Porrum portaui monacho quem semper amaui'.

Ed. Hagen, *Carmina*, p. 199 (Nr CXXIII); Laporte, 'Epistulæ Fiscannenses', pp. 6, 9, and 18.

Cf. Manitius, *Geschichte*, III.905.

Walther, *Initia*, p. 738 (Nr 14272), as 'Porcum portaui. . .'.

25 188v20–190r15

Herueus to Anschitillus, Letter I.

'Uenerabili fratri et amico interiori Ansch. Herueus puer eius sanctitatis in proposito sanctimonie lincem sequi, quae praedam sequens, respicere ignorat post tergum.

'Bone conuersationi tue, frater karissime . . . dicentibus credatur. Vale, iterum, et Dominus tecum sit.'

Ed. Laporte, 'Epistolæ Fiscannenses', pp. 6–7, 11, 16–17, and 18–20.

26 190r16–191v12 (line 13 blank)
Letter of Pope Alexander III to King Henry II of England, A.D. 1168.
See Jaffé [& Löwenfeld], *Regesta*, II.208 (Nr 11392); cf. Laporte, 'Epistulæ Fiscannenses', p. 7; ed. Migne, *Patrologia Latina*, CC.464–6.

27 191v14–192r14
Letter of Pope Alexander III to the entire English episcopate, A.D. 1169.
See Jaffé [& Löwenfeld], *Regesta*, II.223 (Nr 11617); cf. Laporte, 'Epistulæ Fiscannenses', p. 7; ed. Migne, *Patrologia Latina*, CC.579–80.

28 192r15–193r17
Herueus to Anschitillus, Letter II.
'Venerabili et dilecto fratri A., H. omnium seruorum Dei minimus, sic Christi crucem baiulare ut eius remigio mare huius mundi sine naufragio ualeat transfretare.
'Karissime, si tanta esset nobis . . . necesse est. Vale, amplius quam dicere possum.
Ed. Laporte, 'Epistulæ Fiscannenses', pp. 11, 16–17, and 20–2.

29 193r18–v13
Herueus to Anschitillus, Letter III.
'A. uenerabili fratri suo et amico Herueus, totus eius, salutem et uenerandae sodalitatis obsequium.
'Quod ad uos nondum ueni . . . factum reputabo. Valete.'
Ed. Laporte, 'Epistulæ Fiscannenses', pp. 11 and 22–3.

30 193v14–194r12
Herueus to Anschitillus, Letter IV.
'Desiderato et amico interiori Ansch. uenerandae bonitatis, eius seruus H. indignus frater, si placet. Manibus non remissis donec dies est uiriliter operari.
'Amicorum amicissime pietati . . . quomodo id fieri debeat.'
Ed. Laporte, 'Epistulæ Fiscannenses', pp. 11–12, 16–17, and 23–4.

31 194r12–v25
Herueus to Anschitillus, Letter V.
'Uenerabili fratri et desiderato Ansch. Herueus, ab etate puerili socius ac familiaris, in prosperis modum conseruare, fortitudinem in aduersis, et ubique caritatem.

'Frater amande loci . . . non dedigneris uel iterum. Viue memor nostri, sum memor ecce tui.'
Ed. Laporte, 'Epistulæ Fiscannenses', pp. 12 and 24–5.

32 194v26–195v24
Letter of Gaufridus to Robertus.
'Venerando fratri et amico speciali Roberto Gaufridus: ut semper uiuat sancte et iuste uiuere.
'Praesentis intuitus amici . . . amici scripta accepero.'
Ed. Laporte, 'Epistulæ Fiscannenses', pp. 7, 13–14, 17, and 25–6.

33 195v25–196v8
Letter of Henri de Sully (abbot of Fécamp, 1140–89), ?A.D. 1157.
'Omnibus sanctae ecclesiae fidelibus et filiis frater H., Dei gratia abbas, totusque conuentus Fiscannensis ecclesiae salutem et pacem, et orationes assiduas.
'Bene nostis, fratres karissimi, uenerabilem Henricum regem Anglorum . . . obtineant beatitudinem. Valete.'
Ed. Laporte, 'Epistulæ Fiscannenses', pp. 7, 14–15 and 26–7.

34 196v9–197r20
Letter of R., prior of Norwich Cathedral, to Abbot Henri of Fécamp.
'Reuerentissimo domno et patri Henrico Dei gratia abbati, R. humilis prior Norwicensis eiusdem loci conuentus salutem et debite paternitatis reuerentiam.
'Cum a beate memorie predecessoribus nostris . . . a nobis recipere. Valeat sanctitas uestra'.
Ed. Laporte, 'Epistulæ Fiscannenses', pp. 7, 15, 17, and 27–8.

35 197r21–v12
Letter of Pope Hadrian IV to Hugo, archbishop of Rouen, concerning Fécamp Abbey, A.D. 1156.
Not in Jaffé [& Löwenfeld], Regesta. Ed. Laporte, 'Epistulæ Fiscannenses', pp. 7, 14–16, 17, 28–9.

36 197v13–198v (end of text lost as manuscript breaks off)
Letter to an abbot of Fécamp (from a prior of Coggs) concerning the monastery's possessions in England.
'Nullum inter onera grauius onus quam in uia longa portare nichil. Hinc est quod dum apud Coggas ferre . . . .'
Ed. Laporte, 'Epistulæ Fiscannenses', pp. 15–16, 17, and 29–31.

37 199–200

Part of a single leaf of documentary text, folded in half to serve as a flyleaf-bifolium. Its original text shows it to have originated in an area to the south of Beauvais in 1481–4.

Cf. Laporte, 'Epistulæ Fiscannenses', pp. 6 and 8–9 (misunderstood by Orlandi, 'Baucis et Traso', p. 246); Pellegrin, 'Essai', p. 25.

DECORATION/RUBRICATION

The codex displays a variety of decoration. Fos 1–8 (qq. A–B) have none; fos 1–2 are in very poor condition and in general this first section of the book has no pretensions to quality at all. The acephalous text (*Disciplina Clericalis*) now occupying fos 9r–15v enjoys some ornament on fos 11v–14v, inclusive — green and red, and sometimes green and red and blue, initials are to be found here; green predominates in one initial, red in the next, and so on. The comedy, *Baucis et Traso*, which occupies fos 15v–17v, is introduced by a simple red initial; the opening rubric and the speakers' names are also written in red.

In the text of Geoffrey's *Historia* and its Bedan appendix (fos 18r–83r), the type of initials and the system of their employment are generally the same as in q. C (viz, on fos 11v–14v), but the initials are often rather more elaborate in their construction. Some minor initials have been decorated, but this is generally rare except on fos 42–50 (including all of q. H, therefore) where it is common. Brown-yellow initials may sometimes be found (fos 60r4, 68v12, 69r34, 70r23, 74r20) which have perhaps mutated with age from a clearer colour. In the last quire (q. M) of this text, the decorated initials become generally, but not exclusively, simpler in construction. Throughout this text a certain tendency manifests itself in the script to elaboration of ascenders on top lines and of descenders from bottom lines.

In the copy of Aelred's *Vita Eduardi Confessoris* occupying fos 83v–120r we meet extensive red-ink rubrics. There are some very elaborate initials for which red, green, and blue have all been employed. The *capitula* (on fos 84v–85r) have small initials in a green-red-blue sequence. The minor initials of the text have (on fos 96v–97r, 99v–120r) been coloured red.

The next major section — marked by an independent series of quire-signatures and therefore presumably an originally independent volume — contains two letter-collections, principally that of Arnulf of Lisieux (on fos 121r–184r). The rubrics are in an orange-red ink. The text sports a very elaborate opening initial (121r3) in green, blue, and orange. Otherwise it displays simple but fairly large initials which alternate between red and green, but with an occasional blue interloper. A few more elaborate initials, employing blue, are found (for example at 130r1 and 131r8). From q. V (fos 153–160) very simple initials have been used, in an orange/green alternating sequence. Minor initials have been coloured on fos 171v–172r. A face is found in an initial at 171v20. A slightly greater degree of elaboration becomes apparent in the red and green initials from fo 176v to the end of the Arnulfian collection. In the largely Arnulfian verse which occupies fos 184r–188v orange and green initials alternate at line-beginnings, but on fos 185r–187r this sequence is interrupted by a more elaborate blue/red/green/red/blue repeating sequence. The poems are introduced by red-ink rubrics (but the rubric *Epitaphium Matildis imperatricis*, fo 188r19, effectively conceals three quite separate poems). The Fécamp letter-collection which occupies fos 188v–198v displays the usual initials until fo 192r, as far (that is) as the end of the quire on which the preceding verse-texts had been written. But the remaining quire (q. X), where the letters give every impression of constituting a disorderly and rather occasionally augmented series, comprises sheets of parchment of radically deteriorating quality: these bear no ornament, save for one small black penwork initial at fo 197v13.

THE PARCHMENT

The quality of the parchment varies considerably throughout the codex. The best materials in this codex are those used for the manuscripts containing the works of Aelred and Arnulf. There is a small original hole in fo 93, but generally the parchment of these parts of the book is free from such faults. However, q. VIII (fos 177–184) is marked by a sharp deterioration in the quality of the parchment — a decline which becomes precipitous in q. X (fos 193–198).

In general, the quality of the leaves bearing Geoffrey's *Historia* is, while adequate, noticeably inferior to that of the following hundred folios. In particular, a good many original holes may be noted — for example in fos 25, 28, 38, 49, 52, and 72.

The poorest quality of parchment in the volume is to be found in the first eight folios (especially fos 1–2) and in the last three quires (fos 177–198), especially q. X (fos 193–198). The opening folios have certainly suffered by virtue of their position — fo 1 was already the outside leaf by the sixteenth century at latest, as witness the ownership-inscriptions which it bears — but the material must originally also have been poor, as was most certainly that of the last quire (which has been protected, at least since the time of the Early Modern binding, by a substantial flyleaf). It is in fact possible that the comparably poor qq. A–B and X were added to the codex at more or less the same time and under the same kind of impulse.

THE WRITTEN AREA

The measurements displayed in Table II make the main tripartite structure of the codex exceedingly clear. The most regular of the sections is that containing Aelred's life of Edward the Confessor (fos 83v–120r). It is worth remarking the tendency of the first quire in each section to be rather different in some respects from all its fellows. The differences which distinguish fos 193–198 (q. X) from its nine immediate predecessors complement the evidence provided by the (lack of) decoration and the (poor) quality of the parchment. The apparently disorderly process which brought together the Fécamp letter-collection on fos 188v–198v is testified to as well by the changing arrangements of the written area in q. X as by the variety of the script and the deteriorating quality of the parchment.

The principal question raised by these details concerns the relation-ship of qq. A, B, and C not only to one another but also and especially to qq. D–M. The written area of qq. A–C is some 10–20mm narrower than that of qq. D–M: this would of itself imply some distinction. On the other hand, the number of lines per page (35) remains almost constant throughout. The depth of the page (160mm) is constant from q. C onwards, but varies erratically on qq. A–B. The textual lacuna between qq. B and C supplies another reason for distinguishing between them. The lack of decoration on qq. A–B, contrasted with the similarity in that respect between qq. C and D–M, would also argue for recognition of their distinctness. It was Jean Laporte's view that fos

TABLE II

Bern MS. 568: the written area

q	folios	no. of lines per page	dimensions (mm)	
A–B	1–8	35	150–160 x 90–95	
C	9–15	35	160 x 95	
	15v–17	42 (2 cols)		
D	18	35	160 x 103	New scribe
E	19–26	35	160 x approx. 110	
F	27–34	35	160 x approx. 105	New scribe
G	35–42	35	160 x 105	New scribe
H	43–50	35	160 x 110	New scribe
J	51–58	31–35	160 x approx. 105	
K	59–66	34–36	165 approx. x 110	New scribe
L	67–74	35	160 x 110	New scribe
M	75–82	35	160 x 110	New scribe
1	83v–90	35	160 x 100–105	New scribe
2	91–98	33	160 x 100	
3	99–106	33–35	160–162 x 100–105	
4	107–114	32–34	155–160 x 100–105	
5	115–120	33	155–160 x 100	
I	121–128	27	130 x 75	New scribe
II	129–136	27	138 x 77	
III	137–144	27	135 x 77	
IIII	145–152	27	138 x 78	
V	153–160	27	140 x 80	
VI	161–168	27	140 x 78	
VII	169–176	27	140 x 78	New scribe 176r
VIII	177–184	27	140 x 80	
VIIII	185–192	27	140 x 80 prose; 140 x 83 verse	
X	193–198	25–29	130–145 x 80	

1–120 constituted a single manuscript,[39] but there seems to be here sufficient reason to agree with Elisabeth Pellegrin[40] that fos 1–8 must be regarded as a separate section of the codex.

QUIRE-SIGNATURES

This codex contains at least three sequences of quires. What are here called qq. A–M (fos 1–82) bear no quire-signatures. The next five gatherings, here 1–5 (fos 83–120), begin with a numbered quire (I in red ink on fo 90v) but no other is now visible on any of the four succeeding quires. Finally, the ten last quires, here qq. I–X (fos 121–198), belong to a roman-numbered sequence. This arrangement suggests a minimum of three elements in the codex. However, the discovery of their interrelationship must rest on criticism of the whole book.

There is one trace of a fundamentally different approach. At the end of q. C (fo 16v), in the middle of the text *Baucis et Traso*, we find a catchword. This might at first glance seem to suggest that catchwords, not quire-signatures, were the original means of ordering the gatherings. But the texts on fos 15v–17v are additions, as will appear, and therefore the practice of their scribe in this respect is effectively irrelevant for our present purposes.[41]

PROVENANCE

MS. 568 has belonged to the city of Bern since 1632 when it was gifted, along with the entire collection of Jacques Bongars, by Jacques Graviseth, the son of Bongars's heir.[42] The first page of the codex

[39] 'Epistulæ Fiscannenses', p. 6.
[40] 'Essai', p. 25.
[41] Catchwords are found at the beginnings of qq. II and III (fos 129r and 137r): but this is precisely in the section where quire-signatures are consistently used; see Table I.
[42] Madden, 'The Historia Britonum', pp. 300–1, corrected by Hagen, 'Eine antike Komödie', p. 711 (but Hagen's reasoning is not compelling; cf. Laporte, 'Epistulæ Fiscannenses', pp. 8–9).

bears three ownership-inscriptions of the later sixteenth century: those of Barnabé Brisson (*ob.* 1591), 'Ex libb. B. Brissinij [paratus]',[43] Pierre Daniel (*ob.* 1603), 'Ex libb. Petri Danielis Aurelij 1564', both in the lower margin, and Jacques Bongars (*ob.* 1612), simply 'Bongars' in the top right-hand corner of the page. Pierre Daniel's inscription has been lined through. The earliest modern evidence of the book's provenance therefore places it at Orléans in 1564. As we shall see, that cannot have been a location very far distant from its mediaeval home. Pierre Daniel acquired many books once belonging to the monastery of Saint-Benoît-sur-Loire (Fleury),[44] but there is no apparent reason for allowing Bern 568 a Fleury provenance.

Very little can be said about the history of this volume between the early thirteenth century (by which time — at the latest — it must have assumed its present configuration) and its presence at Orléans three and a half centuries later. Two items must be noted. On folio 17v a fourteenth-century user of the book has added in small feint script a British king-list dependent for its information on the work of

---

[43] In the hand of Bongars, according to Hagen, *ibid.*

[44] Hagen, *Catalogus, passim.* I am indebted to Dr David Dumville for the following note. 'According to Hagen (*ibid.*, p. xi), Pierre Daniel began to practice law at Orléans in 1564. On the evidence of Hagen's report of Daniel's ownership-inscriptions in Bern manuscripts, Orléans in 1564 was the principal point at which he entered *ex-libris* notices in his books (and probably therefore bought the books — perhaps from the profits of his forensic work?). Hagen notes the inscription(s) 'Ex libris [*or* Fuit] Petri Danielis Aurelii 1564' in Bern MSS. A57, A91[13], 156, 160, 162, 258, 321, 632, 633. According to Hagen, Bern MSS. 208, 338, 568 bear the date 1564 but not the place-name, while MSS. 400 and 702 name Orléans without any date. Three Bern books name Orléans with different dates: MS. 95 A.D. 1561, MS. 519 A.D. 1565, and MS. 170 A.D. 1569. Finally, Bern MS. 276 has the date 1565 and MS. 298 names A.D. 1568, neither with any reference to place. Bern MS. 162 (Daniel, Orléans, 1564) is in fact also a Fécamp book (Branch, 'Inventories', pp. 167–9) and one is bound to wonder how many others with identical (or even similar) inscriptions may have come from that house. Unfortunately, Hagen's reporting is not to be relied upon, as witness his treatment of MS. 568 (Daniel 1564 and no place, whereas Orléans is in fact named). It is a matter for further research to determine which Bern manuscripts bear which inscription and which (if any) are of Fécamp provenance (and origin).'

Geoffrey of Monmouth which immediately follows.[45] Secondly, Jean Laporte has noted that the rear-fly leaf, of the last quarter of the fifteenth century, was originally concerned with the region to the south of Beauvais: a single (upper) half-leaf, bearing documentary text in French, it has become fos 199–200 of this book by being folded in half, creating a doubly protective thickness of parchment; its attachment to our codex can only be placed between the late fifteenth-century date of writing (the accounts relate to 1481–4)[46] and the Early Modern date of binding.[47]

The book's fifteenth- and sixteenth-century history is therefore north-west French. When, travelling backwards in time, we find the next items of evidence, the location has not changed greatly. The contents of the codex provide one clear body of evidence for the provenance of at least one section of the book within about a quarter-century of A.D. 1200. The letters added on fos 188v–198v (and, as Laporte showed, the last poem on 188v) closely concern the monastery of Fécamp in northeastern Normandy.[48]

The nature of the correspondence and the evidence of the rather disorderly way in which this collection of letters grew in the manuscript strongly suggest that when this augmentation took place the codex, or at least that part of it containing the works of Arnulf of Lisieux (to which the Fécamp letter-collection is a supplement), was in the possession of the abbey of Fécamp.

The critical question is precisely whether the various sections of the codex had been united by this time. I have been unable to discover any scribal links between fos 1–120 and fos 121–198: failing the production of such evidence, more intangible associations must be tested. Folios 1–6 share with fos 188v–198v two features of interest. Both are letter-collections with which their manuscript (fos 9–120 or 121–188) have been augmented.[49] And the physical quality of each is very poor.

[45] The same hand has also added a number of marginal notes in the body of the *Historia*; one of these ('unde forte undecim milium uirginum') can be seen in Plate I.

[46] 'Epistulæ Fiscannenses', pp. 6 and 8–9; cf. Pellegrin, 'Essai', p. 25.

[47] The binding may be dated, as Dr von Steiger kindly informs me, to the sixteenth or seventeenth century.

[48] Laporte, 'Epistulæ Fiscannenses'; Chibnall, 'Fécamp and England', pp. 131–2. The volume is therefore to be added to the lists published by Nortier, *Les bibliothèques*, and Branch, 'Inventories'.

[49] Laporte, 'Epistulæ Fiscannenses', p. 7 (in his n. 10, the number should be corrected to '11392').

Nonetheless, there are some counter-arguments. It is not clear that the two letter-collections have much in common. Nor is it certain that fos 1–8 represent a deliberate attempt to augment either fos 9–120 or even fos 121–198: we must pursue that question further below.[50] For the moment, let it suffice to say that if there is a link between the collections on fos 1–6 and 188v–198v and if fos 1–8 occupy their original position in the codex it would imply that fos 9–120 had been joined to fos 121–192 (qq. I–VIIII) before the letters were themselves added.

For the establishment of a twelfth- or thirteenth-century provenance (and even origin) of this volume's copy of Geoffrey's *Historia*, much therefore turns on the process by which the constituent manuscripts of the codex were brought together. The quire-signatures provide the simplest and clearest indications of the internal divisions of the codex.

The most clearly defined manuscript is that now comprising fos 121–198 of Bern 568. This is the collection (fos 121r–188v) of the works of Arnulf of Lisieux — letters, sermons, and poems — as augmented by the Fécamp poem and letters (fos 188v–198v).[51] This manuscript consists of ten quires, all but the last comprising eight leaves (although q. I is constructed from three bifolia and two singletons rather than four bifolia); while there is now no signature on q. I, there is a sequence II–VII. The lack of signatures on qq. VIII–X might seem to suggest that q. VIII was originally intended to be the last; but textual evidence disallows this, for it is clear that the works of Arnulf of Lisieux already existed as a collection extending to the end of the verse now concluding on fo 188v.[52] The lack of a signature on q. VIII must therefore be due either to oversight or to more recent damage. That q. X is an addition is certain, however, from its very different quality, (lack of) decoration, written area, and scribal performance; perhaps the smaller size of the quire could also be invoked but, since it is the last quire of the manuscript, that constitutes a very uncertain criterion. The presence of catchwords on the first rectos of qq. II and III is also noteworthy, both for their position and for the implication that a dual system of quire-linkage was intended.

The question of when this manuscript became associated with the rest of the codex is acutely problematic. Two types of evidence may be

---

[50] Pp. xli–xlii.

[51] Barlow, *The Letters*, pp. lxxiii and lxvi–lxviii; Laporte, 'Epistulæ Fiscannenses', especially p. 8.

[52] Barlow, *The Letters*, p. lxxii: his C-group.

invoked. First, there is the question of the letter-collections on fos 1–6 and 188v–198v, and the comparable poverty of parchment and execution of these two groups of folios. We have already observed the uncertainty of argument from these criteria. Secondly, one can attempt to estimate the extent of the relationship between script and preparation of fos 1–120 and 121–198.

We must first turn to the internal structure of fos 1–120. Again we have evidence which encourages us to subdivide this section. The quire which comprises fos 83–90 — the first, that is, of the text of Aelred's *Vita Eduardi Confessoris* — bears on its last verso the red-ink quire-signature I. For the sake of distinction from the following series, I have called this q. 1. The four succeeding quires, three of eight leaves each and one of six (fos 91–120), bear no further quire-signatures.

None of the twelve quires preceding fo 83 bears a signature (and the catchword on fo 16v is the work of an additional scribe). We are left, therefore, to deduce the history of the growth of this codex purely from internal evidence.

The presence of the quire-signature I on fo 90v provides the evidence that the section containing Aelred's *Vita Eduardi* was originally an independent manuscript with that text as its sole content (83v–120r). The physical dimensions of these quires provide some slightly uncertain evidence to the same effect. The written space of qq. 1–5 is consistently 160 x 100mm., some 5–10mm. narrower than on fos 18–82 (and utterly different from qq. I–X). In qq. 2–5, there are 33 long lines per page, quite different from the preceding and following sections. But q. 1 has 35 lines per page, the same number as in qq. A–H, K–M. Has q. 1 been modelled on that standard? Or was the lineation of qq. D–H, K–M (Geoffrey's *Historia*) chosen to fit that which opened the manuscript to which it was being joined? The evidence of the quire-signatures suggests the latter. If, as it thus appears, the copy of Aelred's text was an independent manuscript, we must conclude that its first page (fo 83r) had originally been left blank (as, perhaps by chance, had fo 120v, its last). This is important for our purpose.

The text of Geoffrey's *Historia*, with its Bedan appendix, occupies fos 18r–83r. There is no possibility that the excerpts from Bede's *Historia Ecclesiastica* which occupy fos 80r–83r were first appended to Geoffrey's text in this manuscript: they are an aspect of one branch of the textual history of his work.[53] It is clear, therefore, that this copy of

[53] Dumville, 'An early text', pp. 15–17.

Geoffrey could not once have existed in isolation from the copy of Aelred. If the scribes of the Galfridian quires had wished to squeeze into q. M what is now written on fo 83r, they would have had no difficulty in so arranging it. The continuation of the Bedan appendix on to the first page of q. 1 suggests either such this had been planned or that, faced with the choice of doing this or beginning a new quire, the scribe was content to effect a join to a manuscript with which it was in any case intended to associate this copy of Geoffrey's *Historia*. It could indeed be said that Geoffrey's *Historia* and Bede's chapters on the Conversion of the English form an apt introduction to an account of the last, and allegedly saintly, Anglo-Saxon king.

It is clear, then, that the manuscript of Aelred's work was extended by the creation and prefixing of a copy of Geoffrey's *Historia*. But this is by no means the end of the story. The body of Geoffrey's work occupies eight quires. But the prefatory chapters (§§ 1–5) are to be found on a separate quire, a bifolium,[54] now fos 17–18, of which they occupy fo 18. It is plain from the textual history that this physical arrangement was a feature of this branch of the tradition.[55] It must therefore be deemed original to the structure of Bern 568. From this a further conclusion follows. The whole of fo 17 was originally blank, forming a suitable layer of protection for the newly augmented manuscript (fos 17–120).

This situation was not, however, to persist for long. The Geoffrey—Aelfred manuscript became associated with a copy of the *Disciplina Clericalis* of Petrus Alfonsus (Petrus Alfonsi, Petrus Alfunsi, Pedro Alfonso). We may suspect the juxtaposing of this work and Geoffrey's to have been a deliberate act. The physical structure of q. C (fos 9–16), which contains the surviving portion of the *Disciplina Clericalis*, is very similar to that of the Galfridian section of the codex. The width of the written space is narrower (at a consistent 95mm.) than in qq. D–M or qq. 1–5; but its depth and the number of lines per page both agree exactly with the Galfridian quires E–H, K–M. The decoration of quire C is similar to that of its successors.

---

[54] Griscom, 'The date of composition', p. 136, wrongly thought fo 18 'an initial and independent leaf'; Orlandi, 'Baucis et Traso', p. 247, equally mistakenly reckoned fo 17 as part of the preceding quire, fo 18 as part of the following gathering.

[55] Dumville, 'An early text', pp. 14—18.

Disciplina Clericalis (§§ 2[part]–14) occupies fos 9r–15v.[56] There is no reason to think that any part of q. C is wanting.[57] But the text as it stands is acephalous, lacking the prologue and the first one and a half chapters. It is clear, moreover, that the missing portion at the beginning of the work would have been insufficient to fill the whole of a quire of eight. (And the text finishes deliberately, in mid-page, less than half complete.) Three different deductions are possible: either the preceding quire was smaller than eight leaves, or yet another text preceded *Disciplina Clericalis*, or some or all of fos 3–8 comprised part of the quire from which the beginning of *Disciplina Clericalis* has been lost. The first of these three options is incredible: no scribe can be expected to have begun a text with a new, irregularly small quire, proceeding then to complete the text in a full quire of eight of which he left the last leaf blank! The two remaining options may be alternatives or may complement each other. It may be calculated that an amount of *Disciplina Clericalis* sufficient to fill about four pages or two leaves is now wanting. That indicates the possible extent of any hypothesis that some of fos 3–8 may have been part of the same quire as the opening of *Disciplina Clericalis*. But, if it was so, we have to ask why the opening leaves alone of that text were excised, leaving the preceding texts and the following quire *in situ*: this hypothesis begins to look rather desperate.

However, if the notion that some of fos 3–8 formed part of a quire concluded by the first few pages of *Disciplina Clericalis* is to be rejected, we have to face one of two other options. Either a group of letters (1r–6v) and poems (7r–8v) was untidily added on a bifolium and six singletons prefixed to the book, or else part or all of fos 3–8 do indeed constitute the remains of a destroyed quire, but not one which ever had anything to do with a following quire containing, *inter alia*, the beginning of *Disciplina Clericalis*.

It would seem likely that at least the letters had no connexion with the main body of texts on fos 9–120. In looking at the poor quality of the parchment of the opening folios and at their disorderly con-

---

[56] It was identified in 1858 by Madden, 'The Historia Britonum', p. 301, but not in 1875 by Hagen, *Catalogus*, p. 459, item 4; the identity was recovered by Pellegrin, 'Essai', p. 25; for further remarks see Orlandi, 'Baucis et Traso', p. 246(−7), n. 9.

[57] Of the four twelfth-century copies listed by Hilka and Söderhjelm (their MSS. 24/Lz, 28/B1, 60/D, 62/On) one (28/B1) ends comparably early, at p. 19, line 7.

struction, one is reminded irresistibly of the disorderly augmentation, of the manuscript of Arnulf's works, which begins at fo 188v8. Whether or not there is a genuine relationship of fos 1–6 (if not fos 1–8) with fos 188v–198v — could the former once have followed the latter? —, the limited physical similarities still remain. Yet it cannot be overlooked that the make-up of fos 1–8 resembles fos 9–120 much more than it does fos 121–198. To that extent, we should see these leaves better as an original, if disreputable, augmentation of fos 9–120. But the laws of coincidence still seem stretched if we think of the two processes occurring entirely independently. And we can hardly escape from the dilemma by regarding fos 1–8 as flyleaves!

One item remains to be studied. In as much as q. D once began with a blank leaf, we have regarded q. C as being originally separate from what follows. In that case, we can be certain that the last leaf of q. C (fo 16) was also originally blank. At a date not very distant from the writing of q. C on the one hand and of qq. D–M on the other, the remainder of fo 15v and the whole of fos 16–17 were filled by the insertion of two new texts, an act which bound q. C just as irrevocably to fos 17–120 as the continuation of the Bedan appendix (to Geoffrey) on to fo 83r had bound fos 17–82 to fos 83–120. The scribe of *Baucis et Traso* (and the following brief poem) adopted different terms of reference, perhaps partly out of the necessity to ensure insertion of his complete major text but probably also because he had been brought up in more modern conventions. He displayed his smaller script in two columns per page, each of forty-two lines, and he signalled the new relationship of quires C and D by placing a catchword on fo 16v. Either his work or that found on fos 1–8 represents the last installment of the repeated process of augmentation which gave us, over a period of no more than a quarter to half a century, the sequence of quires which is now fos 1–120.

But what, then, of the the linking of fos 1–120 and fos 121–198? To confront that, we must turn to such evidence as palaeography can provide. I have observed no scribal links between the various codicologically defined portions. However, it would perhaps be possible to argue, as Laporte did,[58] that both major sections originated in the same scriptorium. There is sufficient similarity in the script and decoration to allow this hypothesis: but it is a very insecure foundation on which to attempt to build. In particular, it relies on recognition of relatively small differences in date between the various parts of the book to

[58] 'Epistulæ Fiscannenses', p. 6.

account for the irreducible dissimilarities which remain.

We may conclude this discussion of the provenance as follows, therefore. It is clear that, when (probably in the closing years of the twelfth century)[59] the Fécamp letter-collection now on fos 188v–198v was added to the copy of the works of Arnulf of Lisieux (itself datable after 1166 x 1173, the date of the Arnulfian compilation),[60] fos 121–192 (qq. I–VIIII) were then at Fécamp. But whether they were written there cannot at present be established, in default of a detailed study of of the manuscripts attributable to the Fécamp scriptorium in this period.[61] Any connexion of fos 1–8 and 9–120 with Fécamp is therefore remote in the extreme, relying on any similarities of script and decoration with fos 121–188, themselves far from certainly attributable to Fécamp.

The late twelfth-century provenance of fos 121–198 (and origin of the script of fos 188v8–198v and the whole of fos 193–198) was therefore Fécamp (Normandy). For the *origin* of fos 121–188 and indeed of the rest of the book, we are reliant on the evidence of the script, which is somewhat ambiguous. Scholars have generally taken the volume to be French and, more recently, Norman in particular.[62] But the script has many English characteristics, particularly in fos 9–120, and of course the contents have a heavy Insular bias. Twelfth-century Norman script was of course, and for obvious reasons, heavily influenced by English practice. Perhaps, however the simplest, if nevertheless not entirely satisfying, solution to the palaeographical, text-historical, and historical problems presented by this codex is indeed to suppose the whole to have had Norman origins.

---

[59] This is the deduction to be made from Laporte, *ibid.*, pp. 6 and 9–18.

[60] Barlow, *The Letters*, pp. lxi–lxxxvi, especially lxi–lxiii and lxxi–lxxii.

[61] An investigation of the scriptorium and library of Fécamp in this period has been completed but remains unpublished: Branch, 'The Development' (cf. her summary in *Dissertation Abstracts International* 35A [1974/5] 7248; see also her 'Inventories'.

[62] Laporte, 'Epistulæ Fiscannenses', p. 6 ('français, non anglais, à en juger par l'écriture'); Orlandi, 'Baucis et Traso', p. 247 ('in ambito francese settentrionale ovvero anglo-normanno').

Two types of evidence may be brought to bear on this question — textual and palaeographical.

The texts contained in this codex are fairly consistent in their indications of date. The letters on fos 1r–6v cannot have been assembled before the 1170s. The poems on 8r/v, recently attributed to Peter of Blois,[63] may be dated 1171 x 1189.[64] Petrus Alfonsus wrote *Disciplina Clericalis* (9r–15v) early in the twelfth century:[65] this is a rather corrupt copy. *Baucis et Traso* (15v–17r) postdates 1125 x 1130, and is probably to be placed in the third quarter of the century, perhaps *ca* 1170.[66] Geoffrey's *Historia* (18r–79v) is generally thought to have been published in 1138.[67] Aelred of Rievaulx died in January 1167, his *Vita Eduardi* (83v–120r) usually being dated to 1162/3.[68] The first edition of the works of Arnulf of Lisieux was assembled by Arnulf in 1166 x 1173; this copy seems to be fairly faithful to the original form of the collection.[69] The Fécamp letters belong to the period 1101 x 1189, but none need be later than the 1170s, on present knowledge.[70]

On the evidence of script the whole codex could perhaps be placed within an approximate period 1175 x 1225, although it remains possible that the copy of Aelred's *Vita Eduardi*, whose script looks to be the oldest in the volume, *might* be placed as much as a decade before the earlier terminus. The youngest element is perhaps the Fécamp letter-collection (or that on fos 1–6) but the relative informality of the script perhaps excessively reinforces that view. All the eighteen other copies of Arnulf's collected works have been dated *saec.* xii/xiii and Bern 568, fos 121–188, seems to be no exception.[71] In

---

[63] Dronke, 'Peter', pp. 224 (no. 21) and 226 (no. 31); but Laporte, ('Epistulæ Fiscannenses', p. 5, n. 5, not reported by Dronke) had earlier attributed them to to Peter's brother, William of Blois.

[64] In as much as Henry II's rule in Ireland is mentioned.

[65] As is shown by collation against the edition of Hilka and Söderhjelm, *Petri Alphonsi Disciplina Clericalis*, pp. 6–20.

[66] Orlandi, 'Baucis et Traso', pp. 248–9.

[67] Tatlock, *The Legendary History*, pp. 433–7; cf. the discussion above, pp. xii–xvi.

[68] Hoste, *Bibliotheca Aelrediana*, p. 123.

[69] Barlow, *The Letters*, pp. lxi–lxxvi.

[70] Cf. Laporte, 'Epistulæ Fiscannenses', pp. 7, 12–13, 14.

[71] Barlow, *The Letters*, p. lxxi.

sum, then, fos 83v–120r are datable to the last third of the twelfth century (and perhaps early in in that period), fos 9r–15v and 18r–83r to its last quarter (and perhaps early in that quarter), and fos 121r–188v to the years around 1200. Fos 1r–8v, 15v14–17v, and 188v20–198v are unlikely to be very much later in date than the earliest years of the thirteenth century.

THE COPY OF GEOFFREY'S *HISTORIA*

There are few palaeographical or codicological peculiarities in this section. It comprises fos 17–82 (qq. D–M), consisting of one bifolium (q. D, fos 17–18) and eight quaternions (qq. E–H, J–M). The text extends on to the first page (83r) of the next major section, containing Aelred's *Vita Eduardi*. Three matters require discussion.

A minimum of five scribes shared the transcription of the Galfridian *Historia* and its Bedan appendix. The division of their stints may provisionally be described as follows.

Scribe 1 – qq. C (fo 18), D (19–26), H (43–50), J (51–58), parts of M (75–82);
Scribe 2 – qq. E (27–34), L (67–74);
Scribe 3 – qq. F (35–42), K (59–66);
Scribes 4 and 5 – parts of q. M (75–82) and fo 83r.

This description is by itself sufficient to dispose of Madden's hypothesis,[72] never entirely laid to rest,[73] that q. C (prefatory matter) and part of q. M were written by a later scribe. We have no reason to suppose, on the evidence of the palaeography, that this copy is anything but a transcript of a single exemplar. The copying of quires was probably not executed concurrently, for qq. H, J, and M in particular all have their scribal transitions on the third or fourth line of

---

[72] 'The Historia Britonum', p. 301.
[73] Hammer, 'Remarks', p. 525, notwithstanding Griscom, 'The date of composition', p. 136. But, as Orlandi pointed out ('Baucis et Traso', p. 247, n. 11), 'L'editore [Griscom], sulla base di criteri interni attinenti alla successione delle redazioni autentiche dell' opera, arriva a datare il ms. addirittura al 1136 circa, confondendo la data di una redazione con quella del codice che la contiene'.

the first recto of the quire, thus indicating consecutive copying.[74]

The prefatory matter (§§ 1–5) on fo 18, the second folio of the bifolium which comprises q. C, is written in a higher grade of set minuscule than scribe 1's customary practice. But of the scribal identity there can, I think, be no doubt. It must have been this difference of aspect which encouraged Madden's mistaken theory. The prefixed bifolium must be taken as reflecting an aspect of the exemplar and, perhaps, the hyparchetype, apparently a presentation-copy. The physical arrangement is one not uncommon for prefaces or dedications to much-copied works.[75]

It remains to consider the Bedan appendix on fos 80r–83r. Formally, these excerpts from Bede's *Historia Ecclesiastica Gentis Anglorum* (I.15, 23, 25, 26, 34; II.1, 2, 3, 5), relating to the Roman mission to christianise England, have nothing to do with Geoffrey's *Historia*. However, though distinct here at least to the extent of a blank half-page on 79v, they are found elsewhere in association with Geoffrey's text and must be held to have derived from the exemplar (and perhaps even from the hyparchetype, although that is much less certain).[76] If treated as a separate text, they would be unique in this codex in displaying scribal links with another text. They may be held to complement Geoffrey's work in as much as they tell of the christian-isation of the English and prepare the reader for any subsequent account of English piety (as, in this case, in Aelred's *Vita Eduardi*). Given the physical arrangement on fos 79v–80r, it is fair to say that the scribe(s) treated these Bedan passages as, in effect, an appendix to Geoffrey's work.

III *The present edition*

It is surprising that a work as important and influential as the *Historia Regum Britannie* has previously been edited on only eight occasions; in view of the plethora of surviving manuscripts, it is less surprising

---

[74] The change of scribe in qq. H (fo 43r) and M (fo 75r) can be observed in Plates I and II respectively.

[75] Tatlock, *The Legendary History*, pp. 436–7; as qualified by Dumville, 'An early text', pp. 16–17.

[76] *Ibid.*, pp. 15–17.

that none of these editions can be considered to fulfill the needs of modern scholarship.[77]

Geoffrey's *Historia* was edited twice in the sixteenth century. The *editio princeps* was prepared by Ivo Cavellatus, a professor of the College of Quimper in Paris, and printed in Paris by Josse Bade of Asche in 1508.[78] In his introduction Cavellatus stated that he used four Paris manuscripts for his edition; but, as none of these manuscripts has yet been identified, it is difficult to assess the accuracy of the edition. Cavellatus's text is, however, marred by arbitrary and silent corrections, typical of Renaissance editorial practice, which severely limit its usefulness and reliability;[79] these deficiencies are rendered all the more serious because Cavellatus's text directly or indirectly influenced all subsequent editions until the present century. A second edition was printed in Paris by Josse Bade in 1517, but this differed from the the first only in point of some minor corrections.

The next edition of the *Historia* appeared near the end of the same century. It was the work of Hieronymus Commelin and was printed in Heidelberg in 1587.[80] Commelin knew and used the text of Cavellatus, but claimed to have improved it by collation with a manuscript belonging to his friend Paul Knibbe;[81] again this manuscript has not so far been indentified. Thus, while Commelin's edition corrects some of the obvious errors of Cavellatus's, it too rests on uncertain manuscript authority. It is clear, then, that we cannot begin to assess the true value of these early editions until we have a clearer understanding of their relationship to the complicated text-history of the *Historia Regum Britannie*.

It was over two hundred and fifty years before Geoffrey's work was re-edited by J. A. Giles, whose text was published in England in 1844. According to Giles himself, his text represented a great advance, since it was based on a collation of no fewer than nine manuscripts. But Griscom has shown that this claim was without foundation.[82] The first

---

[77] Griscom, *The Historia*, pp. 10–18, and Hammer, 'Remarks', pp. 522–5, discuss the deficiencies of previous editions.

[78] See Renouard, *Bibliographie*, II.460–62.

[79] Griscom, *The Historia*, pp. 11–12; Hammer, 'Remarks', p. 523.

[80] See Port, *Hieronymus Commelinus*, p. 55.

[81] Knibbe also provided a manuscript of another text edited in the same volume; on this, and on Knibbe himself, see Stubbs, *Willelmi Malmesbiriensis Monachi de Gestis Regum Anglorum*, I.xcix–c.

[82] Griscom, *The Historia*, pp. 15–18.

three of Giles's 'manuscripts' comprise Commelin's printed text, the marginal notes of one Petreius — 'uir doctus, nuper defunctus'[83] — to his copy of Commelin, and a printed text of the *Prophetie Merlini*.[84] The remaining six of Giles's sources were indeed manuscripts, but he collated only one of these in its entirety; this manuscript has not been identified.[85] Of the other five manuscripts, one was incomplete, while Giles collated the remaining four only in part. Moreover, where these known manuscripts vary from Commelin's text, Giles does not record their variant readings. Giles's edition, then, is completely uncritical and of very little value.

Ten years later Giles's text was reprinted by 'San Marte' (the nom-de-plume of a German scholar, Albert Schulz). Apart from the addition of a useful commentary, Schulz's only contribution to the text was to report some variant readings drawn from the editions of Cavellatus and Commelin.

In the present century, 1929 was something of a red-letter year for Galfridian studies, since it witnessed the publication of the editions by Acton Griscom and Edmond Faral. Both were marked improvements on the previously published texts; however, both also had limitations, chiefly caused by their failure to deal adequately with the complicated textual history of Geoffrey's work. Griscom's text consisted of a diplomatic edition of Cambridge, University Library, MS. Ii.1.14 (1706). He collated this manuscript with two others, the important Bern, Burgerbibliothek, MS. 568 and a late and indifferent manuscript, Aberystwyth, National Library of Wales, MS. Porkington 17, recording their variant readings in a double apparatus. While Griscom's transcription was generally accurate (at least in as far as it can be judged by his reporting of Bern 568),[86] the major drawback of this edition was his reliance on the Cambridge manuscript as the chief witness. On the strength of its double dedication, Griscom thought that not merely the version of the text contained in the manuscript but also the manuscript itself could be dated to 1136; not only was this hypothesis, as we have seen, misguided,[87] but the Cambridge manu-

---

[83] Giles, *Galfridi Monemutensis Historia Britonum*, p. 240.

[84] Michel & Wright, *Galfridi de Monemuta Vita Merlini*, pp. 63—76.

[85] Hammer, 'Remarks', p. 524.

[86] Griscom's errors are very rare; to give two examples, at *Historia Regum Britannie* § 41 he fails to note the dittography 'cum illo illo', and at § 90 mistakenly reports 'omni assidui itineris' for 'assidui itineris'.

[87] See above pp. xv–xvi.

script is demonstrably corrupt.[88] Griscom's diplomatic text therefore leaves the reader to edit the Latin as he reads, while the apparatus of variant readings from the Bern and Aberystwyth manuscripts serves no particularly useful purpose.

Faral's edition was on a far more ambitious scale than that of Griscom; it was more broadly based on ten manuscripts, the most important of these being Cambridge, Trinity College, MS. 0.2.21 (1125), Bern, Burgerbibilothek, MS. 568, Leiden, Bibliotheek der Rijkuniversiteit, MS. B.P.L.20, and Paris, Bibliothèque nationale, MS. lat. 6233.[89] Relying on these manuscripts, Faral attempted to produce a heavily edited critical edition — an aim which was self-defeating without a thorough understanding of the text-history in all its ramifications. Moreover, Faral's repeated changes of policy in constructing his text are bewildering; this and the lamentable inaccuracy of his apparatus,[90] combined with the reader's uncertainty as to the manuscript-source or sources of any given word in the text, contrive to render Faral's otherwise useful edition significantly less satisfactory, although nonetheless more helpful to the reader than Griscom's eccentric work.

Finally, in 1951 there appeared the edition of Jacob Hammer. Hammer's extensive studies of Galfridian manuscripts enabled him to print a version of the *Historia Regum Britannie* significantly different from any previously published. Despite its obvious importance, Hammer's edition also had alarming deficiencies; but they and this text, the so-called First Variant Version of the *Historia Regum Britannie*, need not concern us here, since a re-edition of the latter will

[88] Given our present ignorance of the text-history of the *Historia*, it is not easy to establish any manuscript's degree of corruption. An external control, however, is afforded by Geoffrey's extended borrowings from other authors. Examination of the passages in which he uses Gildas (Wright, 'Geoffrey of Monmouth and Gildas', pp. 34–40) reveals clearly that Griscom's Cambridge manuscript is corrupt.

[89] Faral also used Cambridge, University Library MSS. Ii.1.14 (1706) and Ii.4.4 (1801), Oxford, Bodleian Library, MSS. Add. A.61 (*S.C.* 28843) and Bodley 514 (*S.C.* 2184), Paris, Bibliothèque nationale, MS. lat. 6040, and Roma, Biblioteca Apostolica Vaticana, MS. Vat. lat. 2005.

[90] Faral's errors in reporting Bern MS. 568, for example, are too numerous to record in detail. In *Historia Regum Britannie* § 15 alone there are four: he reports *permanere* for *commanere*, *affectu* for *effectu*, *et omni* for *omni*, and *excelsa puppi* for *in excelsa pupi* (indeed, such variant spellings as *pupi* are generally corrected silently).

be the subject of one of the volumes to be published shortly in this series.

Embarking on the present programme for the re-edition of Geoffrey's *Historia* at once meant that certain basic choices had to be made. The immediate requirement is that a simple, readable text of the *Historia Regum Britannie* be made readily available so that students may once again routinely consult and familiarise themselves with this complex and important work. Since the rich and variegated textual history of Geoffrey's *magnum opus*, which exists in at least 210 copies, is at present quite unknown, the only decision possible at this stage is to edit the text of a single manuscript.

Given that present ignorance of Galfridian textual history, severe limits are automatically placed on the choice of source for a one-manuscript edition. Many early copies of Geoffrey's *Historia* survive, but the rule *ulteriores non deteriores* inhibits the use of any one of them without compelling reason. There is no point in reproducing Griscom's chosen manuscript — for the reasons already stated. The only other manuscripts which have impressed themselves on modern scholarship are Leiden, Bibliotheek der Rijksuniversiteit, MS. B.P.L.20, part 2, written at Le Bec in Normandy in the 1140s or 1150s, and Bern, Burgerbibliothek, MS. 568, of uncertain origin, but probably Norman, and possibly from Fécamp, and probably written in the last quarter of the twelfth century. The reputations of both have suffered at the hands of modern scholars. The Leiden manuscript was once thought to have been the copy of Geoffrey's *Historia* which Robert of Torigni showed to the astonished Henry of Huntingdon at Le Bec in January 1139. But that is scarcely possible and a number of pointers suggest that this Le Bec scriptorium-product embodies a recension which owes something to the hand of Robert of Torigni himself.[91] The Bern manuscript has exercised a fascination over students of Geoffrey since Madden first wrote about it in 1858.[92] But extravagant claims were made for it in 1926 by Acton Griscom who allowed his enthusiasm for its text to colour his judgement as to the date of its writing. The subsequent realisation that the manuscript was written later in the twelfth century has allowed it and its text to pass further from view than is merited. In neither state of mind have scholars properly allowed the ever necessary distinction between date of text and date of manuscript.

[91] Dumville, 'An early text', pp. 2–6.
[92] 'The Historia Britonum'.

Jacob Hammer recognised that Bern 568 formed part of a group of manuscripts associable by their texts. Of these he named only London, British Library, MS. Arundel 237. It has recently been shown that Rouen, Bibilothèque municipale, MS. U.74 (1177) is another member of this group.[93] Possibly others remain to be discovered among the innumerable unclassified copies of the *Historia*, thus leading to amplification of the textual history. This is the version which Hammer unconvincingly labelled as an 'attempt to whitewash the Saxons'.[94]

Recently this group has been studied by David Dumville[95] who has displayed a textual history which can convincingly be carried back into the reign of King Stephen, which is at least of equal authority with the Leiden manuscript, and which may also owe its diffusion to the influence of Le Bec. Its version too becomes a candidate for identification with that shown to Henry of Huntingdon at Le Bec in 1139. Indeed, in so far as it cannot be proved that the Leiden book was that seen by Henry, its claim to consideration rests solely on its later Le Bec origin; yet in 1164 the Le Bec library possessed at least one other copy of the *Historia*, and the exchange of manuscripts among the Norman Benedictine abbeys during the preceding twenty-five years inhibits any general assumptions about the circulation of the text. Only a reconstructed text-history can be the basis for firm assertions about the circulation of this or that version of the *Historia*. Dumville has provided what is, to date, the only scholarly history of such a text. To the extent that the pedigree of this version is now known, back to Stephen's reign, it has seemed wisest to adopt it as the source of the present edition. No claim is made thereby for its originality; we can say merely that we are dealing with with a known quantity. To the extent that the dedicatory preface, unique to this manuscript, shows signs of being a revised version of that to Robert of Gloucester and Waleran of Meulan,[96] that part, at least, of the Bern text cannot represent Geoffrey's first edition of the work. But no version of the text with the Robert—Waleran preface has been studied in print, and Hammer's comments suggest that great textual variety among the eight manuscripts now containing it inhibits description of them as constituting a group or representing a version of the text;[97] until they

---

[93] Dumville, 'An early text', pp. 16–17.
[94] 'Remarks', pp. 525–6; see further below, pp. lvi–lix.
[95] Dumville, 'An early text', pp. 16–29.
[96] See above pp. xiv–xv.
[97] 'Remarks', p. 525.

have a history, choice of one manuscript would in these circumstances be misleading.

No attempt has been made here to present a critical edition based on the Bern, Arundel, and Rouen manuscripts. The labour expended would be wasted, for it would have to be redone when other copies of this version are identified (as they surely will be) during reconstruction of the total text-history. The present edition, therefore, presents a semi-diplomatic text which reproduces the Bern manuscript faithfully except where its Latin will not construe. Any emendations which have been considered necessary are indicated within the text by the use of angle-brackets; in all such cases, the readings of the manuscript are also reported. All abbreviations have been silently expanded.[98] I have not considered it wise to follow the editions of Faral and Hammer in introducing Classical Latin orthography into the text, since this system was foreign to Geoffrey and to the scribes who copied his work.[99] Accordingly, I have reproduced the orthography of the Bern manuscript closely; although this policy occasionally results in slightly unfamiliar forms, it is dictated by the need for editorial consistency. I have also refrained from correcting the spelling of the Bern manuscript, except in a very few cases where it was unintelligible or where serious ambiguity might have arisen. Similarly, I have made no attempt to 'normalise' the spelling of proper names (except in the case of a few very obvious scribal errors), since we cannot begin to understand how Geoffrey himself spelt these names, many of which are latinisations of vernacular forms, until the evidence of all the extant manuscripts has been gathered and assessed.[100] When the Bern manuscript employs more than one form of a name, all the spellings have been reproduced; for ease of reference, all variant forms have duly been recorded in the indices of names and places.

---

[98] An anomaly must be noted here. Scribe 1 (see p. xlv, above) very often employs the abbreviation for *gra*, as opposed to *gre*, in the past tense of the verb *gradior* and its compounds (*e.g. supergrassus*, fo 18r, line 29); once only he uses it in the word *grex* (*grages*, fo 50v, line 17). Since this appears to be a personal quirk rather than a simple error, I have in these cases accordingly transcribed the abbreviation as *gre*.

[99] See the review of Hammer's edition by Parry, pp. 239–40.

[100] Arthur's queen is named four times in the *Historia* and on each occasion the name is spelt differently (Ganhumara, Ganhumera, Guenhumara, Guenhuuara) in the Bern manuscript; how are we to decide which is the correct form? See also Roberts, 'The treatment'.

Modern punctuation has been introduced to allow the reader to follow the text with the minimum of difficulty, but I have, as far as possible, retained the sentence-structure of the Bern manuscript. The question of the internal division of the text on a larger scale raises some difficulties. In Bern MS. 568 the text is simply subdivided into paragraphs, each with a prominent initial. In this respect, the Bern manuscript reflects the practice of the majority of surviving manuscripts, but some exhibit instead more complex divisions into various numbers of books, often themselves internally divided into chapters. Only a complete investigation of the text-history of the *Historia* will enable us to ascertain the origin of these various systems of internal division and, indeed, whether any of them are due to Geoffrey himself, which is perhaps unlikely. Nevertheless, despite the uncertainty surrounding their genesis, the book- and chapter-divisions of these manuscripts in turn influenced the printed editions. Cavellatus's *editio princeps* was divided into nine books. Commelin introduced a division into twelve books, each subdivided into a number of chapters; this division became standard, being reproduced by Giles and San Marte. Even Griscom's diplomatic edition, which followed the paragraphing of the Cambridge manuscript, retained Commelin's book- and chapter-division in its margins. These editors' adoption of this system is, however, far from satisfactory, since, as Griscom himself conceded,[101] none of the early manuscripts contains the division into twelve books. Faral's answer to this problem was to divide the text arbitrarily into two hundred and eight chapters in his edition. Given our present total ignorance of the origins and development of the manuscript book-divisions, Faral's system seems the most sensible solution. In the present semi-diplomatic edition, I have reproduced the paragraphs of Bern MS. 568 exactly as they appear in the manuscript; however, in order to avoid the introduction of yet another system of internal division by numbering these paragraphs, I have employed Faral's chapter-numbers which are indicated in the text by the use of bold type. This arrangement permits immediate comparison of the division found in Bern MS. 568 with that introduced by Faral, while at the same time allowing the text to be cited conveniently by chapter-number. Faral's chapter-numbers will moreover be employed consistently in future editions to appear in this series so that all

---

[101] Griscom, *The Historia*, p. 28.

liii

versions of the *Historia* can be readily compared.[102]

At one point only have I chosen not to follow the paragraphing of the Bern manuscript — that is, in the body of the *Prophetie Merlini* (*Historia Regum Britannie* §§ 112–17) which by their very nature constitute a special case. I have subdivided the *Prophetie* into smaller and more manageable subsections, numbered 1–74, each representing — as far as the obscure subject-matter permits this to be determined — a discrete prophecy dealing with a single event or closely related group of events; my intention is to allow these arcane oracular pronouncements to be more easily referred to and cited than has thus far been possible.

At a few points the text of Geoffrey's *Historia* found in Bern MS. 568 diverges from that printed by Faral, in that some words found in Faral's edition are not present in the Bern manuscript. In such passages, my policy has been to restore words to the text only when the Latin cannot be understood or easily construed; these additions have always been clearly indicated by the use of angle-brackets. In the majority of cases only a single word is needed to restore sense, but in some few passages clauses are missing. This raises a problem: do the clauses absent from Bern MS. 568 represent omissions caused by careless copying or have they been deliberately supressed? Conversely, it might be argued that they are interpolations, witnessed by other manuscripts but not by Bern 568. This problem can be solved only by close analysis of the passages in question. I set them out for consideration here with the clauses taken from Faral's edition placed in angle-brackets.

1. *Historia Regum Britannie* § 16

Insula in occeano est <undique clausa mari;
Insula in occeano est> habitata gigantibus olim.

2. *Historia Regum Britannie* § 20

Erat ibi quidam Trous nomine Turnus, Bruti nepos, quo fortior siue audatior nullus excepto Corineo aderat. <Hic solus solo

---

[102] The only problem is that Thorpe's translation, based on Griscom's text, retains the traditional division into twelve books. I have therefore included, as an appendix, a conversion-table for Faral's chapter- and Commelin's book-numbers so that the present edition can be more easily used in conjunction with Thorpe's English version.

gladio suo sexcentos peremit. Sed ab irruentibus Gallis citius quam debuisset interfectus est.> De nomine ipsius predicta ciuitas Turonis uocabulum nacta est quia ibidem sepultus fuit.

3. *Historia Regum Britannie* §51

. . . altera uero cum tota Albania Pereduro. <Emensis deinde septem annis obiuit Ingenius et totum regnum cessit Pereduro.> Insignitus itaque . . .

4. *Historia Regum Britannie* §84

[Maximianus] omnemque armatum militem Britannie collegit. <Non sufficiebat ei regnum Britannie quin affectaret Gallias subiugare.> Ut igitur transfretauit . . .

5. *Historia Regum Britannie* §98

Post illum colimus deam inter ceteras potentissimam uocabulo <Fream cui etiam dedicauerunt sextam> feriam quam ex nomine eius Fridei uocamus.

6. *Historia Regum Britannie* §100

. . .intrante Sathana in corde suo <amauit puellam et postulauit eam a patre suo. Intrauerat, inquam, Sathanas in corde suo> quia . . .

7. *Historia Regum Britannie* §100

. . .tum propter paganos <quos rex in societatem eorum posuerat>, tum propter Pelagianam heresim . . .

8. *Historia Regum Britannie* §141

. . .nisi Saxones ad ultimum resistere incepissent. <Preualentibus namque ciuibus piguit eos incepte superbie: unde se defendere instituerunt.> Scandentes itaque muros . . .

9. *Historia Regum Britannie* §166

. . .preceperunt ei a Gallia recedere <aut in postero die ad pugnandum uenire. At dum responderet eis quod non deberet recedere>, immo ad regendum illam accedere . . .

10. *Historia Regum Britannie* §179

> Faral: Dum enim ibi apud confratres suos moram faceret, subito languore grauatus defunctus est et iubente Malgone Uenedotorum rege in eadem ecclesia sepultus.

> Bern MS. 568: Dum ibi apud confratres suos moram faceret, subito languore mortuus in eadem ecclesia sepultus est.

11. *Historia Regum Britannie* §202

> Mater eius fuit soror Peande regis <ex patre tantum, matre uero diuersa>; ex nobili genere Gewiseorum edita fuerat.

It is immediately clear that most of these passages exhibit simple errors of copying. Most are examples of *saut du même au même*: *occeano est / occeano est* in 1; *Pereduro / Pereduro* in 3; *Fream* (or possibly *feriam*) / *feriam* in 4; *in corde suo / in corde suo* in 6; *recedere / recedere* in 9; *ex / ex* in 11. Moreover, in examples 3, 4, and 9, the Latin is nonsensical if the bracketed clauses are omitted and they must therefore be supplied; in 1 too the missing passage must be restored since two consecutive hexameters disrupt the metre of elegiac couplets. In the other passages, it is less easy to determine whether omission or interpolation has occurred. In 2 and 4 it is possible that the (Norman?) scribe has suppressed unfavourable references to *Gallia*; but, if so, these would represent only very isolated examples of such reworking. The most interesting case is 10, where it is clear that one passage must be a revision of the other; but we cannot at present determine whether the reference to Malgo was supressed in the Bern manuscript or interpolated elsewhere. Moreover, all save one of these absent clauses must be seen as characteristic of the text transmitted by the Bern manuscript, since they are similarly absent from the other known witnesses — London, British Library, MS. Arundel 237 and Rouen, Bibliothèque municipale, MS. U.74 (1177).[103]

A similar problem is raised by a peculiarity which constitutes another distinguishing feature of the text transmitted by Bern MS. 568 and these two other manuscripts. In a number of passages it exhibits a view of the English different from that found in the majority of manuscripts, in that references to their betrayal of the British are played down. This trait can best be appreciated by comparison of the Bern text with that of Faral; the relevant passages are set out below.

[103] The exception is no. 6, where BL Arundel 237 has the text in full.

1. *Historia Regum Britannie* § 101 (the British and the English)

Faral: Britones timentes *proditionem* eorum

Bern MS. 568: Britones timentes *audatiam* eorum

2. *Historia Regum Britannie* § 104 (massacre of the British leaders)

Faral: Hengistus noua *proditione* usus precepit . . . ut unusquisque longum cultrum *infra caligas absconditum haberet* . . . Ut igitur horam *proditionis sue* idoneam inspexisset Hengistus. . . ceteri qui propter *proditionem* accesserant.

Bern MS. 568: Hengistus noua *arte* usus precepit . . . ut unusquisque longum cultrum *ad latus more suorum habens uoci sue obediret* . . . Ut igitur horam *proposito suo* idoneam inspexisset Hengistus . . . ceteri qui propter *illorum patriam* accesserant.

3. *Historia Regum Britannie* § 127 (massacre of the British leaders)

Faral: quos *nefandus* Hengistus *prodiderat*

Bern MS. 568: quos *bellator* Hengistus *occiderat*

4. *Historia Regum Britannie* § 142 (assassination of Uther)

Faral: regnum subdere nituntur; *proditioni enim solite indulgentes* machinantur . . . unum quod *proditioni* ipsius preelegerunt . . . Fontem namque agressi sunt nefandi *proditores.*

Bern MS. 568: regnum subdere nituntur; machinantur . . . unum, quod *nequitie* ipsius preelegerunt . . . Fontem nanque agressi sunt nefandi *homines.*

5. *Historia Regum Britannie* § 184 (Gormund)

Faral: Exin *proditione eorum* cum .clx. millibus Affricanorum ad Britanniam transfretauit quam in una parte *mentite fidei* Saxones . . .

Bern MS. 568: Exin *Gotmundus dux eorum* cum centum sexaginta milibus Affricanorum ad Britanniam transfretauit quam in una parte Saxones . . .

6. *Historia Regum Britannie* § 186 (Gormund)

Faral: prebuit Saxonibus quorum *proditione* applicuerat.

Bern MS. 568: prebuit Saxonibus quorum *consilio* applicuerat.

7. *Historia Regum Britannie* § 191 (Brian's speech)

Faral: cum aduene Saxones qui *semper proditores* eius extiterant . . .
Consueuerunt namque *proditionem semper facere nec ullam fidem
firmam tenere* . . . sed cum *nequitiam suam manifestare* quiuerunt,
malum pro *bono* reddentes *prodiderunt* eum . . . *Prodiderunt*
deinde Aurelium Ambrosium *cui post horribilia sacramenta una
cum eo conuiuantes uenenum potare dederunt. Prodiderunt* quoque
Arturum . . . Postremo *Caretico regi fidem mentientes.*

Bern MS. 568: cum aduene Saxones qui *sepius exterminatores* eius
extiterunt . . . Consueuerunt namque *exterminationem nobis semper
facere et a patria nostra nos fugare* . . . sed cum *impotentiam
nostram comperire* quiuerunt, malum pro *malo* reddentes
reliquaerunt eum . . . *Occiderunt deinde Aurelium Ambrosium,
uulnerauerunt ad mortem* quoque *Arturum* . . . Postremo
Kareticum regem reliquaerunt.

Hammer claimed that these passages represented 'an attempt to
whitewash the Saxons'.[104] This is not, however, entirely accurate. The
English are not rehabilitated completely; in no. 4 their actions are still
described as *nequitia* and the English themselves as *nefandi homines*.
The aim is rather to counter the idea that the English betrayed their
faith to the British (who are also portrayed less sympathetically).
Instead of the word *proditio* the Bern text has *audatia, ars,* and
propositum (2) *nequitia* (4), *consilium* (6), and *exterminatio* (7). In 7
too various verbs (*reliquaerunt, occiderunt,* and *uulnerauerunt ad
mortem*) replace *prodiderunt*. However, this policy is not consistently
maintained in the Bern text; in *Historia Regum Britannie* § 105 the
words *proditores* and *proditione* are still applied to the English.

Do the passages quoted above therefore represent a later attempt,
which was not carried out consistently, to exonerate the English of the
charge of bad faith? Or does the Bern manuscript preserve an early
version of the *Historia*, which was later revised by Geoffrey himself? The latter hypothesis is unlikely. In passage 2, the Bern text

[104] 'Remarks', pp. 525–6.

lviii

describes the English as keeping their daggers openly at their sides, while Faral's text portrays them as hiding them in their shoes to surprise the British leaders. The former version is unsatisfactory in dramatic terms, since the daggers are not hidden and there is therefore no explanation of how the British were deceived; moreover, the concealment of the daggers is unquestionably derived from one of Geoffrey's prime sources, the pseudo-Nennian *Historia Brittonum* (§ 46, 'ut unusquisque artauum suum sub pede in medio ficonis sui poneret'). It is hardly conceivable that Geoffrey would first change for the worse this detail, found in his source, and later revert to that more satisfactory version. The Bern text therefore in this respect represents a revision. Hammer held that this revision was made by Geoffrey; but his assertion rests on the argument that a scribe would have carried out the whitewashing more thoroughly; however, the opposite would be more logical.[105] It seems more likely that the Bern text represents an attempt by an unknown scribe partially to exonerate the English and to suggest that their take-over of the island, if bloody, was at least not illegitimate.

Finally, we must consider another facet of this reworking, one which concerns Arthur. In passage 7 above, the phrase *prodiderunt Arturum* is modified to *uulnerauerunt ad mortem quoque Arturum*; the obvious implication is that Arthur had died after Camblann. In *Historia Regum Britannie* § 179 (as printed by Faral), Arthur's fate is ambiguous; although he was mortally wounded, he was taken to Avallon to have his wounds cured.[106] However, the Bern text adds with some finality: 'Anima eius in pace quiescat'. Clearly, this version has no time for the Breton hope that Arthur would return, but records unequivocally that the national hero was dead.

---

[105] 'Remarks', p. 526; see also Dumville, 'An early text', pp. 18–19.
[106] 'Set et inclitus ille rex Arturus letaliter uulneratus est; qui illinc ad sananda uulnera sua in insulam Auallonis euectus'.

BIBLIOGRAPHY

The following list is not intended to be comprehensive, but includes all works referred to in the Introduction.

BARLOW, Frank (ed.)   *The Letters of Arnulf of Lisieux* (London 1939)

BERTINI, Feruccio (ed.)   *Commedie latine del XII e XIII secolo* (5 vols, Genova 1976–)

BRANCH, B.   'Inventories of the library of Fécamp from the eleventh and twelfth century', *Manuscripta* 23 (1979) 159–72

BRANCH, Betty,   'The Development of Script in the Eleventh and Twelfth-century Manuscripts of the Norman Abbey of Fécamp' (unpublished Ph.D. dissertation, Duke University, N.C. 1974; summary in *Dissertation Abstracts International* 35 A [1974/5] 7248)

BROOKE, C. N. L.   'Geoffrey of Monmouth as a historian', in *Church and Government in the Middle Ages*, edd. C. N. L. Brooke et al. (Cambridge 1976), pp. 77–91

CAVELLATUS, Ivo (ed.)   *Britannie utriusque regum et principum origo et gesta insignia ab Galfrido Monemutensi ex antiquissimis britannici sermonis monumentis in latinum sermonem traducta: et ab Ascanio cura et impendio magistri Ivonis Cavellati in lucem edita* (Paris 1508; 2nd edn, 1517)

CHIBNALL, Marjorie (ed. & transl.)   *The Ecclesiastical History of Orderic Vitalis* (6 vols, Oxford 1969–80)

CLARKE, Basil (ed. & transl.)   *Life of Merlin. Geoffrey of Monmouth, Vita Merlini* (Cardiff 1973)

COMMELIN, Hieronymus (ed.)   *Rerum Britannicarum, id est Angliae Scotiae uicinarumque insularum ac regionum, scriptores uetustiores ac praecipui* (Heidelberg 1587)

CRAWFORD, T. D.   'On the lingustic competence of Geoffrey of Monmouth', *Medium Aevum* 51 (1982) 152–62

DELISLE, Léopold and BERGER, E. (edd.)   *Recueil des actes de Henri II, roi d'Angleterre et duc de Normandie, concernant les provinces françaises et les affaires de France* (Introduction and 3 vols, Paris 1909–27)

DRONKE, P. 'Peter of Blois and poetry at the court of Henry II', *Mediaeval Studies* 38 (1976) 185–235

DUMVILLE, D. N. 'An early text of Geoffrey of Monmouth's *Historia Regum Britanniae* and the circulation of some Latin histories in twelfth-century Normandy', *Arthurian Literature* 4 (1984) 1–33

FARAL, E. 'Geoffroy de Monmouth: les faits et les dates de sa biographie', *Romania* 53 (1927) 1–42

FARAL, Edmond (ed.) *La Légende arthurienne* (3 vols, Paris 1929)

FLINT, V. I. J. 'The *Historia Regum Britanniae* of Geoffrey of Monmouth: parody and its purpose. A suggestion', *Speculum* 54 (1979) 447–68

GILES, J. A. (ed.) *Arnulfi Lexoviensis episcopi epistolae ad Henricum II. Regem Angliae Sanctum Thomam Arch. Cant. et alios* (Oxford 1844)

GILES, J. A. (ed.) *Galfridi Monemutensis Historia Britonum* (London 1844)

GOLDAST, Melchior (ed.) *Collectio Constitutionum Imperialium, hoc est DD. NN. imperatorum, caesarum, ac regum augustorum, sacri imperii Germano-Romani, recessus, ordinationes, decreta, rescripta, mandata, & edicta, in publicis comitiis promulgata, aut alias edita . . .* (3 vols, Frankfurt/Hanover/Offenbach 1615/09/10)

GRISCOM, A. 'The date of composition of Geoffrey of Monmouth's *Historia*: new manuscript evidence', *Speculum* 1 (1926) 129–56

GRISCOM, Acton & JONES, R. E. (edd.) *The Historia Regum Britanniae of Geoffrey of Monmouth with Contributions to the Study of its Place in Early British History* (New York 1929)

HAGEN, Hermann *Carmina medii aevii maximam partem inedita* (Bern 1877)

HAGEN, Hermann *Catalogus Codicum Bernensium (Bibliotheca Bongarsiana)* (Bern 1875)

HAGEN, H. [& MULLER, L] 'Eine antike Kömedie in distichischer Nachbildung', *Jarhbucher fur classische Philologie* 14 (1868) 711–35

HAMMER, Jacob (ed.) *Geoffrey of Monmouth: Historia Regum Britanniae — A Variant Version* (Cambridge, Mass. 1951)

HAMMER, J. 'Geoffrey of Monmouth's use of the Bible in the *Historia Regum Britanniae*', *Bulletin of the John Rylands Library* 30 (1946/7), 293–311

HAMMER, J. 'Remarks on the sources and textual history of Geoffrey of Monmouth's *Historia Regum Britanniae*', *Bulletin of the Polish Institute of Arts and Sciences in America* 2 (1943/4) 501–64

HANNING, Robert W. *The Vision of History in Early Britain from Gildas to Geoffrey of Monmouth* (New York 1966)

HILKA, Alfons & SÖDERHJELM, W. (edd.) *Petri Alfonsi Disciplina Clericalis*, I, *Lateinischer Text* (Helsingfors 1911)

HOSTE, Anselm *Bibliotheca Aelrediana. A Survey of the Manuscripts, Old Catalogues, Editions and Studies concerning St Aelred of Rievaulx* (Steenbrugge 1962)

HOWLETT, Richard (ed.) *Chronicles of the Reigns of Stephen, Henry II, and Richard I* (4 vols, London 1887–9)

HUTSON, A. 'Geoffrey of Monmouth. Two notes: I, Brychan and Geoffrey of Monmouth's Ebraucus; II, Welsh heroes at Arthur's court', *Transactions of the Honourable Society of Cymmrodorion* (1938) 361–73

JAFFE´, Philip *Regesta Pontificum Romanorum ab Condita Ecclesia ad annum post Christum natum MCXCVIII* (2nd edn, rev. W. Wattenbach *et al.*, 2 vols, Leipzig 1881/8)

JONES, W. Lewis 'Geoffrey of Monmouth', *Transactions of the Honourable Society of Cymmrodorion* (1898/9) 52–95

LA BORDERIE, Arthur de *L'Historia Brittonum attribué à Nennius et l'Historia Britannica avant Geoffrey de Monmouth* (Paris & London 1883)

LAPORTE, J. (ed.) 'Epistulæ Fiscannenses. Lettres d'amitié, de gouvernement et d'affaires (XIe-XIIe siècles)', *Revue Mabillon* 43 (1953) 5–31

LECKIE, R. William Jr. *The Passage of Dominion: Geoffrey of Monmouth and the Periodization of Insular History in the Twelfth Century* (Toronto 1981)

LEDUC, G. 'L'Historia Britannica avant Geoffrey de Monmouth', *Annales de Bretagne* 79 (1972) 819–35

LLOYD, J. E. 'Geoffrey of Mounmouth', *English Historical Review* 57 (1942) 460–8

LOHRMANN, D. 'Der Tod Konig Heinrichs I. von England in der mittellateinischen Literatur Englands und der Normandie',

Mittellateinisches Jahrbuch 8 (1973) 90–107

MADDEN, F.   'The Historia Britonum of Geoffrey of Monmouth', *The Archaeological Journal* 15 (1858) 299–312

MANITIUS, Max   *Geschichte der lateinischen Literatur des Mittelalters* (3 vols, München 1911–31)

MEISTER, Ferdinand (ed.)   *Daretis Phrygii de Excidio Troiae Historia* (Leipzig 1873)

MICHEL, Francisque & WRIGHT, T.   *Galfridi de Monemuta Vita Merlini . . . suivie des prophécies de ce barde, tirés du IVe livre de l'Histoire des Bretons* (Paris 1837)

MIGNE, J.-P. (ed.)   *Patrologiae [Latinae] Cursus Completus . . .* (221 vols, Paris 1844–64)

NORTIER, Geneviève   *Les bibliotheques médievales des abbayes bénédictines en Normandie* (2nd edn, Paris 1971)

ORLANDI, G. (ed.)   'Baucis et Traso', in *Commedie latine del XII e XIII seculo*, ed. F. Bertini (5 vols, Genova 1976–), III.243–303

PADEL, O.   'Geoffrey of Monmouth and Cornwall', *Cambridge Medieval Celtic Studies* 8 (1984) 1–27

PÄHLER, Heinrich   *Strukturunterzuchungen zur 'Historia Regum Britanniae' des Geoffrey of Monmouth* (Bonn 1958)

PARRY, J. J.   [review of Jacob Hammer (ed.), *Geoffrey of Monmouth: Historia Regum Britanniae — A Variant Version*], *Journal of English and Germanic Philology* 51 (1952) 237–42

PARRY, John J. (ed.)   *The Vita Merlini* (Urbana, Ill. 1925)

PARTNER, Nancy F.   *Serious Entertainments. The Writing of History in Twelfth-century England* (Chicago 1977)

PELLEGRIN, E.   'Essai d'identification de fragments disperses dans les manuscrits de bibliotheques de Berne et de Paris', *Bulletin d'information de l'Institut de recherche et d'histoire des textes* 9 (1960) 7–37

[PERTZ, H.]   'Mittheilungen aus dem Archiv der ehemaligen Abtei Malmedy, von Herrn Regierungsrath Ritz des Aachen', *Archiv der Gesellschaft fur ältere deutsche Geschichtskunde* 4 (1822) 412–34

PIGGOTT, S.   'The sources of Geoffrey of Monmouth: I, The "pre-Roman" king-list; II, The Stonehenge story', *Antiquity* 15 (1941) 269–86 & 305–19

PORT, Wilhelm   *Hieronymus Commelinus 1550–97. Leben und Werk eines Heidelberger Drucker-Verlegers* (Leipzig 1938)

RENOUARD, Phillippe   *Bibliographie des impressions et des ouevres de Josse Badius Ascensius, imprimeur et humaniste*

1462–1535 (3 vols, Paris 1908)

ROBERTS, B. F.   'Geoffrey of Monmouth and the Welsh historical tradition', *Nottingham Medieval Studies* 20 (1976) 29–40

ROBERTS, B. F.   'The treatment of personal names in the early Welsh versions of the *Historia Regum Britanniae*', *Bulletin of the Board of Celtic Studies* 25 (1972–4), 274–90

ROBERTSON, J. C. & SHEPPARD, J. B. (edd.)   *Materials for the History of Thomas Becket* (7 vols, London 1875–85)

SALTER, H. E.   'Geoffrey of Monmouth and Oxford', *English Historical Review* 34 (1919) 382–5

SAN MARTE [SCHULZ, Albert]   *Gottfried's von Monmouth Historia Regum Britanniae mit literar-historischer Einleitung und ausführlichen Anmerkungen, und Brut Tysylio, altwälsche Chronik in deutscher Übersetzung* (Halle a.S. 1854)

SCHIRMER, Walter F.   *Die frühen Darstellung des Arthurstoffes* (Köln 1958)

SCHWARTZ, S. M.   'The founding and self-betrayal of Britain: an Augustinian approach to Geoffrey of Monmouth's *Historia Regum Britanniae*', *Medievalia et Humanistica* 10 (1981) 33–58

STERCKX, C. & LE DUC, G.   'Les fragments inédits de la Vie de saint Goëznou', *Annales de Bretagne* 78 (1971), 277–85

STUBBS, William (ed.)   *Willelmi Malmesbiriensis Monachi de Gestis Regum Anglorum: Historiae Novellae Libri tres* (2 vols, London 1887–9)

TATLOCK, J. S. P.   'Geoffrey of Monmouth's *Vita Merlini*', *Speculum* 18 (1943) 265–87

TATLOCK, J. S. P.   *The Legendary History of Britain. Geoffrey of Monmouth's Historia Regum Britanniae and its Early Vernacular Versions* (Berkeley, Cal. 1950)

TAUSENDFREUND, Eduard Gustav Hans   *Vergil und Gottfried von Monmouth* (Halle a.S. 1913)

TAYLOR, Rupert   *The Political Prophecy in England* (New York 1911)

THORPE, Lewis (trans.)   *Geoffrey of Monmouth: The History of the Kings of Britain* (Harmondsworth 1966)

THORPE, L.   'Orderic Vitalis and the Prophetiae Merlini of Geoffrey of Monmouth', *Bulletin bibliographique de la Societe internationale Arthurienne* 29 (1977), 191–208

VON HONTHEIM, Johann Nikolaus (ed.)   *Historia Trevirensis Diplomatica et Pragmatica* . . . (5 vols, Wien & Würzburg 1750–7)

WALTHER, Hans *Initia Carminum ac Versuum Medii Aevi Posterioris Latinorum. Alphabetisches Verzeichnis der Versänfange mittellateinischer Dichtungen* (2nd edn, Gottingen 1969)

WRIGHT, N. 'Geoffrey of Monmouth and Gildas' *Arthurian Literature* 2 (1982) 1–40

Natus est i paulo p̄ caduano regi fil̄ er regina sua. na ꝓ illa eode tp̄r ꝯ̄nda sac
ta fuerat. Cn̄ nutr̄ pueri ut regum gen̄ decebat. quori alt̄ mōt̄ caduani cadugi-
lo nuncupatur. alt̄ u edwinus. Interea dum pǧssioz eta ipsoꝝ madolescentia
ꝓmouisset. misert eos parentes adsalomone rege armonicanoꝝ britonum
ut indomo sua documenta militie. certaruq̄ curialiu consuetudinum
addiscent. Excepti itaq̄ dilign̄ ab eo i familiaritate ipsi accede cepunt.
ita ut n̄ eēt. alt̄ etas eoꝝ in curia ꝗpossn̄ cum rege aut eē secreti. auo lo
qui iocundi. Deniq̄ frequenr an̄ illu mpluis congressum cu hostib3 face-
bant. ita uteq̄ sua ꝓclaris ꝓbitatib3 famosa agebant.

Succedente tande tempe defunctis parentib3 mbꝛ̄ttanni̅a reusi
sunt. susceptoq̄ regni gubnaclo ea amicicia q̄ pr̄ patre eoꝝ exerce
cepunt. Emso deinde biennio rogauit caduallone ut s̄ diadema hre
licet. celebraretq̄ statuta solennitate iꝑatib3 noꝛhamhibtoꝝ. que
admodu ipe erra humbru annuq̄ more consueuerat. Cūq̄ inde
iuxta flum duglas colloqū face incepissent disponentib3 sapieti-
oub3 ut meli̅ fieri potant racebat caduallo inalia parte fluminis
ingremio cuidā nepoti su̅ que brianu appellabant. Ac dū legati
hincinde mutua responsa dedissent l̄ defferrent. fleuit brian̄
lacmeq̄ ex oclis ei manantes ita cecidit. ut facie regis ⁊ barbā
irroraret. Qui imbre cecidisse rat̄. exgit̄ uultu suum. iudensq̄
iuuene in fletu solutu. causam ta subite mestie inq̄siuit. Cui ille
flendu est in gemitq̄ bronu p̄petue. q̄ atepe malgonis barbaroꝝ
irruptione uexata. nondu talem adepta ē. pncipe. q̄ea adp̄stina
dignitate reduceret. Adhuc etia id tantillu honori q̄d ei remane
bat te manente minuitur. cu aduene saxones q̄ sep̄ exterminatores
ei extiteret. iuno cu illo regno diademate insigniti icipiant. Ho
mine y cui regi elati famosiores ꝓpatam. erq̄ ueners efficient. eriq̄
conuerss suos inuitare poteret. q̄ genus nr̄m extermiare insistent.
Consueuert naq̄ exterminatonem. nob sep̄ face. Iaptata nra nos fuga
re. unde anob oppimendo eē. exaltandos censeret. Cum ipso p̄imo
rex Vortigerni retinuit. subumb̄ paci remanserit. q̄st ꝓptata pugnati.
s̄ cu impotentia nram cōpire q̄uert̄ malu p̄malo reddent. reliqū
cu ip̄l̄m̄ regni seua clade affecere. Occidunt dein aureliu Ambro
sium. uulnerauert admoꝛte q̄q̄ arturu. qn̄do cum modredo ne
pote suo post posito iure q̄ obligati fuerant. guerra illu dimicueꝛt

PLATE II: Bern, Burgerbibliothek, MS. 568, fo 75r
(*Historia Regum Britannie* §§ 190–91)

[18r] **[1]** Cum mecum multa et de multis sepius animo reuoluens in hystoriam regum Britannie inciderem, in mirum contuli quod infra mentionem quam de eis Gildas et Beda luculento tractatu fecerant nichil de regibus qui ante incarnationem Christi inhabitauerant, nichil etiam de Arturo ceterisque compluribus qui post incarnationem successerunt repperissem, cum et gesta eorum digna eternitate laudis constarent et a multis populis quasi inscripta iocunde et memoriter predicarent<ur>.[1] **[2]** Talia michi et de talibus multociens cogitanti optulit Walterus Oxinefordensis archidiaconus, uir in oratoria arte atque in exoticis historiis eruditus, quendam Britannici sermonis librum uetustissimum qui a Bruto primo rege Britonum usque ad Cadualadrum filium Caduallonis actus omnium continue et ex ordine perpulcris orationibus proponebat. Rogatu itaque illius ductus, tametsi infra alienos ortulos falerata uerba non collegerim, agresti tamen stilo propriisque calamis contentus codicem illum in Latinum sermonem transferre curaui. Nam si ampullosis dictionibus pagin<a>m[2] illinissem, tedium legentibus ingererem, dum magis in exponendis uerbis quam in historia intelligenda ipsos commorari oporteret.

[3] Opusculo igitur meo, Stephane rex Anglie, faueas ut sic te doctore te monitore corrigatur quod non ex Gaufridi Monemutensis fonticulo censeatur extortum set sale minerue tue conditum illius dicatur editio cuius Henricus illustris rex Anglorum awnculus extitit, quem philosophia liberalibus artibus erudiuit, qu<e>m[3] innata probitas in milicia milicibus prefecit: unde Britannia insula tibi nunc temporibus nostris acsi alterum Henricum adepta interno congratulatur affectu. **[4]** Tu quoque, Roberte consul Claudiocestrie, altera regni nostri columna, operam adibeas tuam ut utriusque moderatione communicata editio in medium producta et pulcrius elucescat. Te etenim ex illo celeberrimo rege Henrico progenitum mater philosophia in gremio suo excepit scientiarumque suarum subtilitatem edocuit ac deinde ut in militaribus clareres exercitiis ad castra regum derexit, ubi commilitones tuos audacter supergressus et terror hostium insistere et protectio tuorum esse paternis auspiciis addidicisti: fidelis itaque protectio tuorum existens me tuum uatem codicemque ad oblectamentum tui editum sub tutela tua recipias ut sub tegmine tam patule arboris

---

[1] *predicarent* MS.   [2] *paginem* MS.   [3] *quam* MS.

1

recubans calamum muse mee coram inuidis atque improbis tuto modulamine resonare queam.

[5] Britannia insularum optima in occidentali occeano inter [18v] Galliam et Hiberniam sita octoginta milia in longum, ducenta uero in latum continens quicquid mortalium usui congruit indeficienti fertilitate ministrat. Omni etenim genere metalli fecunda campos late pansos habet, colles quoque prepollenti culture aptos in quibus frugum diuersitates ubertate glebe temporibus suis proueniunt. Habet nemora uniuersis ferarum generibus repleta quorum in saltibus et alternandis animalium pastibus gramina conueniunt et aduolan<tibus>[1] apibus flores diuersorum colorum mella distribuunt. Habet etiam prata sub aeriis montibus ameno situ uirentia in quibus fontes lucidi per nitidos riuos leni murmure manantes pignus suauis saporis in ripis ac-cubantibus irritant. Porro lacubus atque piscosis fluuiis irr<i>gua[2] est et absque meridiane plage freto quo ad Gallias nauigatur tria nobilia flumina, Tamensis uidelicet et Sabrine necnon et Humbri, uelut tria brachia extendit quibus transmarina commertia ex uniuersis nationibus eidem nauigio feruntur. Bis denis etiam bisque quaternis ciuitatibus olim decorata erat quarum quedam dirutis menibus in desertis locis squalescunt, quedam uero adhuc integre templa sanctorum cum turribus perpulcra proceritate erectis continent in quibus religiosi cetus uirorum ac mulierum obsequium Deo iuxta christianam tradicionem prestant. Postremo quinque inhabitatur populis: Normannis uidelicet atque Britannis, Saxonibus, Pictis et Scotis. Ex quibus Britones olim ante ceteros a mari usque ad mare insederunt donec ultione diuina propter ipsorum superueniente superbiam Pictis et Saxonibus cesserunt. Qualiter uero et unde applicuerunt restat nunc parare ut in subsequentibus explicabitur.

[19r] [6] Eneas post Troianum bellum excidium urbis cum Ascanio filio suo diffugiens nauigio Italiam adiuit. Ibi cum a Latino rege honorifice receptus esset, inuidit Turnus rex Rutilorum et cum illo congressus est. Dimicantibus ergo illis preualuit Eneas peremtoque Turno regnum Italie et Lauiniam filiam Latini adeptus est. Denique suprema die illius superueniente Ascanius regia potestate sublimatus condidit Albam super Tyberim genuitque filium cuius nomen erat Siluius. Hic furtiue ueneri indulgens nupsit cuidam nepte Lauinie eamque fecit pregnantem. Cumque id Ascanio patri compertum

---

[1] *aduolandum* MS.   [2] *irrugua* MS.

fuisset, precepit magis suis explorare quem sexum puella concepisset. Certitudine ergo rei comperta dixerunt magi ipsam grauidam esse puero qui patrem et matrem interficeret. Pluribusque terris peragratis in exilium ad summum tandem culmen honoris perueniret. Nec fefellit eos uaticinium suum. Nam ut dies partus sui accessisset, edidit mulier puerum et in natiuitate eius mortua est. Traditur autem puer ille obstetrici et uocatur Brutus. Postremo cum ter quini anni emensi essent, comitabatur iuuenis patrem in uenando ipsumque inopino ictu sagitte interfecit. Nam dum famuli ceruos in occursum eorum ducerent, Brutus telum in ipsos dirigere affectans genitorem sub pectore percussit. [7] Quo mortuo expulsus est ab Italia indignantibus parentibus ipsum tantum facinus fecisse. Exulatus ergo adiuit partes Gretie et inuenit progeniem Heleni filii Priami que sub potestate Pandrasi regis in Grecorum seruitute tenebatur. Pyrrus etenim filius Achillis post euersionem Troie predictum Helenum compluresque alios secum in uinculis abduxerat. Et ut necem patris sui in ipsos uindicaret in captionem teneri preceperat. Agnita igitur ueterum prosapia moratus est Brutus apud eos. In tantum autem milicia et probitate uigere cepit ita ut regibus et principibus pre omni iuuentute patrie amaretur. Erat enim inter sapientes sapiens, inter bellicosos bellicosus, et quicquid auri uel argenti siue ornamentorum adquirebat totum militibus erogabat. Diuulgata itaque per uniuersas nationes ipsius fama Troiani ceperunt ad eum confluere orantes ut ipso duce a seruitute Grecorum liberarentur. Quod leuiter fieri asserebant, cum in tantum iam intra patriam multiplicati essent ita ut .vii. milia exceptis paruulis et mulieribus computarentur. Preterea erat quidam nob<il>issimus[1] iuuenis in Gretia nomine Assaracus qui partibus eorum fauebat. Ex Troiana namque matre natus erat fiduciamque in illis habebat maximam ut auxilio eorum inquietudini Grecorum resistere quiuisset. Arguebat enim eum frater suus propter tria ca<s>tella[2] que sibi moriens pater donarat et ea auferre conabatur quia ex concubina natus fuerat. Erat autem frater patre et matre Grecus asciueratque regem ceterosque [19v] Grecos parti sue fauere. Inspiciens ergo Brutus et uirorum multitudinem et Assaraci castella que sibi patebant securius peticioni illorum adquieuit. [8] Erectus igitur in ducem conuocat undique Troianos et oppida Assarici muniuit. Ipse autem et Assaricus cum tota multitudine uirorum et mulierum que eis adherebat nemora et colles occupauit. Deinde litteras suas regi in hec uerba direxit:

[1] *nobissimus* MS.   [2] *catella* MS.

3

'Pandraso regi Grecorum Brutus dux reliquiarum Troie salutem. Quia indignum fuerat gentem preclaro genere Dardani ortam aliter in regno tuo tractari quam serenitas nobilitatis eius expeteret, sese infra abdita nemorum recepit. Preferebat namque ferino ritu, carnibus uidelicet et herbis, uitam cum libertate sustentare quam uniuersis refocillata diuitiis sub iugo seruitutis tue permanere. Quod si celsitudinem potencie tue offendit, non est ei imputandum sed uenia adhibenda cum cuiusque captiui communis sit intencio uelle ad pristinam dignitatem redire. Misericordia igitur super eam motus amissam libertatem largiri digneris et saltus nemorum quos ut seruitutem diffugeret occupauit eam habitare permittas. Sin autem concede ut ad aliarum terrarum nationes cum diligentia tua abscedant.' [9] Pandrasus ergo agnita litterarum scientia ultra modum admiratus est ipsos quos in seruitutem tenuerat tanta audacia habundasse ut ei talia mandata dirigerent. Conuocato itaque procerum suorum consilio exercitum colligere decreuit ut ipsos persequeretur. Dum autem deserta quibus eos adesse autumauerat per oppidum Sparatinum peteret, egressus est Brutus cum tribus milibus uirorum ipsumque nichil huiusmodi premeditatum ex inprouiso inuasit. Audito namque aduentu ipsius sese in predicto oppido preterita proxima nocte immiserat ut in ipsos inermes et sine ordine ituros inopinam irruptionem faceret. Impetu itaque facto inuadunt acriter Troiani et stragem ingerere nituntur. Porro Greci confestim stupefacti in omnes partes dilabuntur et rege suo precedente fluuium Akalon qui prope fluebat transire festinant. At in transeundo infra uoraginem fluctus periclitantur. Quos diffugientes Brutus infestat, infestatos uero partim in undis, partim super ripam prosternit. Et nunc hac nunc illac discurrens duplicem necem ipsis ingestam esse letatur. Quod ut Antigonus frater Pandrasi intuitus est, ultra modum doluit euocauitque uagantes socios in turmam et celeri impetu in seuientes <Troas>[1] reuersus est. Malebat namque resistendo interire quam ignauam fugam faciens luteis gurgitibus submergi. Densa igitur acie incedens socios uiriliter resistere hortatur letiferaque tela totis uiribus contorquet. Sed parum uel minime profecit. Nam Troes armis muniti erant, ceteri uero inermes. Unde audatiores insistentes cedem miserandam inferebant nec eos hoc modo infestare quieuerunt donec cunctis fere interfectis Antigonum et Anacletum eiusdem sotium retinuerunt. [10] Brutus uero potitus uictoria oppidum sexcentis militibus [20r] muniuit[2] petiuitque nemorum abdita ubi Troiana plebs presidium illius expectabat. At Pandrasus ob fugam suam fratrisque

---

[1] *Troias* MS. [2] *mu*[20r]*muniuit* MS.

4

captionem anxiatus nocte illa populum dilapsum resociare uacauit. Et cum postera lux rediisset, obsidere oppidum cum resociato populo progressus est. Arbitrabatur enim Brutum misisse se infra ipsum cum Antigono ceterisque captiuis quos ceperat. Ut igitur menibus accessit, explorato ca<s>telli¹ situ distribuit exercitum suum per turmas et per diuersas partes in circuitu locauit. Indixit etiam ut alii egressum inclusis abnegarent, alii fluminum cursus auerterent, alii crebris arietibus ceterisque machinationibus murorum compagem dissoluerent. Qui precepta eius affectibus exequentes omni nisu contendebant quibus modis obsessos crudelius infestarent. Superueniente autem nocte audaciores eligebant qui, dum ceteri labore fessi quietem caperent soporis, castra et tentoria ab hostium furtiua incursione tuerentur. [11] Et obsessi in edito murorum astantes totis uiribus nituntur ut ipsorum machinationes contrariis machinationibus repellant. Et nunc tela nunc sulphureas tedas eicientes sese unanimiter defendere intendunt. Cum autem parata <testudine>² murus suffoderetur, Greco igne atque calidarum aquarum aspersione hostes retrocedere cogebant. Cybi tandem penuria et cotidiano labore afflicti legatum ad Brutum miserunt postulantes ut eis in auxilium festinaret. Timebant enim ne in debilitatem redacti oppidum deserere cogerentur. Brutus ergo opem subuectare affectans internis anxietatibus cruciatur quia tot milites non habebat quot sibi ad campestre prelium committendum sufficerent. Callido deinde usus consilio proponit castra hostium noctu adire ipsosque soporatos deceptis eorum uigilibus interficere. Quoniam autem id fieri non posse esse ualebat absque alicuius Greci assensu et auxilio, Anacletum socium Antigoni ad se uocauit illumque euaginato gladio in hunc modum affatus est: 'Egregie iuuenis, finis uite tue Antigonique adest nisi ea que tibi precipiam executurus uoluntati mee fideliter adquieueris. Affecto enim in hac sequenti nocte castra Grecorum adire ut ipsos inopina cede afficiam. Sed timeo ne eorum uigiles comperto dolo ceptum meum impediant. Quia ergo uerti arma in illos prius oporteret, desiderarem eos per te decipere ut tutiorem aditum aggrediendi ceteros haberem. Tu uero callide negotium huiusmodi agens in secunda noctis hora uade ad obsidionem et quemque fallacibus uerbis demulcendo dices te Antigonum a carceribus meis abduxisse usque ad conuallem nemorum et in eadem illum inter frutices delituisse. Nec longius abire posse propter compedes quibus eum impeditum simulaueris. Deinde duces eos ad exitum nemoris quasi ipsum liberaturos. Ubi cum armata manu

---

¹ *catelli* MS. ² *testitudine* MS.

adero paratus eos perimere.' [12] Anacletus igitur uiso gladio qui inter hec uerba morti sue imminebat continuo perterritus iureiurando promisit sese preceptum illum executurum, si sibi et Antigono [20v] diuturnio<r>¹ uita concederetur. Confirmato denique federe in secunda noctis hora que iam instabat uersus obsidionem iussum iter arripuit. Cum tandem prope castra incederet, occurrunt undique uigiles qui abdita locorum explorabant. Querunt quoque aduentus ipsius causam utrum ad prodendum exercitum aduenisset. Quibus ille ingentem leticiam simulans in hec uerba respondit: 'Non equidem proditor mee gentis uenio, sed carcerem Troianorum euadens ad uos orans diffugio ut mecum ad uestrum Antigonum ueniatis quem ex uinculis Bruti eripui. Illum quidem pondere compedum detentum paulo ante in exitum nemoris inter frutices delitere iussi donec aliquos inuenirem quos ad liberandum eum conducerem.' Dubitantibus autem illis utrum uerum diceret superuenit unus qui eum agnouerat et salutato eo indicauit sociis quis esset. At illi nichil hesitantes ceteros qui aberant ocius conuocauerunt et secuti sunt eum usque ad siluam qua Antigonum delitere predixerat. Illis denique inter frutices pro-gredientibus emergit se Brutus cum armatis cateruis et facto impetu ipsos ocius perterritos durissima cede affecit. Deinde profectus est ad obsidionem et diuisit socios suos per tres turmas precepitque ut singule singulas partes castrorum sapienter et sine tumultu adirent, nec intromisse cedem alicui ingererent donec ipse cum sua cohorte tentorio regis potitus littuum suum in signum ipsis sonaret. [13] Porro ut ipsos quicquid acturi erant edocuit, confestim mittunt se leniter infra castra et iussas partes adepti promissum signum expectant. Quod Brutus eis dare non distulit postquam stetit ante tentorium Pandrasi quod super omnia adire estuabat. Quo audito enses ocius euaginant, cubilia sopitorum ingrediuntur, letiferos ictus ingeminant. Et nullam pietatem habentes castra in hunc modum deambulant. Ad gemitus ergo morientium euigilant ceteri uisisque laniatoribus uelut oues ex improuiso a lupis occupate stupefacti fiunt. Nichil enim presidii expectabant cum neque arma capiendi neque fugam faciendi congruum spatium haberent. Discurrunt etiam sine armis inter armatos quo impetus eos ducebat. Sed irruentibus ceteris continuo dilacerantur. Qui semiuiuus euadebat auiditate fuge festinans scopulis vel <fruticibus>² allidebatur et infelicem animam cum sanguine emittebat. Qui solo clipeo uel quolibet alio tegmine munitus inter eosdem scopulos incidebat timore mortis celer sub obscura nocte cadebat. Cadenti

¹ *diuturnio* MS. ² *fructicibus* MS.

quoque uel brachia uel crura frangebantur. Cui neutrum horum contingebat inscius quo fugam faceret in prope fluentibus fluuiis <submergebatur>.[1] Uix aliquis illesus abibat quin aliquo infortunio periclitaretur. Oppidani quoque agnito commilitonum aduentu egressi cladem que dabatur duplicabant. [14] At Brutus tentorium regis, ut predictum est, nactus ipsum uincire et conseruare uacauit. Deliberabat enim se magis uita illius quam morte adepturum quod affectauerat. Turma autem que cum eo erat non cessabat stragem facere; que partem quam sortita fuerat usque ad internicionem deleuerat.

[21r] Ut igitur noctem in hunc modum consumpserunt et sub luce aurore tanta ruina patuit populi, Brutus matutino gaudio fluctuans sociis peracte cedis spolia peremptorum iuxta libitum suum tractare permisit. Deinde cum rege oppidum ingreditur exspectaturus dum gazas distribuerent. Quibus impertitis muniuit iterum castellum et cadauera dari sepulture precepit. Resociatisque cateruis ad nemora cum leta remeauit uictoria. Que ut tantam leticiam animis cunctorum infudit, inclitus dux maiores natu conuocauit quesiuitque ab illis quid a Pandraso petendum laudarent. Nam cum in potestate eorum positus esset, per omnia peticioni ipsorum adquiesceret si liber abire sineretur. Mox illi diuersis affectibus diuersa cupientes, pars partem regni ad inhabitandum petere hortatur. Pars uero licentiam abeundi et ea que itineri suo utilia forent. Cumque diu in ambiguo extitissent, surrexit unus Mempritius nomine rogatoque silentio audientibus ceteris ait: 'Ut quid hesitatis, patres, in his que saluti uestre reor esse habenda? Unum petendum est — licentia uidelicet eundi — si uobis posterisque uestris eternam pacem habere desideraueritis. Nam si eo pacto uitam concesseritis Pandraso ut per eum partem Grecie adepti inter Danaos manere uelitis, numquam diuturna pace fruemini dum fratres et filii et nepotes eorum quibus externam intulistis stragem uobis uel immixti uel uicini fuerint. Semper enim necis parentum suorum memores eterno uos habebunt odio. Quibusque etiam nugis incitati uindictam sumere nitentur. Nec uobis pauciorem turbam habentibus ea uis est ut tot ciuium inquietacioni resistere queatis. Quodsi decertacio inter uos accesserit, numerus eorum cotidie augebitur, uester uero minuetur. Laudo igitur ut petatis ab illo filiam suam primogenitam quam Innogen uocant ad opus ducis nostri et cum ea aurum et argentum, naues et frumentum et quodcunque itineri uestro necessarium erit. Et si id impetrare poterimus, licentia sua alias nationes petamus.'

[1] *submergebantur* (with *n* underlined for deletion) MS.

7

[15] Ut his et consimilibus finem dicendi fecit, adquieuit ei tota multitudo atque suasit ut Pandrasus in medium adduceretur et, nisi huic peticioni faueret, seuissima morte dampnaretur. Nec mora adductus est et in cathedra celsior ceteris positus. Edoctus quoque quibus tormentis affligendus erat nisi faceret que iubebatur in hunc modum respondit: 'Quoniam aduersi dii me meumque fratrem An<tigon>um[1] in manus uestras tradiderunt, parendum est peticioni uestre ne uitam — que nobis arbitrio uestro et adimi et concedi potest si repulsam passi fueritis — amittamus. Nichil enim uita prestantius, nichil iocundius censeo. Nec est mirandum si illam exteris rebus redimere uelim. Quamquam tamen inuitus, preceptis uestris obediam. Solatium habere uideor quod filiam meam tante probitatis adolescenti daturus sum. Quem ex genere Priami et Anchise creatum et nobilitas que in ipso pullulat et fama nobis cognita declarat. Quis etenim alter exules Troie in seruitutem tot et tantorum [21v] principum positos eorumdem uinculis eriperet? Quis cum illis regi Grecorum resisteret aut cum tam paucis tantam armatorum copiam prelio prouocaret initoque congressu regem eorum uinctum duceret? Quia ergo tantus iuuenis tanta probitate mihi resistere potuit, do ei filiam meam Innogen. Do etiam aurum et argentum, naues, frumentum et quicquid itineri necessarium esse dixeritis. Et si a proposito uestro diuertentes cum Grecis commanere uolueritis, terciam mei regni partem uobis ad inhabitandum concedo. Sin autem promissa mea effectu prosequar; ut securiores sitis, uobis quasi obses manebo dum omnia perficiam.' Conuentione itaque facta diriguntur legati per uniuersa Grecie littora colligere naues. Que ut collecte fuerunt, trecente .xxiiii. numero presentantur, omni genere farris onerantur. Filia Bruto maritatur. Quisque prout dignitas expetebat auro et argento donatur. Peractis cunctis rex liber a carcere, Troes ab eius potestate secundis uentis abscedunt.

At Innogen in excelsa pupi stans sepius inter brachia Bruti in extasi collabitur. Fusis quoque cum singultu lacrimis parentes ac patriam deserere conqueritur. Nec oculos a littore auertit dum littora oculis patuerunt. Quam Brutus blandiciis mitigans nunc dulces amplexus, nunc dulcia basia innectit. Nec ceptis suis desistit donec fletu fatigata sopori summittitur. [16] Inter hec et alia duobus diebus et una nocte prospero uentorum flatu cucurrerunt applicueruntque in quamdam insulam uocatam Loegetia que antiquitus in incursione piratarum

---

[1] *Anacletum* MS.

8

uastata a nemine inhabitabatur. In illam ergo misit Brutus trecentos armatos ad explorandum quid inhabitaret. Qui neminem repperientes feras diuersi generis infra saltus ac nemora inuentas cede afficiunt. Uenerunt ad ciuitatem desertam in qua templum Diane repperierunt. In eodem imago dee responsa dabat si forte ab aliquo peteretur. Onerati tandem reperta uenatione reuertuntur ad naues suas patrieque situm et ciuitatem consociis predicant. Suggerunt duci templum adire atque litatis donis a numine loci inquirere que patria eis sedem mansionis preberet. Communicatoque omnium assensu assumpsit Brutus secum Geronem augurem et duodecim maiores natu petiuitque templum cum omnibus que ad sacrificium necessaria erant. Quo ubi uentum est, circundat<i>[1] timpora uittis ante aditum ueterrimo ritu tribus diis, Ioui uidelicet et Mercurio necnon et Diane, tres focos statuerunt. Singulis singula libamina dederunt. Ipse Brutus ante aram dee uas sacrificii plenum uino et sanguine candide cerue dextra tenens erecto uultu ad effigiem numinis silentium in hec uerba dissoluit:

'Diua potens nemorum, terror siluestribus ap<ris>,[2]
　　Cui licet amfractus ire per ethereos
Infernasque domos, terrestria iure resolue;
　　Et dic quas terras nos habitare uelis.
Dic certam sedem, qua te uenerabor in euum,
　　Qua tibi uirgineis templa dicabo choris.'

Hec ubi nouies [22r] dixit, circuiuit aram quater fuditque uinum quod tenebat in foco atque procubuit super pellem cerue quam ante aram extenderat. Inuitato sompno tandem obdormiuit. Erat tunc quasi tercia noctis hora qua dulciore sopore mortales premuntur. Tunc uisum est illi deam astare ante ipsum et sese in hunc modum affari:

'Brute, sub occasu solis trans Gallica regna
　　Insula in occeano est <undique clausa mari.
Insula in occeano est>,[3] habitata gigantibus olim,
　　Nunc deserta quidem, gentibus apta tuis.
Hanc pete: namque tibi sedes erit illa perennis;
　　Hic fiet natis altera Troia tuis.
Hic de prole tua reges nascentur, et ipsis
　　Totius terre subditus orbis erit.'

Tali uisione expergefactus dux in dubio mansit an sompnus fuerat quem uidit an dea uiua uoce predixerat patriam quam aditurus erat.

---

[1] *circundatus* MS.　[2] *apes* MS.　[3] om. MS.: see Introduction, p. liv.

9

Uocatis tandem sociis indicauit per ordinem quod sibi dormienti contigerat. [17] At illi maximo gaudio fluctuantes hortantur ut ad naues repedent; et dum uentus secundus esset, citissimis uelis uersus occeanum eant ad inquirendum quod diua spoponderat. Nec mora remeant ad socios, altum equor ingrediuntur. Sulcantes equora cursu[1] triginta dierum uenerunt ad Affricam nescii adhuc quorsum proras uerterent. Deinde uenerunt ad Aras Philistonorum et ad Lacum Salinarum et nauigauerunt inter Russicadam et montes Zaree. Ibi ab incursione piratarum maximum passi sunt periculum. Uictoriam tamen adepti spoliis eorum et rapinis ditati sunt. Porro flumen Malue transeuntes applicuerunt in Mauritaniam. Deinde penuria cybi et potus coacti egressi sunt ex nauibus et dispositis turmis uastauerunt patriam a fine usque ad finem. Refertis uero nauibus petierunt Columpnas Herculis, ubi apparuerunt eis monstra maris uocata Sirenes. Que ambiendo naues fere ipsas obruerunt. Utcumque tamen elapsi uenerunt ad Tyrrenum equor. Ibi iuxta littora inuenerunt .iiii. generationes de exulibus Troie ortas que Antenoris fugam comitate erant. Erat eorum dux Corineus, uir modestus, consilio optimus, magne uirtutis et audacie. Qui si cum aliquo gigante congressum faceret, illico obruebat eum acsi cum puero contenderet. Agnita itaque ueteris originis prosapia associauerunt illum sibi necnon et populum cui presidebat. Hic de nomine ducis Cornubiensis postmodo uocatus est; Bruto in omni decertacione pre ceteris auxilium prestabat. Deinde uenerunt ad Equitaniam et ost<i>um[2] Ligeris ingressi anchoras fixerunt. Morati sunt ibi .vii. diebus situmque regni explorauerunt. [18] Regnabat tunc in Aquitaniam Goffarus Pictus eiusdem patrie rex. Cui ut fama indicauit externam gentem cum magna classe in fines regni sui applicuisse, misit legatos ad inquirendum utrum pacem uel guerram aduectasset. Nuntii ergo classem petebant; obuiauerunt Corineo egresso iam cum ducentis uiris ut infra nemora uenationem adquireret. Mox allocuti eum querunt cuius licentia saltus regis ingressus feras necaret. Statutum enim ab antiquo fuerat neminem sine principis iussu eas prosternere. [22v] Quibus cum Corineus respondisset licentiam huius rei nequaquam debere haberi, irruit unus ex illis Himbertus nomine et curuato arcu sagittam in ipsum direxit. Uitauit eam Corineus cucurritque in Himbertum et <arcu>[3] quem tenebat caput ei in <frusta>[4] contriuit. Diffugierunt ergo ceteri uix e manibus eius elapsi; Gofforio mortem socii sui nuntiauerunt. Contristatus ilico dux

---

[1] this phrase forms the second half of a hexameter: *sulcantes equora cursu.*
[2] *ostrum* MS.   [3] *arcum* MS.   [4] *frustra* MS.

Pictauensium collegit exercitum grandem ut in ipsos mortem nuntii sui uindicaret.

At Brutus diuulgato eius aduentu naues munit, mulieres et paruulos infra ipsas iubet manere. Ipse cum tota multitudine cui uigor florebat obuius exercitui progreditur. Inito tandem certamine dira pugna utrobique committitur. Et cum multum diei in agendo cedem consumpsissent, puduit Corineum Aquitanos tam audacter resistere nec Troianos cum triumpho insistere. Unde resumpta audatia seuocauit suos in dexteram partem prelii et facto agmine celerem impetum in hostes fecit. Et ut infra eorundem turmas sese densa acie intromisit nec cessauit hostes prosternere donec penetrata cohorte cunctos in fugam coegit. Fortuna amisso gladio ei bipennem ad-ministrauerat cum qua quecumque attingebat a summo usque ad imum disiungebat. Miratur Brutus, mirantur socii, mirantur et hostes audaciam uiri et uirtutem. Qui bipennem inter fugientes cohortes uibrans timorem non minimum cum his uerbis inferebat: 'Quo fugitis, timidi? Quo fugitis, segnes? Reuertimini, o reuertimini et congressum cum Corineo facite. Proh pudor! Tot milia me solum diffugitis? Attamen habetote s<o>lacium[1] fuge uestre quod ego uos insequar qui totiens soleo Tyrrenos gigantes in fugam propellere, qui ternos atque quaternos ad Tartara detrudere.' Ad hec uerba illius reuertitur quidam consul nomine Suhardus cum trecentis militibus et impetum fecit in eum. Cuius ictum Corineus clipeo excipiens non oblitus est bipennem quam tenebat sed erecta illa percussit eum in summitatem galee percussitque a summo usque ad imum et in ambas partes dissecuit. Sed confestim irruens in ceteros bipennem rotat, stragem non minimam facit. Et nunc hac nunc illac discurrens nec ictus recipere diffugit nec hostes prosternere quiescit. Huic brachium cum manu amputat, illi scapulas a corpore separat. Alii caput ictu truncat, alteri crura dissecat. Omnes in illum solum et ipse solus in omnes irruebat. Quod Brutus aspiciens motus amore uiri cucurit cum una turma ut ei auxilium subuectaret. Tunc oritur clamor inter diuersas gentes, tunc crebri ictus inferuntur, tunc in utraque parte fit cedes durissima. Nec mora uictoria potiuntur Troes et regem Goffarium cum Pictauensibus suis in fugam propellunt. [19] Qui uix euadens partes Galliarum adiuit ut a cognatis et notis sucursum haberet. Erant tunc temporis .xii. reges in Gallia quorum regimine tota patria pari dignitate regebatur. Qui benigne suscipientes eum promittunt sese unanimiter expulsuros ex

---

[1] *salacium* MS.

finibus Aquitanie externam [23r] gentem que aduenerat. Et Brutus ob predictam uictoriam letus peremtorum spoliis socios ditat, ditatos autem iterum in turmas resociat, resociatos per patriam ducit affectans eam penitus desolare et naues suas uniuersis diuitiis replere. Accumulato igitur igne ciuitates undique incendit absconditasque opes ab eisdem extrahit; agros etiam depopulat. <Stragem>[1] miserandam ciuibus atque plebanis infert uolens infelicem gentem usque ad unum delere. At dum tali clade totius fere Aquitanie partes affecisset, uenit ad locum ubi nunc est ciuitas Turonorum quam, ut Homerus testatur, ipse postmodum construxit. Ut igitur loca conuenientia refugio inspexit, metatus est ibi castra sua ut si opus accidisset sese infra ipsa reciperet. Urgebatur namque timore propter aduentum Goffarii qui cum regibus et principibus Gallie et maxima armatorum copia prope eundem locum aduenerat ut cum illo bellum committ<er>et.[2] Peractis denique castris expectauit ibi Goffarium biduo confidens in prudentia sua atque audatia iuuentutis cui presidebat.

[20] Goffarius ergo audita ibidem presentia Troianorum nec noctu nec die cessauit incedere donec castra Bruti prope aspexit. Toruo igitur lumine intuens paulisper subridens in hec uerba prorupit: 'Proh fatum triste! Castra etenim sua in meo regno fecerunt ignobiles exules. Armate uos, uiri, armate et per densatas turmas incedite. Nulla mora er<i>t[3] quin semimares istos uelut oues capiemus atque captos per regna uestra mancipabimus.' Armauerunt itaque se omnes quos secum adduxerat et per duodena agmina statuti uersus hostes suos incedunt. Contra quos Brutus etiam dispositis cateruis <non>[4] muliebriter graditur sed turmas suas quid acture essent sapienter docens qualiter debeant inuadere et resistere edicit. Ut ergo congressum inceperunt, preualuerunt in initio Troes et cedem acerrimam ex hostibus faciunt. Ceciderunt namque ex eis fere duo milia hominum; unde ceteri stupefacti fere in fugam uersi fuerunt. Sed ubi maior numerus hominum habundat, solet triumphus accedere. Galli igitur, quoniam tricies plures erant ceteris, quamquam p<ri>mo[5] oppressi fuerant, tandem tamen resociati impetum fecerunt undique in Troas et illata strage ipsos castra ingredi coegerunt. Uictoriam itaque adepti obsederunt eos infra castra meditantes se nequaquam prius illinc abscedere antequam ipsi inclusi uel colla uincienda cathenis traderent uel longa fame afflicti seuissima morte tormentarentur. Sequenti interea nocte Corineus iniuit consilium cum Bruto: se uelle scilicet

[1] *Sstragem* MS.   [2] *committet* MS.   [3] *erat* MS.   [4] om. MS.   [5] *pmo* MS.

per quedam diuortia in eadem nocte egredi et infra nemus quod prope fuerat usque ad diem delitere; et dum Brutus cum diluculo egressus cum hostibus dimicaret, ipse cum cohorte sua a dorso superueniret et facto impetu stragem ingereret. Placuit itaque Bruto sentencia Corinei. Qui ut predixerat callide egressus est cum tribus milibus occultaque nemora petiuit. Adueniente autem postera die statuit Brutus suos per turmas et apertis castris pugnaturus egreditur. Occurrunt igitur confestim Galli et facto agmine cum ipso congrediuntur. Concidunt ilico in utraque parte mul[23v]ta milia uirorum, dum mutua uulnera dabantur quia nullus auersario parcebat. Erat ibi quidam Trous nomine Turnus, Bruti nepos, quo fortior siue audatior nullus excepto Corineo aderat.[1] De nomine ipsius predicta ciuitas Turonis uocabulum nacta est quia ibidem sepultus fuit. Cum utreque turme acrius pugnarent, superuenit ex inprouiso Corineus et a tergo hostes celeriter inuasit. Audatiores proinde insurgentes ceteri ex altera parte incombunt stragemque facere contendunt. Itaque Galli solo clamore Corineiensium qui a tergo inuaserant stup<e>facti[2] sunt et arbit<ra>ntes[3] plures aduenisse quam aduenerant campum deserere festinant. Quos Troes usque ferientes insequuntur, insequendo uero prosternunt; nec prosternere cessauerunt donec uictoriam habuerunt. Brutus itaque, licet tantus triumphus illi maximum intulisset gaudium, dolore tamen angebatur quia numerus suorum cotidie minuebatur, Gallorum autem semper multiplicabatur. In dubio tandem existens utrum diutius eos obpugnaret, preelegit naues suas, salua adhuc maiore parte sociorum necnon et reuerentia, cum uictoria adire atque insulam quam ei diuinus predixerat monitus exigere. Nec mora petiuit suorum assensu classem suam et repleuit eam ex uniuersis diuitiis quas adquisierat et ipsam ingressus est. Prosperis ergo uentis promissam insulam exigens in Totonesio littore applicuit. [21] Erat tunc nomen insule Albion que a nemine exceptis paucis hominibus gigantibus inhabitabatur. Ameno tamen situ locorum et copia piscosorum fluminum nemoribusque preelecta affectum habitandi Bruto sociisque inferebat.

Peragratis ergo quibusque prouintiis repertos gigantes ad cauernas montium fugant. Patriam donante duce sorciuntur. Agros incipiunt colere, domos aedificare, ita ut in breui tempore terram ab euo inhabitatam censeres. Denique Brutus de nomine suo insulam Britoniam appellat sociosque suos Britones. Uolebat enim ex

---

[1] omission from MS.: see Introduction, pp. liv–lv.   [2] *stupufacti* MS.
[3] *arbitntes* MS.

13

deriuatione nominis memoriam habere perpetuam. Unde postmodum loquela gentis que prius Trioana siue curuum Grecum nuncupabatur dicta fuit Britanni<c>a.[1] At Corineus portionem regni que sorti sue cesserat ab appellatione sui nominis Corineam uocat populumque suum Corineiensem exemplum ducis insecutus. Qui cum pre omnibus qui aduenerant electionem prouinciarum posset habere, maluit regionem illam que nunc uel a cornu Britannie uel per corruptionem predicti nominis Cornubia appellatur. Delectabat enim eum contra gigantes dimicare quorum copia plus ibidem habundabat quam in ulla prouintiarum que consotiis suis distribute fuerant. Erat ibi inter ceteros detestabilis quidam nomine Goemagog stature .xii. cubitorum. Qui tante <uirtutis>[2] existens quercum semel excussam uelut uirgulam corili euellebat. Hic quadam die, dum Brutus in portu quo applicuerat festiuum diem diis celebraret, superuenit illic cum .xx. gigantibus atque durissima cede Britones affe[24r]cit. At Britones undique tandem confluentes preualuerunt in eos et omnes preter Goimagog interfecerunt. Hunc Brutus uiuum reseruari preceperat uolens uidere luctationem ipsius et Corinei qui cum talibus congredi ultra modum estuabat. Itaque Corineus maximo fluctuans gaudio succinxit se et abiectis armis ipsum prouocat ad luctandum. Inito deinde certamine instat Corineus, instat gigas, et alterum alter uinculis brachiorum adnectens creb<r>is[3] afflatibus aera uexant.[4] Nec mora Goemagon Corineum maximis uiribus astringens fregit ei tres costas, duas in dextro latere, unam uero in sinistro. Unde Corineus in iram compulsus reuocauit uires suas et imposuit eum in humeris suis et quantum uelocitas pre pondere sinebat ad proxima littora cucurrit. Deinde summitatem excelse rupis nactus excussit se et predictum letabile monstrum quod super humeros suos ferebat infra mare proiecit. At ille per abrupta saxorum cadens in mille <frusta>[5] proiectus dilaceratus est et fluctus sanguine maculauit. Locus autem ille nomen ex precipitacione gigantis adeptus Saltus Goemagog usque in presentem diem uocatur. [22] Diuiso tandem regno affectauit Brutus ciuitatem aedificare. Affectum itaque suum exequens circuiuit tocius patrie situm ut congruum locum inueniret. Perueniens ergo ad Tamensem fluuium deambulauit littora locumque nactus est proposito suo perspicuum. Condidit itaque ciuitatem ibidem eamque Troiam Nouam uocauit. Ex hoc nomine multis postmodum temporibus appellata tandem per

---

[1] *Britannia* MS. [2] *uirtu-tutis* MS. [3] *crebis* MS. [4] the final words of the sentence form a hexameter: *ādnēctēns crēbrīs āfflātibūs āerā ūexant.*
[5] *frustra* MS.

corruptionem uocabuli Trinouantum dicta fuit. At postquam Lud, frater Cassibellani qui cum Iuliano Cesare dimicauit, regni gubernaculum adeptus est, cinxit eam nobilissimis muris necnon et turribus mira arte fabricatis. De nomine quoque suo iussit eam dici Kaerlud, id est ciuitas Lud. Unde postea maxima contencio orta est inter ipsum et Nennium fratrem suum qui grauiter ferebat illum uelle nomen Troie in patria sua delere. Quam contencionem quia Gildas hystoricus satis prolixe tractauit, eam preterire preelegi ne id quod tantus scriba tanto stilo parauit uidear uiliori dictamine maculare. Postquam igitur predictus dux predictam urbem condidit, dedicauit eam ciuibus iure uicturis deditque legem qua pacifice tractarentur. Regnabat tunc in Iudea Hely sacerdos et archa testamenti capta erat a Philisteis. Regnabant etiam in Troia filii Hectoris expulsis posteris Antenoris. Regnabat in Italia Siluius Eneas, Enee filius, auunculus Bruti, Latinorum tercius.

[23] Cognouerat autem Brutus Ignogeg uxorem suam et ex ea genuit tres inclitos filios quibus erant nomina Locrinus, Kamber, Albanactus. Hi postquam pater in .xxiiii. anno aduentus sui ab hoc seculo migrauit, sepelierunt eum infra urbem quam condiderat et diuiserunt regnum Britannie inter se et secesserunt unusquisque in loco suo. Locrinus, qui primogenitus fuerat, possedit partem insule que postea de nomine suo appellata est [24v] Loegria: Kamber autem partem illam que est ultra Sabrinum flumen que nunc G<ua>lia[1] uocatur; que de nomine ipsius postmodum Kambria multo tempore dicta fuit. Unde adhuc gens patrie lingua Britannica sese Kambro appellant. At Albanactus iunior possedit patriam que lingua nostra his temporibus appellatur Scotia et nomen ei ex nomine suo Albania dedit. [24] Illis denique concordi pace diu regnantibus applicuit Humber rex Hunorụm in Albaniam et commisso prelio cum Albanacto interfecit eum et gentem patrie ad Locrinum diffugere coegit. Locrinus igitur audito rumore associauit sibi Kambrum fratrem suum et collegit totam iuuentutem patrie et iuit obuiam regi Hunorum circa fluuium qui nunc uocatur Humber. Inito ergo congressu compulit Hunbrum in fugam. Qui usque ad fluuium diffugiens submersus est infra fluctus et nomen suum flumini reliquit. Locrinus ergo potitus uictoria spolia hostium sociis largitur nichil sibi retinens preter aurum et argentum quod infra naues inuenit. Retinuit quoque sibi tres puellas mire pulcritudinis quarum prima filia fuit regis Germanie quam predictus Humber cum duabus rapuerat dum patriam

---

[1] *Gaulia* MS.

uastaret. Erat nomen illius Estrildis et erat tante pulchritudinis quod non leuiter repperiebatur que ei conferri posset. Candorem carnis eius nec inclitum ebur nec nix recenter candens nec lilia ulla uincebant. Amore itaque illius Locrinus captus uoluit cubilia eius inire ipsamque sibi maritali teda copulare. Quod cum Corineo compertum esset, indignatus ultra modum quoniam Locrinus pactus fuerat sese filiam illius ducturum. Adiuit ergo regem et bipennem in dextera manu librans illum hoc modo allocutus est: 'Heccine rependis michi, Locrine, ob tot uulnera que in obsequia patris tui perpessus sum dum prelia cum ignotis gentibus committeret: ut filia mea postposita tete conubio cuidam barbare summitteres? Non impune feres; huic inerit dextere que tot gigantibus per Tyrrena littora gaudia uite eripuit.' Hoc iterum iterumque proclamans librabat bipennem quasi percussurus eum; amici utrorumque sese interposuerunt. Sedato uero Corineo Locrinum quod pepigerat exequi coegerunt. Duxit itaque Locrinus filiam Corinei Guendoloenam nomine nec tamen Estrildis amoris oblitus est. Sed facto infra urbem Trinouantum subterraneo inclusit eam in ipso familiaribusque suis honorifice tradidit. Uolebat saltem furtiuam uenerem cum illa agere. Timore namque Corinei anxiatus non audebat eam patenter habere. Sed ut predictum est, occuluit eam frequentauitque .vii. annis integris nemine comperiente exceptis illis qui eiusdem familiaritati proximiores fuerant. Nempe quotienscumque adibat illam, fingebat se uelle occultum sacrificium diis suis offerre. Unde quosque falsa credulitate mouebat id ipsum estimare. Interea grauida facta est Estrildis ediditque filiam mire pulchritudinis quam uocauit Habren. Grauida etenim facta est Guendoloena genuitque puerum cui impositum est nomen Maddan. Hic Corineo auo suo traditus documenta ipsius discebat. [25] Subsequente tandem tempore defuncto Corineo deseruit Locrinus Guen[25r]doloenam et Astrildam in reginam erexit. Itaque Guendoloena ultra modum indignans adiuit Cornubiam collectaque iuuentute totius regni illius cepit inquietacionem Locrino ingerere. Conserto tandem utrorumque exercitu commiserunt prelium iuxta fluuium Sturam, ubi Locrinus ictu sagitte percussus gaudia uite amisit. Perempto igitur illo cepit Guendoloena regni gubernaculum patria insania furens. Iubet enim Astrildam et filiam eius Habren in fluuio precipitari qui nunc Sabrina dicitur fecitque edictum per totam Britanniam ut flumen nomine puelle uocaretur. Uolebat enim honorem eternitatis illi impendere quia maritus suus eam generauit. Unde contigit quod usque in hunc diem appellatum est flumen Britannica lingua Habren; quod per corruptionem nominis alia lingua Sabrina uocatur.

16

Regnauit deinde Guendoloena .xv. annis post interfectionem Locrini qui decem annis regnauerat. Et cum uidisset Maddan filium suum etate adultum, sceptro regni insigniuit illum contenta regione Cornubie dum reliquum uite duceret. Tunc Samuel propheta regnabat in Iudea et Siluius Eneas uiuebat adhuc et Omerus clarus rethor et poeta habebatur. [26] I<n>signitus¹ igitur Maddan uxore ex illa genuit duos filios Menpricium et Malin regnumque cum pace et diligentia .xl. annis tractauit. Quo defuncto discordia orta est inter predictos fratres propter regnum, quia uterque totam insulam possidere estuabat. Menpricius ergo affectum suum perficere desiderans colloquium iniuit cum Malin quasi concordiam facturus. Sed teda proditionis inflammatus ipsum inter prolocutores interfecit. Deinde regimen tocius insule nactus tantam tyrannidem in populum exercuit quod fere quemque nobilissimum perimebat. Sed et totam progeniem suam exosus quemcumque sibi in regno posse succedere timebat uel ui uel prodicione opprimebat. Relicta ergo uxore propria ex qua inclitum iuuenem Ebraucum progenuerat sese sodomitane uoluptati dedit, naturalem uenerem non naturali libidini non preferens. Uigesimo tandem regni sui anno dum uenationem faceret, secessit a sociis suis in quandam conuallem ubi a multitudine rabidosorum luporum circundatus miserrime deuoratus est. Tunc Saul regnabat in Iudea et Eristenus in Lacedemonia.

[27] Defuncto itaque Menpricio Ebraucus filius eius, uir magne stature et mire fortitudinis, regimen Britannie suscepit et triginia nouem annis tenuit. Hic primus post Brutum classem in partes Galliarum duxit et illato prelio affecit prouintias cede uirorum atque urbium oppressione; infinita auri et argenti copia ditatus cum uictoria reuersus est. Deinde trans Hunbrum condidit urbem quam de nomine suo uocauit Kaer Ebrauc, id est ciuitas Ebrauci. Et tunc Dauid rex regnabat in Iudea et Siluius Latinus in Italia et Gad, Nathan, et Asaph prophetabant in Israel. Condidit etiam Ebraucus [25v] urbem Alclud uersus Albaniam et oppidum montis Agned, quod nunc Castellum Puellarum dicitur, et Montem Dolorosum. Genuit etiam .xx. filios ex .xx. coniugibus quas habebat necnon et triginta filias regnumque Britannie .xl. annis fortissime tractauit. Erant autem nomina filiorum eius: Brutus Uiride Scutum, Margadud, Sisinnius, Regin, Moruid, Bladud, Iagon, Bodloan, Kingar, Spaden, Gaul, Dardan, Eldal, Iuor, Cangu, Hertor, Kerin, Rud, Assarac, Buel. Nomina autem filiarum: Gloigin, Ignogin, Oudas,

---

¹ *Igsignitus* (perhaps altered to *Insignitus*) MS.

Guenlian, Gaurdid, Angarad, Guenlodoe, Tangustel, Gorgon, Medlan, Alethahel, Ourar, Mailure, Kambreda, Ragan, Gael, Ecub, Nest, Chein, Stadud, Gladus, Ebrein, Blangan, Aballac, Angaes, Galaes (omnium pulcherrim<a>[1] que tunc in Britannia siue in Gallia fuerant), Edra, Anor, Stadiald. Has omnes direxit pater in Italiam[2] ad Siluium Albam qui post Siluium Latinum regnabat. Fuerunt ibi maritate nobilioribus Troianis quorum cubilia et Latine et Sabine diffugiebant. At filii duce Assaraco fratre duxerunt classem in Germaniam et auxilio Silui Albe usi subiugato populo adepti sunt regnum. [28] Brutus autem cognomento Uiride Scutum cum patre remansit; regni gubernaculo post illum potitus .xii. annis regnauit. Huic successit Leil filius suus pacis amator et equitatis. Qui ut prosperitate regni usus est, urbem in aquilonari parte Britannie aedificauit: de nomine suo Kaer Leil uocata. Tunc Salomon cepit templum Domino in Ierusalem et regina Sabba uenit audire sapientiam eius et tunc Siluius Epitus patri Albe in regnum successit. Uixit Leil deinde post sumptum regnum .xxv. annis sed regnum in fine debiliter rexit. Quocirca segnitia eius insistente ciuilis discordia subito in regno orta est.

[29] Post hunc regnauit filius suus Rudhud Hudibras .xxxix. annis. Ipse populum ex ciuili discidio in concordiam reducens condidit Kaer Reint, id est Cantuariam. Condidit etiam Kaer Gueint, id est Guintoniam, atque oppidum Paladur quod nunc Sephtesberia dicitur. Ibi tunc aquila locuta est dum murus edificaretur. Cuius sermones si ueros arbitrarer, sicut cetera memorie dare non diffugerem. Tunc Capis filius Epiti regnabat et Aggeus, Amos, Ieu, Iohel, Azarias prophetabant.

[30] Successit ei deinde Bladud filius tractauitque regnum .xx. annis. Hic edificauit urbem Kaer Badum, que nunc Bado nuncupatur, fecitque in illa calida balnea ad usus mortalium apta. Quibus prefecit numen Minerue in cuius ede inextinguibiles posuit ignes qui numquam deficiebant in fauillas. Sed ex quo tabescere incipiebant, in saxeos globos uertebantur. Tunc Helias orauit ne plueret super terram et non pluit annos .iii. et menses .vi.. Hic admodum ingeniosus homo fuit docuitque nigromantiam per regnum Britannie. Nec prestigia facere quieuit donec paratis sibi alis ire per summitatem aeris temptauit ceciditque super templum Apollinis infra [26r] urbem Trinouantum in multa <frusta>[3] contritus.

[1] *pulcherrime* MS.   [2] corrected from *Gallia* MS.   [3] *frustra* MS.

18

[31] Dato igitur fatis Bladud erigitur Leir filius eiusdem in regem qui .lx. annis patriam rexit. Edificauit autem super Soram fluuium ciuitatem que Britannice de nomine eius Kaer Leir, Saxonice autem Lerechestria nuncupatur. Cui negata masculini sexus prole nate sunt tantummodo tres filie uocate Gornorilla, Regau, Cordeilla. Pater illas miro amore sed magis iuniorem, uidelicet Cordeillam, diligebat. Cumque in senectutem uergere cepisset, cogitauit regnum suum ipsis diuidere easque talibus maritis copulare qui easdem cum regno haberent. Sed ut sciret que illarum parte regni potiore dignior esset, adiuit singulas ut interrogaret que ipsum magis diligeret. Interrogante igitur illo Gornorilla prius numina celi testata est maiori dilectioni esse quam animam que in corpore suo degebat. Cui pater: 'Quoniam senectutem meam uite tue preposuisti, te, filia karissima, maritabo iuueni quemcumque elegeris cum tercia parte regni Britannie.' Deinde Regau, que secunda erat, exemplo sororis sue beniuolentiam allicere uolens iureiurando respondit se nullatenus aliter exprimere nisi quod illum super omnes creaturas diligeret. Credulus ergo pater eadem dignitate quam primogenite promiserat ipsam cum alia parte regni maritaret. At Cordeilla iunior cum intellexisset eum predictarum adulationibus adquieuisse, temptare illum cupiens aliter respondere perrexit: 'Est uspiam, pater mi, filia que patrem suum plusquam patrem presumat diligere? Non reor equidem ullam esse que hoc fateri audeat nisi iocosis uerbis ueritatem celare nitatur. Nempe ego dilexi te semper ut patrem et adhuc a proposito meo non diuertor. Et si ex me magis extorquere insistis, audi certitudinem amoris quem aduersum te habeo et interrogationibus tuis finem impone. Etenim quantum habes tantum uales tantumque te diligo.'[1] Porro pater ratus eam ex habundantia <cordis>[2] dixisse uehementer indignans quod responsurus erat hoc modo manifestare non distulit: 'Quia in tantum senectutem patris tui spreuisti ut uel eo amore quo me sorores tue dedignata es diligere, et ego dedignabor te nec umquam partem in regno meo cum sororibus habebis. Non dico tamen, cum filia mea sis, <quin>[3] te alicui externo si illum fortuna obtulerit utcumque maritem. Illud autem affirmo quod numquam eo honore quo sorores tuas maritare laborabo: quippe cum te plusquam ceteras hucusque dilexerim, tu uero me minus quam cetere diligas.' Nec mora consilio procerum regni dedit predictas puellas duas duobus ducibus, Cornubie uidelicet et Albanie, cum medietate tantum insule dum ipse uiueret. Post obitum autem eius

---

[1] these words form a rhythmical trochaic septenarius (8p7pp): *quantum habes tantum uáles tantumque te díligo.* [2] om. MS. [3] om. MS.

totam monarchiam Britannie concessit habendam. Contigit deinde quod Agganippus rex Francorum audita fama pulchritudinis Cordeille continuos nuntios suos ad regem direxit, rogans ut ipsa sibi coniugali teda copulanda traderetur. At pater in prenominata ira adhuc perseuerans respondit se illam libenter daturum sed sine terra et pecunia. Regnum namque suum cum omni auro et argento Gonorille et Ragau sororibus distribuerat. Cumque id Agganippo nuntiatum fuisset, amore uirginis inflammatus remisit iterum ad Leirem regem dicens se satis auri et argenti [26v] aliarumque possessionum habere quia terciam partem Gallie possidebat, se uero tantummodo puellam captare ut heredes ex illa haberet. Denique confirmato federe mittitur Gordeilla ad Galliam et Agganippo maritatur. Post multum uero temporis ut Leir torpere cepit senio, insurrexerunt in illum predicti duces quibus Britanniam cum filiabus diuiserat abstuleruntque ei regnum regiamque potestatem quam usque ad illud temporis uiriliter et gloriose tenuerat. Concordia tamen habita alter generorum retinuit eum Maglaurus dux Albanie cum .xxx. militibus ne secum inglorius maneret. Elapso deinde biennio moram eo apud generum faciente indignata est Gonorilla filia sua ob multitudinem militum eius qui conuicia ministris inferebant quia sibi profusior epim<e>nia[1] non prebebatur. Proinde maritum suum affata iussit patrem obsequio .xx. militum contemptum esse ceteris relictis quos habuerat. Unde ille iratus relicto Mauglauro petiuit Henwinem ducem Cornubie cui alteram Ragau maritauerat. Et cum a duce honorifice receptus fuisset, non preteriit annus quin inter utrorumque familias discordia orta fuerat. Quam ob rem Regau in indignationem conuersa precepit patri cunctos socios deserere preter .v. qui ei obsequium prestarent. Porro pater ultra modum anxius reuersus est iterum ad primogenitam existimans se posse commouere illam ad pietatem ut cum familia sua retineretur. At illa nequaquam accepta indignatione reuersa est, sed per numina caeli iurauit quod nullatenus secum commaneret nisi postpositis ceteris solo milite contemptus fuisset. Increpabat etiam illum senem et in nulla re habundantem uelle cum tanta familia incedere. Cumque illa assensum uoluntati eius nullo modo prebuisset, paruitque ipse et relictis .xxx. cum solo milite remansit. At cum in memoria pristine dignitatis reductus fuisset, detestando miseriam in quam redactus erat cogitare cepit quod iuniorem filiam trans occeanum exigeret. Sed dubitauit ipsam nil uelle sibi facere quod eam tam ingloriose, ut predictum est, dedisset. Indignans tamen miseriam suam diutius ferre

---

[1] *epimonia* MS.

transfretauit ad Gallias. Sed transfretando cum se tertium infra naues inter principes qui aderant aspexisset, in hec uerba cum fletu et singultu prorupit:

'O irreuocabilia fatorum seria que solito cursu fixum iter tenditis, cur unquam me ad instabilem felicitatem promouere uoluistis cum maior pena sit ipsam amissam recolere quam sequentis infelicitatis presentia urgeri. Magis etenim aggrauat me illius temporis memoria quo tot centenis milibus militum stipatus et menia urbium diruere et prouintias hostium uastare solebam quam calamitas miserie mee que ipsos qui iam sub pedibus meis iacebant debilitatem meam deserere coegit. O irata fortuna! Uenietne unquam dies qua ipsis uicem reddere potero qui sic tempora mea sicuti paupertatem meam diffugierunt? O Cordeilla filia, quam uera sunt dicta que mihi respondisti quando quesiui a te qu<e>m[1] amorem aduersum me haberes. Dixisti enim: "Tantum uales quantum habes tantumque te diligo."[2] Dum igitur habui quod potui dare, uisus fui ualere eis qui non michi sed donis meis amici fuerant. Interim dilexerunt me sed magis munera mea; nam abeuntibus muneribus et ipsi abierunt. Sed qua fronte, [27r] karissima filia, te audeo exigere qui ob predicta uerba iratus puta<ui>[3] te maritare deterius quam sorores tuas que post beneficia que eis impendi me exulem et pauperem esse patiuntur.' Ut tandem hec et his similia dicendo applicuit, uenit Karitiam ubi filia sua erat. Expectans autem extra urbem misit ei nuntium suum qui indicaret ipsum in tantam miseriam collapsum. Et quia non habebat quid comederet uel indueret, misericordiam illius petebat. Quo indicato commota est Cordeilla et fleuit amare quesiuitque quot milites secum haberet. Qui respondit neminem habere excepto quodam armigero qui foris cum eo expectabat. Tunc illa cepit quantum opus erat auri et argenti deditque nuntio precipiens ut patrem ad aliam ciuitatem duceret ibique ipsum infirmum fingeret et balnearet, indueret, foueret. Iussit ut .xl. milites bene indutos et paratos retineret et tunc demum mandaret regi Aganippo et filie sese aduenisse. Nuntius ilico reuersus duxit regem Leirum ad aliam ciuitatem absconditque eum donec omnia que Cordeilla iusserat perfecisset. Mox ut regio apparatu ex ornamentis et familia insignitus fuit, mandauit Aganippo et filie sue a generi<s>[4] suis expulsum fuisse ex regno Britannie et ad ipsos uenisse ut auxilio eorum patriam suam recuperare ualuisset. At illi cum consulibus et proceribus obuiam uenientes honorifice susceperunt illum dederuntque potestatem patrie

---

[1] *quam* MS.   [2] see p. 19, n. 1 above.   [3] *puta* MS.   [4] *generibus* MS.

sue donec eum in pristinam dignitatem restaurassent. Interea Aganippus misit legatos per uniuersam Galliam ad colligendum in ea omnem armatum militem ut auxilio suo regnum Britannie Leir socero suo reddere laboraret. Quo facto duxit secum Leir filiam et collectam multitudinem pugnauitque cum generis et triumpho potitus est. Deinde cum quosque potestati sue reddidisset, in tercio anno mortuus est. Mortuus est et Aganippus rex Francorum. Cordeilla ergo filia regni gubernacula adepta sepeliuit patrem in quodam subterraneo quod sub Sora fluuio infra Legecestriam fieri preceperat. Erat autem subterraneum illud conditum in honore bifrontis Iani. Ibi omnes operarii urbis adueniente sollempnitate dei opera que per annum acturi erant incipiebant.

[32] Cum igitur Cordeilla regnum per quinquennium pacifice tractasset, ceperunt eam inquietare duo filii sororum suarum, Marganus et Cunedagius, que Maglauro et Henwino ducibus coniugate fuerant. Ambo iuuenes preclare probitatis famam habebant. Quorum alterum, uidelicet Marganum, Maglaurus generauerat, Conedagium uero Henwinus. Hi itaque cum post obitum patrum in ducatus eisdem successissent, indignati sunt Britanniam [27v] feminee potestati subditam esse. Collectis ergo exercitibus in reginam insurrexerunt. Nec seuitie sue desistere uoluerunt donec quibusque prouintiis uastatis prelia cum ipsa commiserunt. Eamque ad ultimum captam in carcerem posuerunt ubi post ob omissionem regni dolore obducta sese interfecit. Exin partiti sunt iuuenes insulam: cuius pars illa que trans Humbr<u>m[1] extenditur uersus Katanensiam Margano cessit; alia uero que in altera parte fluuii ad occasum solis uergit Cunedagio summittitur. Emenso deinde biennio accesserunt quibus turbatio regni placebat ad Marganum animumque illius subducentes aiebant turpe et dedecus esse ipsum cum primogenitus esset tocius insule non dominari. Cumque his et pluribus aliis modis incitatus fuisset, duxit exercitum per prouintias Cunedagii ignemque accumulare cepit. Orta igitur discordia obuiauit ei Cunedagius cum omni multitudine sua factoque congressu cedem intulit non minimam et Marganum in fugam propulit. Deinde secutus est eum fugientem a prouintia in prouintiam. Tandem intercepit eum in pago Kambrie qui post interfectionem suam nomine suo, uidelicet Margon, hucusque a <pagensibus>[2] appellatus est. Potitus itaque uictoria Cunedagius monarchiam totius insule adeptus est eamque .xxxiii. annis gloriose tractauit. Tunc Ysaias

---

[1] *Humbram* MS. [2] *pangensibus* MS.

prophetabat et Roma condita est .xi. kalendis Maii a geminis fratribus Remo et Romulo.

[33] Postremo defuncto Cunedagio successit e<i>[1] Riuallo filius ipsius, iuuenis pacificus atque fortunatus, qui regnum cum diligentia gubernauit. In tempore eius cecidit pluuia tribus diebus sanguinea et muscarum affluentia homines moriebantur. Post hunc successit Gurgustius filius eius; cui Sisillius; cui Iago Gurgustii nepos; cui Kimarcus Sisillii filius; post hunc Gorbodugo. Huic nati fuerunt duo filii quorum unus Ferreux, alter Porrex nu<n>cupabatur.[2] Cum autem pater in senium uergisset, orta est contentio inter eos quis eorum in regno succederet. At Porrex maiore cupiditate subductus paratis insidiis Ferreucem interficere parat. Quod cum illi compertum fuisset, uitato fratre transfretauit in Gallias sed usus auxilio Suhardi regis Francorum reuersus est et cum fratre dimicauit. Pugnantibus autem illis interfectus est Ferreux et tota multitudo que eum comitabatur. Porro mater eorum, cui nomen erat Iudon, cum de nece filii certitudinem habuisset, ultra modum commota in odium alterius uersa est. Diligebat namque illum magis altero. Unde tanta ira ob mortem ipsius ignescebat ut in fratrem uindicare affectaret. Nacta ergo tempus quo ille sopitus fuerat, aggreditur eum cum ancillis suis et in plurimas sectiones dilacerauit. Exinde ciuilis discordia multo tempore populum afflixit et regnum .v. regibus submissum est qui sese mutuis cladibus infestabant.

[28r] [34] Succedente autem tempore suscitauit probitas quendam iuuenem qui Dunuallo Molmutius uocabatur. Erat ipse filius Clotenii regis Cornubie pulcritudine et audatia omnes reges Britannie excellens. Qui ut regnum patrie post obitum patris suscepit, insurrexit in Pinnerem regem Loegrie et facto congressu interfecit eum. Deinde conuenerunt Rudaucus rex Kambrie atque Staterius rex Albanie confirmatoque inter se federe duxerunt exercitus suos in prouintias Dunuallonis, edificia et colonos depopulantes. Quibus obuiauit Dunuallo cum .xxx. milibus uirorum preliumque commisit. Cumque multum diei dum pugnarent preterisset nec sibi uictoria prouenisset, seuocauit sexcentos iuuenes audacissimos et cunctis arma de defunctorum hostium sumere precepit et indui. Ipse etiam proiectis illis quibus armatus erat fecit similiter. Deinde duxit illos inter concurrentes cateruas incedendo quasi ex ipsis essent. Nactus quoque

[1] e MS. [2] nuccupabatur MS.

23

locum quo Rudocus et Staterius erant commilitonibus indixit ut in ipsos irruerent. Facto igitur impetu perimuntur predicti duo reges et plures alii cum illis. At Dunuallo Molmutius timens ne a suis opprimeretur reuertitur cum sociis et sese exarmauit. Resumptis deinde armis que proiecerat hortatur consocios in hostes irruere ipsosque acriter inuasit. Nec mora potitus est uictoria, fugatis ac dispersis hostibus. Denique per patrias supradictorum interemptorum uagando subuertit urbes et oppida populumque potestati sue submittit. Et cum totam insulam omnino subiugasset, fecit sibi diadema ex auro insulamque in pristinum statum reduxit. Hic leges que Molmutine dicebantur inter Britones statuit que usque ad hoc tempus inter Anglos celebrantur. Statuit etiam inter cetera, quod multo tempore post beatus Gildas scripsit, ut templa deorum et ciuitates talem dignitatem haberent ut quicumque fugitiuus siue reus ad ea confugeret cum uenia coram inimico suo abiret. Statuit etiam ut uie que ad predicta templa et ad ciuitates ducebant necnon et aratra colonorum eadem lege confirmarentur. In diebus itaque eius latronum mucrones cessabant, raptorum seuitie opturabantur, nec erat usquam qui uiolentiam alicui ingereret. Denique cum inter talia .xl. annos post sumptum diadema expleuisset, defunctus est et in urbe Trinouantum prope templum Concordie sepultus quod ipse ad confimationem legum construxerat.

[35] Exin duo filii eius, Belinus uidelicet et Brennius, in regnum succedere uolentes maxima contriti sunt discordia. Contenderunt enim quis eorum diademate regni insigniretur. Cum itaque plures decertationes inter se commiscuissent, interfuerunt amici utrorumque qui ipsos in concordiam reduxerunt. Censuerunt quoque regnum inter eos ea conditione diuidendum esse ut Belinus diadema insule cum Loegria atque Kambria necnon et Cornubia possideret; [28v] erat enim primogenitus petebatque Troiana consuetudo ut dignitas hereditatis ei proueniret. At Brennius, quoniam iunior fuerat fratri subditus, Northanhimbriam ab Humbro usque ad Katenesiam adeptus est. Confirmato igitur super his pactionibus federe tractauerunt patriam per quinquennium cum pace et iusticia. Sed quia discordia sese prosperis rebus semper miscere conatur, affuerunt quidam fabricatores mendacii qui ad Brennium accesserunt dicentes: 'Ut quid ignauia te tantum occupauit ut Belino subiectionem teneas cum idem pater et mater eademque nobilitas te ei parificet? Adde quod in pluribus debellationibus expertus es qui totiens Cheulfo duci Morianorum in prouintiam nostram applicanti resistere potuisti ipsumque a regno tuo fugare. Rumpe fedus quod tibi dedecori est et duc filiam Elsingii regis

Norguengensium ut ipsius auxilio amissam dignitatem recipias.' Postquam igitur his et pluribus aliis animam iuuenis corruperunt, adquieuit ipse adiuitque Norguegiam duxitque filiam regis ut a predictis adulatoribus edoctus fuerat. [36] Interea, dum id fratri nuntiatum esset, indignatus est quia sic sine licentia sua et contra ipsum egisset. Petiuit itaque Northanhimbriam cepitque comprouintialium ciuitates et eas custodibus suis muniuit. Porro Brennius audito rumore qui actum fratris notificauerat adducit secum magnam copiam Norguegensium paratoque nauigio redit in Britanniam. Cum equora securius et prospero uento sulcaret, obuiauit ei Guithlacus rex Dacorum qui ipsum insecutus fuerat. Estuauerat namque amore puelle quam Brennius duxerat; unde ultra modum dolens classem parauerat et exercitum ipsumque citissimis uelis sequebatur. Nauali igitur aggressu facto cepit nauem in qua predicta puella fuerat illatisque uncis illam inter consocios attraxit. Illis autem hinc et inde <infra>[1] profundum congredientibus ruunt ex inprouiso aduersi uenti factoque turbine naues dissipant, dissipatas uero in diuerso littore compellunt. Rex igitur Dacie inimica ui uentorum compulsus peracto .v. dierum cursu cum timore applicuit cum puella in Northanhimbriam nescius quam patriam inopinabilis euentus obtulisset. Cumque id a pagensibus compertum esset, ceperunt illos duxeruntque ad Belinum qui super maritima aduentum fratris expectabat. Erant ibi cum naue Guichlaci tres alie naues quarum una fuerat ex Briennii nauigio. Postquam autem quid essent regi indicauerunt, gaudens admodum[2] gauisus est id sibi contigisse dum sese in fratrem uindicare captaret.

[37] Emensis deinde aliquot diebus ecce Brennius resociatis nauibus in Albaniam applicuit. Exin cum ei captio coniugis ceterorumque hominum cognita fuisset et quod frater sibi regnum Northamhimbrie dum aberat surripuisset, misit nuncios [29r] suos ad eum mandauitque ut regnum et sponsa redderentur. Sin autem testatur se totam insulam uastaturum a mari usque ad mare: ipsum etiam interfecturum, si copia congrediendi prestaretur sibi. Quod cum Belinus sciuisset, negauit plane quod petebat collectoque omni milite insule uenit Albaniam contra illum pugnaturus. At Brennius ut sciuit sese repulsam passum fuisse germanumque in hoc modo contra se uenire, iuit obuiam illi in nemore quod uocatur Calaterium ut cum eo congrederetur. Ut igitur eundem nacti sunt campum diuiseruntque socios in turmas, cominus accedentes preliari ceperunt. Multum diei in bellando consumpserunt

---

[1] om. MS.   [2] *gaudens admodum gaudens* MS.

quia in utraque parte probissimi uiri dextras commiscebant. Multum cruoris hinc et inde fuderunt quia tela ipsorum uiribus uibrata letifera uulnera ingerebant. Concidebant inter choortes uulnerati quemadmodum segetes cum a falcatoribus aggrediuntur. Denique preualentibus Britonibus diffugiunt Norguegenses laceratis agminibus ad naues. Et cum fugam facerent, insequitur eos Belinus cedem sine pietate faciens. Ceciderunt in illo prelio quindecim milia hominum nec ex residuis mille superfuerunt qui illesi abscederent. At Brennius uix unam nauim nactus, ut fortuna conduxerat, Gallicana littora petiuit. Ceteri uero qui cum illo aduenerant quo casus ducebat latebras eligebant. [38] Cum igitur Belino uictoria cessisset, conuocauit omnes proceres infra Eboracum consilio ipsorum tractaturus quid de rege Dacorum faceret. Mandauerat namque sibi ex carcere sese regnumque eius cum Dacis sibi submitteret, tributum quoque singulis annis donaret si cum amica sua liber sin<e>retur[1] abire. Mandauit etiam quod pactum suum federe iuramenti cum obsidibus confirmaret. Conuocatis ergo proceribus cuique cum indicatum fuisset, assenserunt cuncti ut Belinus petitioni Guichtlaci cum predicta condicione adquiesceret. Adquieuit igitur ipse et Guichtlacus ex carcere solutus cum amica sua in Daciam reuersus est.

[39] Porro Belinus cum neminem sibi infra regnum Britannie resistere animaduertisset totiusque insule a mari usque ad mare potitus, leges quas pater inuenerat confirmauit stabilemque iusticiam per regnum fieri precepit. Maxime autem indixit ut ciuitates et uie que ad ciuitates ducebant eandem pacem quam Dunuallo statuerat haberent. Set de uiis orta fuerat discordia quia nesciebatur quibus terminis deffinite essent. Rex igitur omnem ambiguum legi sue auferre uolens conuocauit omnes operarios totius insule iussitque uiam ex cemento et lapidibus fabricari que insulam in longitudinem a Cornubio mari usque ad Katanensium litus secaret et ad ciuitates que infra erant recto limite duceret. Iussit etiam aliam fieri in latitudinem regni que a Meneuia urbe, que super Demeticum mare sita est, usque ad Portum Hamonis extensa ad urbes infra positas ducatum ostenderet: alias quoque duas ab obliquo insule que ad ciuitates ceteras ducatum praestarent. [29v] Deinde sanciuit eas omni <honore omnique dign>itate[2] iurisque sui esse precepit quod de illata uiolentia super eas sumeretur. Si quis autem scire uoluerit omnia que de ipsis statuerit, legat Molmutinas leges quas Gildas historicus de

---

[1] *siniretur* MS.   [2] *omni* <...> *itate*: supplied letters illegible in MS. because of abrasion or erasure.

Britannico in Latinum, rex uero Aluredus de Latino in Anglicum sermonem transtulit. [40] Belino autem regnum cum pace et tranquillitate regente frater suus Brennius in Gallicano litore, ut predictum est, appulsus internis anxietatibus cruciatur; ferebat enim grauiter sese expulsum ex patria esse nec copiam reuertendi habere ut amissa dignitate frueretur. Nescius ergo quid faceret principes Gallie adiuit .xii. solummodo militibus comitatus. Cumque infortunium suum singulis ostendisset neque auxilium ab ullo impetrare quiuisset, uenit tandem ad Seginum ducem Allobrogum et ab eo honorifice susceptus est. Morante autem eo apud ipsum accessit in tantam familiaritatem ducis ita ut non esset alter in curia qui sibi preferretur. In omnibus namque negociis tum in pace tum in bello probitatem suam monstrabat ita ut dux illum amore patris diligeret; erat etiam pulcher aspectu procera et gracilia membra habens; in uenatu uero, ut decebat, et in aucupatu edoctus. Cum igitur in tantam amicitiam ducis incidisset, statuit de eo ut unicam quam habebat filiam sibi maritali lege copularet. Et si masculino deinceps sexu careret, concedebat ei regnum Allobrogum post obitum suum cum filia possidendum. Si autem filius ei superueniret, promittebat auxilium ut in regem Britannie promoueretur. Et non solum id a duce sed etiam ab omnibus sibi subditis heroibus appetebatur quia in tantam eorum amicitiam prouenerat. Nec mora maritatur puella Brennio principesque patrie subduntur soliumque regni donatur. Nec annus quo hec facta sunt integre mensus fuerat, cum suprema dies ducis adueniens ipse ex hac uita migrauit. Tunc Brennius <principes>[1] patrie quos prius amicitia illexerat obnoxios sibi facere non diffugit largiendo eis thesaurum ducis qui a tempore attauorum suorum reseruatus fuerat. Et, quod Allobroges pro maximo habebant, profusus erat in dandis cibis nulli ianuam suam prohibens. [41] Tractis ergo quibusque in dilectionem suam deliberauit apud se qualiter sese in Belinum fratrem suum uindicaret. Quod cum populo sibi subdito indicasset, assensum fecerunt cuncti ut cum illo[2] irent ad quodcumque regnum ipsos conducere affectasset. Nec mora collecto grandi exercitu fedus cum Gallis iniuit ut per prouintias eorum Britanniam cum tranquillitate adire sineretur. Exin parato in litore ex Neustrensium nauigio mare ingressus est secundisque uelis in insulam applicuit. Diuulgato igitur aduentu ipsius Belinus frater ascita totius regni iuuentute perexit prelium cum illo commissurus. Sed cum hinc et inde statute choortes fere commisceri incepissent, accelerauit mater amborum, que adhuc uiuebat, per dispositas turmas incedens. Erat

[1] *priceps* MS.   [2] *cum illo illo* MS.

nomen eius Conwenna estuabatque filium uidere quem multo tempore non aspexerat. Ut igitur [30r] tremulis gradibus locum quo ipse stabat nacta fuit, brachia collo eius iniecit desiderata basia ingeminans. Nudatis ergo uberibus illum in hunc modum affata est sermonem impediente singultu: 'Memento, fili, memento uberum istorum que suxisti matrisque tue uteri quo te opifex rerum in hominem ex non homine creauit, unde te in mundum produxit angustiis mea uiscera cruciantibus. Anxietatum igitur quas per te passa sum reminiscens petitioni mee adquiesce fratrique tuo ueniam concede atque inceptam iram compesce. Nullam enim aduersus eum habere debes, qui tibi nullam contumeliam intulerit. Nam quod causaris te a natione tua per illum expulsum fuisse, si euentum rei diligentius intueri institeris, nullatenus reperies quod iniusticiam uocabis. Non enim fugauit te ut deterius tibi contingeret sed coegit deteriora postponere ut ad potiora sullimaueris. Subditus namque illi partem regni posside<b>as.[1] Quam ut amisisti, par sibi factus es Allobrogum regnum adeptus. Quid igitur fecit nisi quod te ex paupere regulo in sullimem regem promouit? Adde quod discidium inter uos ortum non per ipsum sed per te inceptum fuit, quia auxilio regis Norguegie fretus in ipsum exurgere estuaueras.' Super his igitur que ipsa cum fletu expresserat motus sedato animo obediuit et ultro deposita galea cum illa ad fratrem perexit. Belinus ergo ut illum cum uultu pacis ad se uenire calluit, abiectis armis in amplexus eiusdem cum osculo cucurrit. Nec mora amici facti sunt et choortibus exarmatis urbem Trinouantum uenerunt. Ibi consilio cepto quid facerent parauerunt exercitum communem in Galliarum partes ducere cunctasque prouintias potestati sue submittere.

[42] Emenso deinde anno transfretauerunt ad Gallias patriamque uastare ceperunt. Quod cum per nationes diuulgatum esset, conuenerunt omnes reguli Francorum obuiamque uenientes contra eos dimicauerunt. At Belino et Brennio uictoria proueniente Franci uulneratis cateruis diffugierunt. Mox Britones et Allobroges ut uictoria potiti sunt, fugientes Gallos insequi non cessauerunt donec captis regibus ipsos deditioni coegerunt. Munitis etiam urbibus euersis totum regnum infra annum sibi submiserunt. [43] Postremo cum uniuersas prouintias deditioni compulsissent, petierunt Romam cum tota multitudine sua urbesque et colonos per totam Italiam depopulant. Erantque tunc Rome duo consules, Gabius et Porsenna, quorum regimini patria commissa fuerat. Qui cum uidissent nullam gentem

[1] *possideas* MS.

seuitie Belini atque Brennii resistere ualere, assensu senatorum uenerunt ad illos concordiam et amiticiam petentes. Optulerunt etiam plurima donaria auri et argenti singulisque annis tributum ut sua cum pace possidere sinerentur. Sumptis ergo obsidibus ueniam donauerunt reges choortesque suas in Germaniam duxerunt. Cumque populum infestare institissent, piguit Romanos predicti federis et reuocata audacia Germanis in auxilium processerunt. Quod cum regibus compertum esset, ultra modum id grauiter ferentes consilium inierunt quomodo utrumque [30v] populum obpugnarent. Tanta namque multitudo Italorum superuenerat ita ut illis terrori essent. Consilio igitur habito remansit Belinus cum Britonibus in Germania prelia hostibus illaturus. Brennius uero cum exercitibus suis Romam adiuit ut ruptum fedus in Romanos uindicaret. Id autem Itali scientes deseruerunt Germanos et Romam reuerti captantes iter Brennii precedere festinauerunt. Belinus itaque, ut id sibi nuntiatum fuerat, reuocato exercitu preterita nocte accelerauit quandamque uallem nactus quam hostes preterituri erant infra illam delitauit et aduentum illorum expectauit. Sequenti deinde die instante uenerunt Itali ad eundum locum ceptum iter facientes. Et cum uallem armis hostium fulgere prospexerunt, confestim stupefacti arbitrati sunt Brennium Senonesque Gallos adesse. Belinus ergo compertis hostibus subito impetu irruptionem fecit in illos atque acriter inuasit. Nec mora Romani ex inprouiso occupati quia inermes et sine ordine processerant cum fuga campum deseruerunt. Quos Belinus sine pietate sequens trucidare non cessauit donec superueniente nocte inceptam stragem nequiuit perficere. Cum uictoria deinde Brennium petiuit qui iam die tercio instante Romam obsedebat. Ut igitur communem exercitum fecerunt, inuadentes undique urbem menia prosternere insistunt et ut maiorem cladem ingererent erexerunt furcas ante portas ciuitatis obsessisque mandauerunt quod obsides quos dederant in patibulo suspenderent nisi sese deditioni submitterent. Uerum Romani in proposito suo perseuerantes despecta natorum et nepotum pietate sese defendere intendunt. Nam quandoque machinationes eorum con-trariis uel consimilibus machinationibus conterebant, quandoque uero multimodis telis ipsos a menibus repellebant. Cumque id conspexissent fratres, confestim proterua ignescentes ira .xxiiii. nobilissimos obsidum in conspectu parentum suspendi preceperunt. Itaque Romani proteruiores insistentes et freti legatione Gabii et Porsenne consulum, qui ipsis mandauerunt quod in auxilium eorum sequenti die uenirent, urbem egredi statuerunt et cum hostibus prelia committere. Et dum turmas sapienter distribuerent, ecce predicti consules resociatis sotiis qui dispersi fuerant preliaturi aduenerunt. Densis autem agminibus incedentes ex inprouiso inuaserunt Allobroges et Britones. Egressisque ciuibus consociatis stragem primo non minimam fecerunt. Porro fratres cum cladem commilitonum tam subito illatam conspexissent, admodum anxietati socios ceperunt hortari atque in turmas resociare. Crebras etiam irruptiones facientes hostes reges retro coegerunt. Postremo peremtis in utraque parte ad milia pugnantibus uictoria fratribus prouenit. Interfecto etiam Gabio et capto Porsenna urbem ceperunt et absconditas conciuium opes commilitonibus dederunt.

[44] Habita ergo uictoria remansit Brennius in Italia populum inaudita tyrannide afficiens. Cuius ceteros actus et exitum quia Romane historie declarant nequaquam tractare curaui, [31r] cum nimiam prolixitatem huic operi ingessissem et id quod alii tractauerunt perarans a <proposito>[1] meo diuertissem. Belinus uero in Britanniam reuersus est et cum tranquillitate reliquis uite sue di<e>bus[2] patriam tractauit. Renouauit etiam edificatas urbes ubicumque colla<ps>e[3] fuerant et multas nouas edificauit. Inter ceteras composuit unam super Oscam flumen prope Sabrinum mare que multis temporibus <Kaerusc>[4] apellata metropolis Demetie fuerat. Postquam autem Romani uenerunt, prefato nomine deleto uocata est Urbs Legionum, uocabulum trahens a Romanis legionibus qui ibidem hiemare solebant. Fecit etiam in urbe Trinouantum ianuam mire fabrice super ripam Thamensis quam de nomine suo ciues temporibus suis Belinesgata uocant. Desuper uero edificauit turrim mire magnitudinis portumque subtus ad pedem applicantibus nauibus idoneum. Leges patris ubicumque per regnum renouauit constanti iusticie indulgens. In diebus igitur eius tanta copia diuitiarum populum refecit quantam nec retro etas habuisse testatur nec subsequens consecuta fuisse. Postremo cum suprema dies ipsum ex hac uita rapuisset, conbustum est corpus eius et puluis in aureo cado reconditus quem in urbe Trinouantum in summitate predicte turris mira arte collocau<erun>t.[5]

[45] Exinde successit ei Gurguint Barbtruc filius eiusdem, uir modestus et prudens. Qui per omnia paternos actus imitans pacem et iusticiam amabat. Et cum uicini aduersus eum rebellabant, audatiam exemplo genitoris reuocans prelia dira committebat et hostes ad debitam

---

[1] *propoposito* MS. [2] *dibus* MS. [3] *collaxe* MS. [4] *Kaerlusc* MS.
[5] *collocauit* MS.

subiectionem reducebat. Inter plura alia contigit quod rex Dacorum, qui diebus patris tributum eidem reddebat, huic reddere diffugeret et ei debitam subiectionem denegaret. Quod ipse grauiter ferens duxit nauigium in Daciam afflictoque dirissimis preliis populo interfecit regem patriamque pristino iugo <subposuit>.[1] [46] Ea tempestate cum post istam uictoriam domum per insulas Orcadum rediret, inuenit .xxx. naues uiris et mulieribus plenas. Et cum causam aduentus eorum quisiuisset, ad ipsum accessit dux ipsorum Partholoim nomine et adorato eo ueniam et pacem rogauit. Dicebat autem se ex partibus Hispaniarum expulsum fuisse et maria illa circuire ut locum mansionis haberet. Petebat etiam ab illo portiunculam Britannie ad inhabitandam ne odiosum iter maris diutius pererraret. Annus enim et dimidius iam emensus fuerat ex quo a patria sua pulsus per occeanum cum sociis nauigauerat. Ut igitur Gurguint Barbtruc et ex Hispania ipsos uenisse et Basclenses uocatos esse et petitione<m>[2] eorum edoctus fuit, misit homines cum eis ad insulam Hibernie, que tunc uasta omni incola carebat, eamque illis concessit. Deinde creuerunt illi et multiplicati sunt insulamque usque in hodiernum diem tenuerunt. Gurguint uero Barbtruc cum dies uite sue cum pace explesset, sepultus fuit in Urbe Legionum, quam post obitum patris edificiis et muris decorare studuerat.

[47] Post illum autem Guithelinus diadema regni suscepit quod omni tempore uite sue benigne et modeste tractauit. [31v] Erat ei nobilis mulier Marcia nomine omnibus erudita artibus. Hec inter multa et inaudita que proprio ingenio repererat inuenit legem quam Britones Marcianam appellauerunt. Hanc etaim Aluredus inter cetera transtulit et Saxonica lingua Merchenelage uocauit. At ut Guithelinus obiuit, regni gubernaculum remansit predicte regine et filio ipsius qui Sisillius uocabatur. Erat tunc Sisillius .vii. annorum nec etas ipsius expectebat ut regnum moderationi illius cessisset. Qua de causa mater quia consilio et sensu pollebat imperium totius insule optinuit et, cum ab hac luce migrasset, Sisillius sumpto diademate gubernaculo potitus est. Post illum Kinarius filius suus regnum optinuit. Cui successit Danius frater eiusdem.

[48] Quo defuncto insignitus est Moruidus quem ex Tangusteaia concubina genuerat. Hic nimia probitate famosissimus esset nisi plus nimie crudelitati indulsisset. Nemini namque parcebat iratus quin eum

---

[1] *subpposuit* MS.   [2] *petitione* MS.

interficeret si copiam telorum reperiret. Erat namque pulcher aspectu et in dandis muneribus profusus. Nec erat tante fortitudinis alter in regno qui congressum eius sustentare quiuisset. Tunc temporibus ipsius applicuit quidam rex Morianorum cum magna manu in Northamhimbriam et patriam uastare incepit. Cui Moruidus collecta totius potestatis sue iuuentute obuiam perrexit et cum illo preliatus est. Plus ipse solus in preliando proficiebat quam maxima pars exercitus cui principabatur. Et ut uictoria potitus est, non euasit ullus uiuus quin ipsum interficeret. Iubebat enim unum post alium ante se adduci ut quemque perimendo crudelitatem suam satiaret. Et cum fatigatus paulisper cessasset, precipiebat ipsos uiuos excoriari et excoriatos comburi. Inter hec et alia seuitie sue gesta contigit ei infortunium quoddam quod nequiciam suam deleuit. Aduenerat namque ex partibus Hibernici maris inaudite feritatis belua que incolas iuxta maritima sine intermissione deuorabat. Cumque fama aures eius attigisset, accessit ad illam et solus cum ea congressus est. At cum omnia tela sua in illa in uanum consumpsisset, accelerauit monstrum illud et apertis faucibus ipsum uelud pisciculum deuorauit. [49] Generauerat ipse .v. filios quorum primogenitus Gorbonianus nomine solium regni suscepit. Nullus ea tempestate iustior erat aut amantior equi nec qui populum maiori diligentia tractaret. Mos eius continuus erat debitum honorem diis impendere et rectam plebi iusticiam. Per cunctas regni Britannie ciuitates templa deorum renouabat et plura noua edificabat. Omnibus diebus uite sue tanta diuitiarum copia insula affluebat quantam nulle collaterales prouintie habebant. Quippe colonos ad agriculturam animabat ipsos ab iniuriis dominorum defendens. Bellatores quippe iuuenes auro et argento ditabat ita ut nulli opus esset alteri iniuriam facere. Inter hec et plurima innate bonitatis ipsius gesta debita nature soluens ab hac luce migrauit et in urbe Trinouantum sepultus est.

[32r] [50] Post illum Arthgallo frater regio diademate insignitur qui in omnibus suis actibus germano diuersus extitit. Nobiles namque ubicumque laborabat deponere et ignobiles exaltare, diuitibus quibusque sua auferre infinitos thesauros accumulans. Quem heroes regni diutius ferre excusantes insurrexerunt in illum et a solio regni deposuerunt. Exinde erexerunt Elidurum fratrem suum qui postea propter misericordiam quam in fratrem fecit Pius uocatus fuit. Nam cum regnum emenso quinquennio possedisset, forte in Galatherio nemore uenans obuiauit fratri suo qui depositus fuerat. Ipse uero peragratis quibusque prouintialibus regnis auxilium quesiuerat ut

amissum honorem quiuisset recuperare; nec umquam inuenerat. Et cum superuenientem paupertatem diutius ferre non potuisset, reuersus est in Britanniam .x. solummodo militibus sociatus. Petens igitur illos quos dudum habuerat amicos preteribat predictum nemus cum Elidurus frater eius ipsum non speratum aspexisset. Quo itaque uiso cucurrit Elidurus et amplexatus est illum infinita oscula ingeminans. Et cum diu miseriam ipsius defleuisset, duxit illum in ciuitatem Alclud et in thalamo suo occuluit. Exin finxit se infirmum ibi nuntiosque suos per totum regnum direxit qui principibus sibi subditis suggessissent ut ad se uisitandum uenirent. Cumque cuncti in urbe qua iacebat conuenissent, precepit ut unusquisque thalamum suum singulatim et sine tumultu ingrederetur. Asserebat enim sermonem plurium capiti suo nociturum si cateruatim superuenissent. Credulus ergo quisque iussioni eius paruit unusque post alterum domum ingressus est. Singulos itaque ingredientes precipiebat Elidurus ministris qui ad hoc parati fuerant capere ipsisque capita amputare nisi se iterum Arthgalloni fratri suo submisissent. Sic faciebat separatim de cunctis et omnes Arthgalloni mediante timore pacificauit. Confirmato denique federe duxit Elidurus Arthgallonem Eboracum cepitque diadema de capite suo et fratris capiti inposuit. Unde sortitus est hic nomen Pius ab predicta pietate quam in fratrem habuerat. Regnauit igitur Arthgallo .x. annis et sese ab incepta nequicia correxit. Uice etenim uersa cepit ignobiles deponere et generosos exaltare, quod suum erat unicuique permittere rectamque iusticiam facere. Denique superueniente languore defunctus est et in urbe Kaerleir sepultus. [51] Erigitur Elidurus iterum in regem et pristine dignitati restituitur; sed dum Gorhbonianum primogenitum fratrem in omni bonitate insequeretur, duo residui fratres eius collectis undique armatis cum illo preliari, Ingenius et Peredurus, aggrediuntur. Potiti uero uictoria ceperunt illum et infra turrim urbis Trinouantum incluserunt imponentes custodes. Exin partiti sunt regnum in duo. Cuius pars que ab Humbro flumine uersus occidentem uergit in sortem cecidit Ingenii, altera uero cum tota Albania Pereduro. <Emenis deinde septem annis obiuit Ingenius et totum regnum cessit Pereduro.>[1] Insignitus itaque illud benigne postmodum et modeste gubernauit ita ut antecessores fratres excellere diceretur nec de Eliduro mentio fieret. Sed cum nemini mors parcere <sciat>[2], ipsa repentino cursu ueniens ipsum uite surripuit. Eripitur continuo Elidurus carcere et tertio in solio regni sullimatur et, cum omne tempus suum in bonitate et iustitia expleuisset, ab hac luce [32v] migrans exemplum pietatis successoribus suis deseruit.

[1] omission from MS.: see Introduction, p. lv.   [2] *nesciat* MS.

[52] Defuncto itaque Eliduro suscepit Gorhboniani filius diadema regni et auunculum in sensu et prudentia imitatus est. Postposita namque tyrannide iusticiam atque misericordiam in populum exercebat nec umquam a tramite rectitudinis deuiauit. Post illum regnauit Marganus Arthgallonis filius. Qui etiam exemplo parentum serenatus gentem Britonum cum tranquillitate tractauit. Huic successit Enniaunus frater suus. Qui longe ab illo distans in tractando populo sexto anno regni sui a regia sede depositus est. Postposita namque iusticia tyrannidem preelegerat que illum a solio regni deposuit. In loco eius positus fuit cognatus suus Idualli Ingenii filius. Qui euentu Enniauni correctus ius atque rectitudinem colebat. Huic successit Runo Pereduri filius: cui Gerennus Eliduri filius; post illum Katellus filius suus; post Katellum Coillus; post Coillum Porrex; post Porrecem Cherin. Huic nati fuerunt tres filii, Fulgenius uidelicet atque Edadus necnon et Andragius, qui omnes alter post alterum regnauerunt. Exin successit Urianus Andragii filius; cui Eliud; cui Cledaucus; cui Clotenus; cui Gurgintius; cui Merianus; cui Bledudo; cui Cap; cui Oenus; cui Sisillius; cui Bledgabred. Hic omnes cantores quos retro etas habuerat et in modulis et in omnibus musicis instrumentis superabat ita ut deus ioculatorum diceretur. Post illum regnauit Arthmaiol frater suus; post Arthmail Eldol; cui successit Redion; cui Redechius; cui Samuil; cui Penissel; cui Pir; cui Capoir. Deinde successit Cligueillus Capairi filius, uir modestus et prudens in omnibus actibus et qui super omnia rectam iusticiam exercebat inter populos.

[53] Post illum successit Heli filius eius regnumque .lx. annis tractauit. Hic .iii. generauit filios, Lud, Cassibellaunum, Nennium. Quorum primogenitus, uidelicet Lud, regnum post obitum patris suscepit. Exin gloriosus edificator urbium existens renouauit muros urbis Trinouantum et innumerabilibus turribus eam circumcinxit. Precepit etiam ciuibus ut domos et edificia sua in eadem urbe construerent ita ut non esset in longe positis regnis ciuitas que pulcriora palatia contineret. Fuit ipse bellicosus homo et in dandis epulis profusus et, cum plures ciuitates possideret, hanc pre omnibus amabat et illa maiori tempore totius anni commanebat. Unde nominata fuit postmodum Kaerlud et deinde per corruptionem nominis Kaerlundein. Succedente quoque tempore per commutationem linguarum dicta fuit Lundene et postea Lundres aplicantibus alienigenis qui patriam sibi submittebant. Defuncto tandem illo corpus reconditum fuit in predicta ciuitate iuxta portam illam que adhuc de nomine suo Portlud Britannice, Saxonice

uero Ludesgata nuncupatur. Nati fuerant ei duo filii, Androgeus et Tenuantius. Qui cum propter etatem regnum tractare nequiuissent, Cassibellanus frater suus loco eorum sullimatur. Mox ut diademate insignitus fuit, cepit ita largitate atque probitate uigere ut fama illius per remota regna diuulgaretur. Unde contigit quod totius regni monarchia sibi et non nepotibus cederet. Cassibellanus tamen pietati indulgens noluit iuuenes expertes esse regni sed eis magnam partem regni distribuit. Urbem etenim Trinouantum cum ducatu Cantie largitus est [33r] Androgeo, ducatum uero Cornubie Tenuantio. Ipse uero diademate prelatus illis et totius <insule>[1] principibus imperabat.

[54] Interea contigit, ut in Romanis repperitur historiis, Iulium Cesarem subiugata Gallia ad litus Rutenorum uenisse. Et cum illinc Britannie insulam aspexisset, quesiuit a circumstantibus que patria esset et que gens inhabitasset, dum ad occeanum intueretur. Cumque nomen regni didicisset et populi, dixit: 'Hercle! Ex eadem prosapia nos Romani et Britones orti sumus quia ex Troiana processimus gente. Nobis Eneas post destructionem Troie primus pater fuit; illis autem Brutus quem Siluius Ascanii filii Enee filius progenuit. Sed, nisi fallor, ualde degenerati sunt a nobis nec quid sit militia nouerunt cum infra occeanum extra orbem commaneant; leuiter cogendi erunt tributum nobis dare et continuum obsequium Romane dignitati prestare. Prius tamen mandandum est eis ut inaccessi a Romano populo et intacti uectigal reddant et ut ceteri etiam gentes subiectionem senatui faciant ne nos ipsorum cognatorum nostrorum sanguinem fundentes antiquam nobilitatem patris nostri Priami offendamus.' Quod cum litteris suis Cassibellano regi mandauisset, indignatus est Cassibellanus et ei epistulam suam in hec uerba direxit: [55] 'Cassibellanus rex Britonum Gaio Iulio Cesari. Miranda est, Cesar, Romani populi cupiditas quicquid est auri uel argenti sitiens; nequit nos infra pericula occeani extra orbem positos pati quin etiam census nostros appetere presumat quos hactenus quiete possedimus. Nec hoc quidem sufficit nisi postposita libertate subiectionem ei faciamus perpetuam seruitutem subituri. Obprobrium itaque tibi petiuisti, Cesar, cum communis nobilitatis uena Britonibus et Romanis ab Enea defluat et eiusdem cognationis una et eadem catena prefulgeat qua in firmam amiticiam coniungi deberent. Illa a nobis petenda esset non seruitus, quia eam potius largiri didicimus quam seruitutis iugum deferre. Libertatem namque in tantum consueuimus habere quod prorsus ignoramus quid

[1] *insul-insule* MS.

35

sit seruituti obedire. Quam si ipsi dii conarentur nobis eripere, elaboraremus utique omni nisu resistere ut eam retineremus; liqueat igitur dispositioni tue, Cesar, nos pro illa et pro regno nostro pugnaturos si, ut comminatus es, infra insulam Britannie superuenire inceperis.' [56] His itaque uisis Gaius Iulius Cesar nauigium parat prosperosque uentos expectat ut quod Cassibellano litteris mandauerat effectibus prosequeretur. Optato igitur uento instante erexit uela sua et in hostium Tamensis fluminis cum exercitu suo applicuit. Iamque rates tellurem appulerant, ecce Cassibellaunus cum tota fortitudine sua occurrit et ad Dorobellum oppidum ueniens ibi consilium cum proceribus regni iniuit qualiter hostes longius arceret. Aderat secum Belinus, princeps militie sue, cuius ingenio et consilio totum regnum tractabatur. Aderant etiam duo nepotes sui, Androgeus uidelicet dux Trinouantum et Tenuantius dux Cornubie; tres quoque reges subditi sibi, Cridous Albanie et Gueithaet Uenedocie atque Britahel Demetie. Qui ut ceteros in affectus pugnandi duxissent, consilium dederunt ut recenter castra Cesaris adirent et antequam ciuitatem aliquam siue oppidum cepisset ipsum expellere insisterent. Nam si sese infra munitiones patrie misisset, dicebant eum difficilius expellendum cum sciret ubi se et commilitones suos reciperet. Assensum igitur prebentes cuncti petierunt litora ubi Iulius Cesar castra [33v] et tentoria sua erexerat. Ibi dispositis in utraque parte cateruis dextras cum hostibus commiscuerunt, pilis pila, ictus ictibus obicientes. Nec mora hinc et inde corruunt uulnerati telis infra uitalia receptis. Manat tellus cruore morientium acsi repentinus auster absortum mare reuomuisset. Concurrentibus igitur aduersis cateruis optulit casus Nennium et Androgeum cum Cantuaritis et ciuibus urbis Trinouantum quibus presidebant agmini quo imperator aderat. Ut ergo uenerunt, pene dissipata fuit imperatoria choors Britonibus densa acie inuadentibus. Et cum mixti ictus ingeminarent, dedit casus aditum Nennio congressum cum Iulio faciendi. Irruens igitur in illum Nennius ultra modum letatur se posse uel solum ictum tanto uiro ingerere. Quem Cesar ut impetum in se facientem inspexisset, pretenso clipeo excepit et quantum uires permiserunt cum nudato ense ipsum super cassidem percussit. Erecto iterum gladio uoluit exequi primum ictum ut letiferum uulnus imprimeret. Quod cum Nennius caluisset, interposuit clipeum suum in quo mucro Iulii a casside maximis labens uiribus inhesit ita ut, cum irruentibus turmis diutius congredi nequirent, nec ipsum imperator extrahere potuit. Nennius ergo gladium Cesaris adeptus predicto modo abiecit suum quem tenuerat et abstracto altero in hostes irruere festinat. Quemcumque cum ipso percutiebat uel ei capud amputabat uel ipsum sauciatum preteribat ita ut nulla spes uiuendi in eo maneret. Illi tandem in hoc modo seuienti obuiauit Labenus tribunus et ab illo interemptus est. Denique plurima parte diei emensa irruentibus Britonibus strictis turmis et audaces impetus facientibus uictoria fauente Deo prouenit et Cesar sese infra castra et naues laceratis Romanis recepit. Denique nocte illa resociatis ceteris naues suas intrauit et <Neptunum>[1] pro castris habere letatur. Cumque dissuasissent socii ingerere diutius, adquiescens monitionibus eorum reuersus est in Galliam. [57] Cassibellaunus ob receptum triumphum letus grates Deo soluens socios uictorie sue conuocauit et quemque iuxta meritum probitatis maximis muneribus donauit. Angebatur tamen ex alia parte dolore quia frater suus Nennius letaliter uulneratus in dubio uite iacebat. Uulnerauerat enim illum Iulius in supradicto congressu et plagam inmedicabilem intulerat. Unde infra .xv. dies post prelium repente morte ab luce migrauit et in <urbe>[2] Trinouantum iuxta aquilonarem portam sepultus est. Exequias autem ei facientes posuerunt cum illo gladium Cesaris in sarcophago quem infra clipeum suum pugnans retinuerat. Erat nomen gladii Crocea Mors quia nullus euadebat uiuus qui cum illo uulnerabatur. [58] Terga igitur uertente Iulio et in Gall<i>cano[3] litore appulso rebellionem molliuntur Galli dominium Iulii abicientes. Arbitrabantur namque ipsum ita debilitatum ut nullatenus eis amplius timori esset. Fama etiam apud omnes una et eadem erat: totum mare iam nauibus Cassibellauni feruere fugam ipsius insecuturi. Unde audatiores insistentes cogitabant quomodo Cesarem a finibus suis expellerent. Quod Iulius callens noluit anceps bellum feroci populo committere. Sed apertis thesauris quosque nobiliores adire ut singulis munificatis in concordiam reduceret. Plebi libertatem pollicetur, exhereditatis amissas possessiones, seruis autem libertatem. Qui prius leonina feritate fulminans ipsis omnia abstulerat, [34r] nunc mitis agnus humili uoce balans omnia posse reddere letatur. Nec ab his blanditiis quieuit donec pacificatis cunctis amissam potestatem recuperauit. Nullus interim dies preteribat quin fugam suam Britonumque uictoriam recoleret.

[59] Emenso itaque biennio parat occeanum iterum transfretare et sese in Cassibellaunum uindicare. Quod cum Cassibellaunus comperisset, urbes ubique muniuit, diruta menia renouauit, armatos milites in singulis portibus statuit. Preterea alueo Tamensis fluminis quo ad urbem Trinouantum Cesar nauigaturus erat palis ferreis atque

[1] *Neptunium* MS. [2] *urbem* MS. [3] *Gallacano* MS.

plumbatis et ad modum humani femoris grossis subter amnem infixit ut naues Iulii superuenture illiderentur. Collecta etiam tota iuuentute insule mansionem iuxta <maritima>[1] fecit aduentum hostium expectans. [60] Iulius autem cum omnia que sibi necessaria essent parauisset, cum innumerabili multitudine militum mare ingressus est optatam stragem populo qui eum deuicerat inferre affectans. Quam proculdubio ingessisset si illesa classe tellure potiri quiuisset. Nam cum per Tamensem predictam ciuitatem peteret, naues eius prefatis palis infixe subitum passe sunt periculum. Unde ad milia submergebantur milites dum ipsas foratas ingrediens fluuius absorberet. Cum id Cesari compertum esset, uelis maxima ui retortis ad terram reuertere festinauit. Ipsi quoque qui in tanto periculo superfuerant uix elapsi cum illo tellurem scandunt. Hoc igitur Cassibellaunus ex ripa que aderat aspiciens gaudet propter periculum submersorum sed tristatur ob salutem ceterorum. Dato uero commilitonibus signo impetum in Romanos facit. At Romani, quamquam periculum in fluuio perpessi fuissent, ut terra potiti sunt, uiriliter Britonum irruptioni restiterunt. Audatiam quoque pro muro habentes stragem non minimam fecerunt. Sed tamen maiorem patiuntur quam inferebant. Periclitati namque in fluuio pauciores incedebant. Britones uero omni hora affluentia suorum augmentati tricies maiorem numerum habebant. Unde debilitatis ceteris potiti sunt triumpho. Cesar igitur cum sese deuictum inspexisset, cum paucis ad naues diffugit et tutamen maris ex uoto nactus est. Tempestiuis etiam uentis instantibus erexit uela sua et Morianorum litus petiuit. Ingressus est deinde quandam turrim quam in loco qui Odnea uocatur construxerat antequam Britanniam hac uice adiuisset. Timebat namque Gallorum fidem et instabilitatem ne in sese secundo irruerent sicut supradictum est eos fecisse quando primo Britonibus terga testatus est ostendisse. Ob hanc ergo causam turrim in refugium sibi edificauerat ut rebelli populo resistere ualuisset si in illum ut predictum est insurrexisset. [61] Cassibellaunus autem secundo triumphum adeptus maximo gaudio fluctuans edictum fecit ut omnes proceres Britannie in urbe Trinouantum cum uxoribus conuenirent debitasque sollempnitates patriis diis celebrarent qui uictoriam sibi de tanto imperatore concesserant. Cumque omnes postposita mora aduenissent, diuersa sacrificia facientes occisioni pecudum indulserunt. Litauerunt ibi .xl. milia uaccarum et .c. milia ouium diuersorumque genera uolatilium que leuiter sub numero non cadebant: preterea .xxx. milia siluestrium ferarum cuiuscumque generis collectarum. Mox cum

---

[1] *marinam* MS.

diis suos honores perfecissent, refecerunt se residuis epulis, ut in sacrificiis solebat. Exin quod noctis et [34v] diei restabat diuersos ludos componentes preterierunt. Ludentibus ergo ipsis contigit inclitos iuuenes, quorum unus nepos regis erat, alter uero Androgei ducis, pariter in palestra contendere et ob dubiam uictoriam litigare. Erat nomen nepotis regis Hirelglas, alter uero Cuelinus. Qui ut mutua conuitia adinuicem intulissent, arripuit Cuelinus gladium nepotique regis caput amputauit. Quo interfecto perturbata est curia et rumor ad Cassibellaunum uolauit. Commotus igitur super casu amici sui Cassibellaunus Androgeo precepit ut Cuelinum in curia coram presentia sua adduceret: adductus quoque presto esset sententiam quam proceres dictarent subire ne Hirelglas inultus[1] permaneret si inuiste interfectus fuisset. Cumque animum regis dubitasset Androgeus, respondit sese suam curiam habere et in illa deffiniri debere quicquid aliquis in homines suos clamaret. Si igitur rectitudinem de Cuelino decreuisset appetere, ipsam in urbe Trinouantum ex ueterum traditione recepisset. Cassibellaunus itaque cum affectui suo satisfactionem nequisset ingerere, comminatus <est>[2] Androgeo testans se ferro et flamma prouintiam suam populaturum nisi petitioni sue adquiesceret. Indignatus ergo Androgeus distulit petitioni eius parere. Indignatus autem Cassibellaunus accelerauit prouincias ipsius uastare. At Androgeus cotidie per cognatos et notos regem adibat petebatque a cepta ira desisteret. Et cum furorem eius nullatenus mitigare quiuisset, diuersas meditationes iniuit qualiter ipsi resistere ualuisset. Denique ab omni alia spe decidens auxilium Cesaris petere decreuit litterasque suas ei in hanc direxit sententiam:

'Gaio Iulio Cesari Androgeus dux Trinouantum post optatam mortem optandam salutem. Penitet me aduersum te egisse dum prelia cum rege meo committeres. Si enim me a talibus <ausis>[3] abstinuissem, deuicisses Cassibellaunum cui post triumphum suum tanta irre<ps>it[4] superbia ut me per quem triumphauit a finibus meis exterminare insistat. Heccine ergo merita rependenda essent? Ego illum hereditaui, ipse me exhereditare conatur. Ego eum in regno secundo restitui, ipse me destituere affectat. Me etenim contra te pugnanate omnia ista largitus sum. Numina celorum testor me non promeruisse iram ipsius nisi promereri dicar quia diffugio[5] nepotem meum tradere quem iniusta nece dampnare adoptat. Quod ut manifestius discretioni tue

---

[1] *inultus inultus* MS.   [2] om. MS.   [3] om. MS.   [4] *irrexit* MS.   [5] *non diffugio* MS.

liqueat, causam rei a<d>uerte.[1] Contigerat nos ob letitiam nostri triumphi sollempnitates patriis diis celebrasse. In quibus cum que[2] agenda essent peregimus sacrificia, iuuentus nostra ludos mutuos componebat. Inter ceteros inierunt duo nepotes nostri palestram exemplo aliorum conducti. Cumque meus triumphasset, succensus alter iniusta ira festinauit eum percutere. At ille uitato ictu cepit eum per pugnum quo gladium tenebat uolens eum eripere. Interea cecidit nepos regis super mucronem confossusque morti subiacuit. Id itaque cum regi nostro nuntiatum esset, precepit mihi liberare puerum meum ut pro homicidio suplicio plecteretur. Cui cum contradixissem, uenit cum omni multitudine [35r] sua in prouincias meas grauissimam inferens inquietudinem. Unde misericordiam tuam inplorans auxilium a te peto ut ego p<er>[3] te dignitati mee restituar et tu per me Britannia pociaris. De hoc autem nichil in me hesitaueris quia omnis abest proditio. Ea enim conditione mouentur mortales ut post inimicicias amici fiant et post fugam ad triumphum accedant.' [62] His igitur inspectis consilium habuit Iulius a familiaribus suis ne uerbis solummodo ducis inuitatus Britanniam adiret nisi tales dirigerentur obsides quibus securius applicare quiuisset. Nec mora misit ei Androgeus Sceuam filium suum et .xxx. nobiles iuuenes ex cognatione suo propinquos. Datis igitur obsidibus securus factus est Cesar reuocatisque cateruis cum instante uento in Rutupi portum applicuit. Interea obsidere incipiebat Cassibellaunus urbem Trinouantum et uillas prouinciales uastabat. Sed cum aduentum Iulii comperisset, deseruit obsidionem et imperatori obuiare festinauit. Ut igitur uallem prope Doroberniam intrauit, aspexit in eadem Romanorum exercitum castra et tentoria ponentem. Adduxerat enim eos Androgeus ibidem ut illic occultum impetum urbi ingererent. Nec mora aduertentes Romani Britones superuenire armauerunt sese otius militesque suos per cateruas statuerunt. Ex alia uero parte armis induuntur Britones et sese per turmas consociant. At Androgeus cum .v. milibus armatorum in prope sito nemore <delituit>[4] ut in auxilio Cesaris occurrens furtiuam et inprouisam irruptionem Cassibellauno consociisque suis faceret. Ut itaque hinc et inde conuenerunt, non distulerunt mortalia tela emittere nec letiferos ictus ingeminare. Concurrunt aduerse caterue et multum cruoris diffundunt. Concidunt in utraque parte uulnerati quem- admodum folia arborum in autumpno. Illis ergo irruentibus egreditur Androgeus ex nemore et aciem Cassibellauni ex qua bellum totum pendebat a tergo <in>uadit.[5] Mox illa in illa parte irruptione

---

[1] *auerte* MS.   [2] *quibuscumque* MS.   [3] *pro* MS.   [4] om. MS.   [5] *euadit* MS.

Romanorum paulo ante uastata, in alia uero conciuibus suis modo oppressa nequit stationem facere. Unde dissipatis sociis arrepta fuga campum deseruit. Astabat prope quidam mons in cacumine saxosus, densum coriletum habens. Ad illum confugit Cassibellaunus cum sociis suis postquam in debiliorem partem ceciderat. Summitatem quoque eius nactus sese uiriliter defendebat et insequentes hostes nece affligebat. Insecuti nanque fuerant ipsum Romani et Androgei caterue fugientes cateruas eius lacerantes. Monte<m>[1] quoque ascendentes crebros impetus faciebant nec preualebant. Saxa etenim montis eiusdemque cacuminis arduitas Britonibus defensio erat ita ut a summo occurrentes hostibus stragem darent. Obsedit igitur Cesar montem illum tota [35v] nocte que iam superueniebat, omnes exitus precludens. Affectabat nanque regem fame cogere quem armis nequiuerat. O admirabile tunc genus Britonum, qui ipsum bis in fugam propulerat qui totum orbem sibi miserat! Cui totus mundus nequit resistere illi etiam fugati resistunt, parati mortem pro patria et libertate subire. Hinc ad laudem eorum cecinit Lucanus de Cesare:

Territa quesitis ostendit terga Britannis.

Emenso iam die secundo cum non haberet Cassibellannus quid comederet, timuit ne fame caperetur carcerem Cesaris subiturus. Mandauit itaque Androgeo ut sese cum Iulio pacificaret ne dignitas gentis ex qua natus fuerat capto ipso deleretur. Mandauit et ei se non promeruisse ut mortem ipsius obtaret quamuis inquietudinem sibi intulisset. Cumque nuntii hoc retulissent, ait Androgeus: 'Non est diligendus princeps qui in bello est mitis ut agnus, in pace ferus ut leo. Dii celi et terre, orat me nunc dominus meus qui prius imperabat. Pacificarine Cesari et subiectionem facere desiderat cuius pacem prius desiderauerat Cesar? Proinde uereri debuerat illum per quem tantum imperatorem ex regno suo pepulit posse istum iterum restituere. Non eram igitur iniuste tractandus qui tunc illum obsequium, nunc istud inferre poteram. Insipientia obducitur itaque qui commilitones quibus triumphat iniuriis uel contumeliis infestat. Non enim est ullius ducis uictoria sed illorum qui pro eo sanguinem suum pugnando diffundunt. Tamen pacificabo illum si potero, quia iniuria quam mihi intulit satis uindicata est in illo cum misericordiam meam imploret.'

[63] Post hec festinauit Androgeus ad Iulium amplexusque eius genua eum in hunc allocutus est sermonem: 'Ecce satis uindicasti te in

---

[1] montes MS.

41

Cassibellaunum; misericordiam in illo habe. Quid amplius agendum est quam ut subiectionem faciens uectigal Romane dignitati reddat?' Cumque nichil respondisset Cesar, ait iterum Androgeus: 'Hoc solum tibi pactus sum, Cesar, ut summisso Cassibellauno Britanniam tibi subdere laborarem. Ecce uictus est Cassibellaunus et Britannia tibi auxilio meo subdita. Quid ultro tibi debeo? Nolit creator omnium ut dominum meum misericordiam meam orantem rectumque mihi de illata iniuria offerentem paciar unquam uel in uinculis uinciri. Non leue est interficere Cassibellaunum me uiuente, cui auxilium meum reddere non erubescam nisi consilio meo parueris.' Timore igitur Androgei mitigatus Iulius cepit a Cassibellauno concordiam cum uectigali singulis annis reddendo. Erat autem uectigal quod spopondit tria milia librarum argenti. Exin amici facti sunt adinuicem Iulius et Cassibellaunus. Mutua donaria alter alteri dederunt. Deinde hiemauit Cesar in Britannia et redeunte uere in Gallias transfretauit. Succedente postmodum tempore collectis undique ex omni genere militibus Romam contra Pompeium perrexit. Cumque postmodum .vii. anni preterissent, defunctus est Cassibellaunus et in Eb<or>aco[1] sepultus.

[64] Cui successit Tenuantius dux Cornubie, frater Androgei; nam Androgeus Romam cum Cesare profectus fuerat. Diademate igitur insignitus Tenuantius regnum in diligencia ob[36r]tinuit. Erat ipse bellicosus uir et qui uigorem iusticie colebat.

Post illum promotus est ad culmen regale Kimbelinus filius suus, miles strenuus, quem Augustus Cesar nutrierat et armis decorauerat. Hic in tantam amic<it>iam[2] Romanorum inciderat ut, cum posset tributum eorum retinere, gratis impendebat. In diebus illis natus est dominus noster Iesus Christus cuius precioso sanguine redemptum est humanum genus quod <ante>acto[3] tempore demonum cathena obliga<ba>tur.[4] [65] Kimbelinus igitur cum Britanniam .x. annis gubernasset, genuit duos filios quorum primogenito nomen erat Guider, alteri Aruirargus. Exin expletis uite sue diebus cessit gubernaculum regni Guiderio. Cum igitur tributum quod appetebant denegaret Romanis, superuenit Claudius qui in imperium subrogatus fuerat. Aderat secum princeps militie sue uocabulo suo Lelius Hamo cuius consilio prelia que gerenda erant tractabantur. Hic itaque, ut in ciuitate Portcestria applicuit, cepit portas eius muro precludere exitumque ciuibus abnegare. Cupiebat nanque ipsos fame affectos uel dedicioni sue compellere uel sine clementia interire. [66] Diuulgatoque igitur Claudii Cesaris aduentu

---

[1] *Ebroaco* MS. [2] *amiciam* MS. [3] *a nunc acto* MS. [4] *obligatur* MS.

42

collegit Guiderius omnem armatum regni militem et Romanum exercitum petiuit. Commisso deinde bello acerrime cepit hostes infestare plus solus cum gladio suo quam maior pars exercitus sui perimens. Iam Claudius naues petebat, iam Romani pene dissipabantur. Tum uersutus Haimo proiectis illis quibus indutus fuerat arma Britannica cepit et quasi Britannus contra suos pugnabat. Deinde hortabatur Britones ad insequendum, festinatum triumphum promittens. Didicerat enim linguam eorum et mores quia inter Britannicos obsides Rome nutritus fuerat. Exin accessit ille paulatim iuxta regem adituque inuento illum nichil tale timentem mucrone suffocauit. Elapsus deinde inter hostium cuneos sese cum nefanda uictoria inter suos recepit. At <Ar>uirargus[1] eiusdem frater ut ipsum peremptum inspexit, confestim deposuit arma sua armisque regis indutus hinc et inde Britones ad perstandum inanimabat quasi ipse Guiderius fuisset. Qui nescientes casum regis monitu eius resistebant, pugnabant, stragem non minimam inferebant. Ad ultimum dilabuntur Romani in duas partes, campum turpiter deserentes. Cesar nanque in una parte tutamina nauium petebat, Haymo autem nemora quia non habebat spacium naues adeundi. Aruirargus igitur arbitrans Claudium cum eo diffugere festinauit sequi eum nec cessauit de loco in locum fugare donec occupauit illos super ripam maris que nunc de nomine Hamonis eiusdem Hantonia nuncupatur. Erat autem portus applicantibus congruus nauesque mercatorum appulse. Quas igitur cum ingredi affectasset Hamo, Aruirargus superuenit ipsumque subito interfecit. Portus autem ille ab illo tempore usque in hodiernum diem Portus Hamonis appellatur. [67] Interea Claudius resociatis sociis oppugnabat predictam ciuitatem que tunc Kaerpetis, nunc autem Portcestria uocatur. [36v] Nec mora menibus eius dirutis ciuibusque subactis insecutus est Aruirargum iam in Guintoniam ingressum. Exinde obsedit ciuitatem diuersisque machinationibus illam opprimere nitebatur. Aruiragus uero ut sese obsessum inspexit, consociauit cateruas suas apertisque portis ad preliandum egressus est. Cumque irruptionem facere affectasset, direxit Claudius nuncios ad ipsum mandans ut concordiam inirent. Quippe timebat regis audaciam Britonumque fortitudinem: preferebat ipsos sensu et sapientia subiugare quam dubium certamen inire. Mandabat ei igitur concordiam daturumque promittebat sese filiam suam, si tantummodo regnum Britannie sub Romana potestate recognouisset. Postpositis ergo debellationibus suaserunt maiores natu Aruirago promissionibus

---

[1] *Uirargus* MS.

Claudii adquiescere. Dicebant autem non ei esse dedecori subditum fuisse Romanis, cum totius orbis imperio potirentur. His uero et pluribus aliis mitigatus paruit consiliis suorum et subiectionem Cesari fecit. [68] Mox Claudius misit propter filiam suam Romam et auxilio Aruiragi usus Orcadas et prouinciales insulas potestati sue submisit.

Emensa hyeme deinde redierunt legati cum filia eamque patri tradiderunt. Erat autem nomen puelle Genuissa eratque <ei>[1] tanta pulch<r>itudo[2] ut aspicientes in admirationem duceret. Et ut maritali lege copulata fuit, tanto feruore amoris succendit regem ita ut ipsam solam cunctis rebus preferret. Unde locum quo primo ei nupserat celebrem esse uolens suggessit Claudio ut edificarent in illo ciuitatem que memoriam tantarum nuptiarum in futura tempora preberet. Paruit ergo Claudius precepitque fieri ciuitatem que de nomine eius Kaerglou, id est Gloucestria, nuncupata usque in hodiernum diem in confinio Ka<m>brie[3] et Loegrie super ripam Sabrine sita est. Quidam uero dicunt ipsam traxisse nomen a Gloio duce quem Claudius in illa generauerat; cui post Aruiragum gubernaculum Kambriti ducatus cessit. Edificata igitur urbe ac pacificata insula rediit Claudius Romam regimenque prouinciarum insularum Aruirago permisit. Eodem tempore Petrus apostolus Antiochenam ecclesiam fundauit. Romamque deinde ueniens tenuit ibidem episcopatum misitque Marcum euuangelistam in Egyptum predicare ewangelium quod scripserat. [69] Et Aruiragus, ut Claudius recessit, cepit sensum et probitatem habere cepitque ciuitates et oppida reedificare populumque regni tanta iusticia cohercere ita ut longe positis gentibus et regibus timori esset. Hinc autem subsequente superbia despexit Romanam potestatem nec senatui subiectionem uoluit tenere diucius sed sibimet omnia uendicauit. Quo audito missus est Uespasianus a Claudio ut Aruiragum pacificaret uel Romane [37r] subiectioni restitueret. Cum igitur in Rutupi portu applicare incepisset Uespasianus, obuiauit ei Aruiragus prohibuitque ne portum ingrederetur. Tantam nanque multitudinem armatorum conduxerat[4] ita ut Romanis terrori esset nec ob eius irruptionem terram adire auderent. Retraxit itaque se Uespasianus a portu illo retortisque uelis in Totonesio littore applicuit. Nactus deinde tellurem Kaerpenhuelgoit, que Exonia uocatur, obsessurus eandem adiuit. Cumque eam septem diebus obsedisset, superuenit Aruiragus cum exercitu suo preliumque commisit. Die illa laceratus fuit ualde

---

[1] om. MS.   [2] *pulchitudo* MS.   [3] *Kainbrie* MS.   [4] corrected from *eduxerat* in MS.

44

utrorumque exercitus sed neuter potitus est uictoria. Mane autem facto mediante Genuissa regina concordes effecti sunt duces commilitonesque suos in <hibernia> l<e>gauerunt.[1] Hieme uero emensa rediuit Uespasianus Romam et Aruiragus in Britannia remansit. Deinde in senectutem uergens cepit senatum diligere regnumque suum cum pace et tranquillitate tractare, leges etiam ueteris traditionis confirmare, nouas etiam inuenire maxima donaria probo cuique imperciens. Fama igitur per totam Europam diuulgata diligebant eum Romani et timebant ita ut pre omnibus regibus sermo de eo apud Romam fieret. Unde Iuuenalis cecum quendam Neroni dixisse in libro suo commemorat, cum de capto rumbo loqueretur, inquiens:

Regem aliquem capies aut de themone Britanno
Decidet Aruiragus.

Nullus in bello ferocior illo fuit, nullus in pace mitior, nullus iocosior, nullus in dandis muneribus profusior. At ut dies uite sue expleuit, sepultus est Claudiocestrie in quodam templo quod in honorem Claudii dicauerat.

[70] Successit ei in regnum filius suus Marius, uir mire prudentie et sapiencie. Regnante postmodum illo quidam rex Pictorum uocabulo Sodric ex Sicia cum magna classe ueniens applicuit in aquilonarem partem Britannie que Albania uocatur cepitque prouinciam suam uastare. Collecto igitur populo suo petiuit illum Marius illatisque preliis ipsum interfecit et uictoria potitus est. Deinde erexit lapidem in signum triumphi sui in prouincia que postea de nomine suo Wistmaria dicta fuit; in quo inscriptus titulus memoriam eius usque in hodiernum diem testatur. Perempto uero Sodric dedit deuicto populo qui cum eo uenerat partem Albanie ad inhabitandum que Catanensia nuncupatur. Erat autem deserta, nullo habitatore multis diebus inculta. Cumque uxores non habentes filias et cognatas Britonum ab illis petiuissent, dedignati sunt Britones huiusmodi populo natas suas maritare. At illi ut passi fuerunt repulsam, transfretauerunt in Hyberniam duxeruntque ex patria illa mulieres ex quibus creata sobole multitudinem suam auxerunt. Sed hec hactenus, cum non proposuerim tractare historiam eorum siue Scotorum qui ex illis et Hibernensibus [37v] originem duxerunt. At Marius cum totam insulam summa pace composuisset, cepit amorem cum Romano populo habere tributa soluens que exigebantur ab eo. Exemplo etiam patris incitatus iusticiam et pacem,

---

[1] *Hiberniam ligauerunt* MS.

45

leges et honesta omnia per regnum suum exercebat. [71] Cum autem cursum uite sue expleuisset, filius suus uocabulo Coilus regni gubernaculum suscepit. Hic ab infancia Rome nutritus fuerat moresque Romanorum edoctus in maximam ipsorum amicitiam inciderat. Sed et ipse tributum eis reddebat, aduersari diffugiens. Quippe uidebat totum mundum subditum illis eorumque potestatem quosque pagos, quamque prouinciam superare. Soluens igitur quod exigebatur in pace quod possidebat obtinuit. Nullus in regibus maiorem reuerentiam nobilibus regni prestabat quia ipsos aut in pace manere permittebat aut assiduis donariis munerabat.

[72] Natus est ei unicus filius nomine Lucius. Qui cum defuncto patre regni diademate insignitus fuisset, omnes actus bonitatis illius imitabatur ita ut ipse Coilus ab omnibus censeretur. Exitum quoque suum preferre uolens principio epistulas suas Eleutero pape direxit petens ut ab eo christianitatem reciperet. Serenauerunt enim mentem eius miracula quae tyrones Christi per diuersas nationes faciebant. Unde in amorem uere fidei anhelans pie peticionis effectum consecutus est. Siquidem beatus pontifex comperta eius deuotione duos religiosos doctores Faganum et Duuianum misit ad illum; qui uerbum Dei incarnatum predicantes abluerunt ipsum babtismate sacro et ad Christum conuerterunt. Nec mora concurrentes undique nationum populi exemplum regis insequuntur eodemque lauacro mundati celesti regno restituuntur. Beati igitur doctores cum per totam fere insulam paganismum deleuissent, templa que in honore plurimorum deorum fundata fuerant uni Deo eiusque sanctis dedicauerunt diuersisque cetibus ordinatorum repleuerunt. Fuerunt tunc in Britannia .xxviii. flam<in>es[1] sed et tres archiflam<in>es[2] quorum potestati ceteri iudices morum atque phanatici submittebantur. Hos etiam ex precepto apostolici ydolatriam eripuerunt et ubi erant flam<in>es[3] episcopos, ubi archiflam<in>es[4] archiepiscopos posuerunt. Sedes autem archiflam<in>um[5] in nobilibus tribus ciuitatibus fuerant, Lundoniis uidelicet atque Eboraci et in Urbe Legionum, qu<am>[6] super Oscam fluuium in Glamorgancia ueteres muri et edificia sitam fuisse testantur. His igitur tribus euacuata supersticione .xxviii. <episcopi>[7] subduntur. Diuisis quoque parrochiis subiacuit metropolitano Eboracensi Deira et Albania quas magnum flumen Humbri a Loegria secernit. Londoniensi metropolitano submissa est Loegria et Cornubia. Has

---

[1] *flammes* MS.   [2] *archiflammes* MS.   [3] *flammes* MS.   [4] *archiflammes* MS.
[5] *archiflammum* MS.   [6] *que* MS.   [7] *episcopis* MS.

duas prouincias seiungit Sabrina et Kambria, [38r] id est Gualia, que Urbi Legionum subiacuit. Denique restauratis omnibus redierunt antistites Romam et cuncta que fecerant a beatissimo papa confirmari impetrauerunt. Confirmatione igitur facta reuersi sunt in Britanniam cum pluribus aliis comitati quorum doctrina Britonum fideles in Christo in breui corroborati sunt. Eorum nomina et actus in libro reperiuntur quem Gildas de uictoria Aurelii Ambrosii inscripsit. Quod autem ipse tam lucido tractatu parauerat nullatenus opus fuit ut inferiori stilo renouaretur.

[73] Interea gloriosus ille rex Lucius, cum infra regnum suum cultum uere fidei magnificatum esse uidisset, maximo gaudio fluctuans possessiones et territoria que prius templa idolorum possederant in meliorem usum uertens ipsa ecclesiis fidelium permanere concessit. Et quia maiorem honorem ipsis impendere debuerat, augmentauit illas amplioribus et agris et mansis omnique libertate sullimauit. Inter hec et ceteros propositi sui actus in urbe Claudiocestrie ab hac uita migrauit et in ecclesia prime sedis honorifice sepultus est anno ab incarnatione Domini .clvi.. Caruerat ipse sobole que sibi succederet; unde defuncto illo et discidium inter Britones ortum fuit et Romana potestas infirmata. [74] Cumque id Rome nunciatum fuisset, legauerunt senatus Seuerum senatorem duasque legiones cum illo ut patriam Romane potestati restituerent. Qui ut appulsus fuit, prelium commisit cum Britonibus partemque sibi submisit. Partem uero illam quam subiugare nequibat diris debellationibus infestare laborauit ita ut eam trans Deiram et Albaniam fugaret. At illa duce Sulgenio omni nisu resistebat sepiusque stragem maximam et conciuibus et Romanis inferebat. Conducebat autem in auxilium sibi quoscumque insulanos populos inueniebat et sic multociens cum uictoria redibat. Irruptionem igitur eius grauiter ferens imperator iussit construi uallum inter Deiram et Albaniam ut impetum eius propius accedere prohiberet. Communicato igitur sumptu fecerunt illud a mari usque ad mare quod multo tempore post hostium accessus detinuit. At Sulgenius cum diutius Seuero resistere nequiuisset, transfretauit in Sithiam ut Pictorum auxilio dignitati restitueretur. Cum ibi omnem iuuentutem patrie collegisset, reuersus est maximo nauigio in Britanniam atque Eboracum obsedit. Quod cum per ceteras nationes diuulgatum esset, maxima pars Britonum Seuerum deseruit et ad Sulgenium abiuit. Nec ob id ab inceptis suis destitutus fuit Seuerus sed conuocatis Romanis ceterisque [38v] Britonibus qui sibi adherebant obsidionem petiuit et cum Sulgenio dimicauit. Sed cum pugnam acrius confecisset, interfectus est

cum multis suorum et Sulgenius letaliter uulneratus cum multis suorum. Exin sepultus est Eboraci quam legiones eius obtinuerunt. [75] Reliquit ipse duos filios Bassianum et Getam; quorum Geta Romana matre genitus erat, Bassianus uero Britannica. Defuncto igitur patre sullimauerunt Romani Getam in regem fauentes illi quia ex utraque parte Romanus fuerat. Quod abnegantes Britanni Bassianum elegerunt quia materno sanguine ipsis coniunctus erat. Proinde commiserunt pugnam fratres unde Geta interficitur et Bassianus regno potitur.

Eo tempore fuerat in Britannia iuuenis quidam nomine Carausius ex infima gente creatus. Qui cum probitatem suam in multis debellationibus examinasset, profectus est Romam; petiuit licenciam a senatu ut maritima Britannie ab incursione barbarica nauigiis tueretur. Quod si sibi committeretur, promittebat se tot et tanta adepturum quibus rem publicam magis augmentaret quam si sibi regnum Britannie traderetur. Cumque senatum promissis suis illusisset, impetrauit quod poposcerat et cum sigillatis cartis in Britanniam rediuit. Mox collectis nauibus asciuit sibi magnam uirtutem iuuentutis patrie et intrauit mare et circuiuit omnia littora regni et maximum tumultum per populum faciebat. Interea in comprouincialibus insulis appulsus agros populando, ciuitates et oppida diruendo incolis omnia sua eripiebat. Sic igitur ipso agente confluebant ad eum quicumque in aliena anhelabant ita ut in breui tantum haberet exercitum quanto nullus uicinus princeps resistere quiuisset. Ob hoc itaque tumidum habens animum dixit Britonibus ut sese sibi regem facerent et ipse interfectis atque exterminatis Romanis totam insulam a barbara gente liberaret. Quod cum impetrasset, dimicauit confestim cum Bassiano et interfecit eum et gubernaculum regni suscepit. Prodiderant enim Bassianum Picti quos dux Sulgenius, frater matris sue, in Britanniam conduxerat. Nam dum sibi auxiliari debuissent, promissis et donariis Carausii corrupti in ipso prelio diuerterunt se a Bassiano et in commilitones suos irruerunt. Unde stupefacti ceteri cum ignorarent quis socius esset, quis hostis dilabuntur et uictoria cessit Carausio. Qui ut triumphum habuit, dedit Pictis locum mansionis in Albania ubi cum Britonibus mixti per subsequens euum permanserunt. [39r] [76] Cum igitur inuasio Carausii Rome nunciata fuisset, legauit senatus Allectum cum tribus legionibus ut tyrannum interficeret regnumque Britannie Romane potestati restitueret. Nec mora postquam appulsus fuit, preliatus est cum Carausio ipsoque interfecto solium regni suscepit. Deinde maximam cladem intulit Britonibus quia relicta re publica societati Carausii adherebant. Britones uero id grauiter tolerantes erexerunt in regem Asclepiodotum ducem Cornubie communique assensu facto persecuti sunt Allectum et ad prelium prouocauerunt. Erat enim tunc Lundoniis festumque patriis diis celebrabat. At cum aduentum Asclepiodoti comperisset, relicto sacrificio egressus est cum tota fortitudine sua contra ipsum et acerrimam pugnam ingessit. Preualuit autem Asclepiodotus dissipauitque turmas suas atque in fugam coegit et usque insequendo multa milia et regem Allectum peremit. Cum igitur sibi cessisset uictoria, Luuius Gallus, Allecti collega, residuos Romanos conuocauit in urbe clausisque ianuis turres ac ceteras munitiones muniuit cogitabatque sic Asclepiodoto resistere uel iminentem necem uitare. At Asclepiodotus cum ita factum esse uidisset, obsedit ocius ciuitatem mandauitque omnibus ducibus Britannie quod Allectum cum multis milibus interfecerat obsidebatque Gallum et reliquias Romanorum infra Lundonias: unde quoscumque supplici rogatu poscebat ut sibi in auxilium festinarent. Leuiter enim extermi<n>andum[1] erat Romanorum genus ex Britannia si communi uirtute illos, inclusos ut aiebat, inuaderent. Ad edictum itaque ipsius uenerunt Demeti et Uenedoti, Deiri et Albani, et quicumque ex genere Britonum fuerant. Cumque omnes ante conspectum ducis con- uenissent, iussit machinationes[2] innumeras fieri et menia ciuitatis prosternere. Paruit ilico quisque fortis et audax et urbem acerrime inuaserunt. Nec mora diruerunt muros atque sibi introitum fecerunt stragemque Romanis dabant. At Romani cum sese interfici sine intermissione uidissent, suaserunt Gallo ut sese et ipsos deditioni traderet et misericordiam Asclepiodoti rogaret ut uiui abscedere sinerentur. Interfecti etenim omnes fere fuerant preter unam solam legionem que adhuc utcumque resistebat. Assensum ergo prebens Gallus tradidit se atque suos Asclepiodoto. Cumque ipse miseri- cordiam de illo habere captaret, uenerunt Uenedoti et facto agmine decollauerunt omnes una die supra torrentem infra urbem qui postea de nomine ducis Britanni<c>e[3] Nantgallim, Saxonice uero Galabroc nuncupatus fuit.

[77] Triumphatis itaque Romanis cepit Asclepiodotus regni diadema et capiti suo annuente populo imposuit. Exin [39v] tractauit patrias recta iusticia et pace .x. annis raptorumque seuiciam atque latronum mucrones coercuit. In diebus eius orta est Diocleciani imperatoris

---

[1] *extermidandum* MS.   [2] corrected from *maginationes* in MS.   [3] *Britannie* MS.

persecutio qua fere deleta est christianitas in insula que a tempore
Lucii regis integra et intemerata permanserat. Superuenerat
Maximianus Herculius, princeps milicie predicti tyranni, cuius imperio
omnes subuerse sunt ecclesie et cuncte sacre scripture que inueniri
poterant in mediis foris exuste atque electi sacerdotes cum fidelibus
sibi subditis trucidati ita ut agmine denso certatim ad amena celorum
regna quasi ad propriam sedem festinarent. Magnificauit igitur
misericordiam suam nobis Deus qui gratuito munere persecutionis
tempore ne penitus crassa atre noctis caligine populus Britonum
offuscaretur clarissimas lampades sanctorum martyrum ei accendit.
Quorum nunc sepulture et passionum loca non minimum diuine
karitatis ardorem intuentium mentibus incutterent, si non lugubri
barbarorum diuorcio ciuibus ade<m>pta[1] fuissent. Inter ceteros
utriusque sexus summa magnanimitate in acie Christi perstantes passus
est Albanus Uerolamius, Iulius quoque et Aaron Urbis Legionis
ciues. Quorum Albanus karitatis gratia feruens confessorem suum
Amphibalum a persecutoribus insectatum et iamiamque com-
prehendendum primum in domo suo occuluit et deinde mutatis
uestibus sese discrimini mortis obtulit, imitans in hoc Christum
animam suam pro ouibus ponentem. Ceteri autem duo inaudita
membrorum discerptione lacerati ad egregias Ierusalem portas absque
cunctamine cum martyrii tropheo conuolauerunt. [78] Interea
insurrexit in regem Asclepiodotum Coel dux Kaercolum, id est
Colocestrie, et conserto prelio interemit illum regnique diademate sese
insigniuit. Cumque id senatui nunciatum fuisset, gauisi sunt propter
necem regis qui per omnia Romanam potestatem turbauerat.
Recolentes quoque dampnum quod de amisso regno habuerant,
legauerunt Constantium senatorem qui Hyspaniam ipsis subdiderat,
uirum sapientem, audacem et qui pre ceteris rem publicam augere
laborauerat. Porro Coel rex Britonum cum aduentum ipsius
comperisset, timuit ei prelia ingerere quia fama ipsius asserebat nullum
regem ipsi resistere posse. Ut igitur infra insulam Constantius
applicuit, direxit Coel legatos suos ad illum petiuitque pacem et
subiectionem promisit: eo tamen pacto ut regnum Britannie possideret
nichilque aliud preter solitum tributum Romane dignitati solueret.
Hoc igitur nunciato adquieuit ei Constantius pacemque receptis
obsidibus comfirmauerunt. Emenso deinde mense grauissima
infirmitas occupauit Coel ipsumque infra .viii. dies morte affecit. Quo
defuncto insigniuit se Constantius regni diademate duxitque filiam

---

[1] *adepta* MS.

Coel cui nomen erat Helena. Pulchritudo eius prouinciales puellas superabat nec uspiam repperiebatur altera que in [40r] musicis instrumentis siue in liberalibus artibus doctior illa censeretur. Caruerat pater alia sobole que solio regni potiretur; unde eam ita docere laborauerat ut regimen patrie post obitum suum facilius tractare quiuisset.

Cum igitur illam in societate thori recepisset Constantius, generauit ex ea filium uocauitque eum Constantinum. Exin cum .xi. anni preterissent, ipse apud Eboracum morti subiacuit regnumque filio donauit. Qui ut solio regni potitus est, cepit infra paucos annos probitatem magnam habere, leoninam feritatem ostendere, iusticiam inter populos tenere. Latronum rapacitatem hebetabat, tyrannorum seuiciam conculcabat, pacem ubique renouare studebat. [79] Ea tempestate erat quidam tyrannus Rome uocabulo Maxentius qui quosque nobiles, quosque nobilissimos ciues exhereditare nitebatur pessimaque tyrannide rem publicam opprimebat. Incumbente igitur seuicia ipsius diffugiebant exterminati ad Constantinum in Britanniam et ab ipso honorifice excipiebantur. Denique cum multi tales ad illum confluxissent, incitauerunt eum in odium aduersus predictum tyrannum et talia ei sepissime obiciebant: 'Quousque calamitatem et exilium nostrum pacieris, Constantine? Utquid moraris nos in natale solum restituere? Tu solus es ex generatione nostra qui quod amisimus nobis reddere expulso uales Maxentio. Quis etenim princeps regi Britannie conferri queat siue in fortitudine robustorum militum siue in copia auri et argenti? Obsecramus te: redde nobis possessiones nostras, redde coniuges et liberos nostros Romam cum exercitu nobiscum petendo.' His igitur et aliis incitatus Constantinus adiuit Romam subiugauitque illam sibi et postmodum monarchiam totius mundi obtinuit. Conduxerat secum tres auunculos Helene, Ioelinum uidelicet et Trahern necnon et Marium, ipsosque in senatorium ordinem promouit.

[80] Interea insurrexit Oct<a>uius[1] dux Gewisseorum in proconsules Romane dignitatis quibus regimen insule promissum fuerat et solio regni ipsis interfectis est potitus. Cumque id Constantino nunciatum fuisset, direxit Trahern auunculum Helene cum tribus legionibus ut insulam Romane dignitati restitueret. Appulsus itaque Trahern in litore iuxta urbem que Britannice Kaerperis nuncupatur impetum fecit in ipsam atque infra duos dies cepit. Quo per uniuersas nationes diuulgato rex Octauius omnem armatam manum collegit uenitque sibi

[1] *Octouius* MS.

in obuiam haut longe a Guintonia in campo qui Britannice Maisurian appellatur cepitque preliari et uictoria potitus est. Trahern itaque naues laceratis militibus adiuit ingressusque eas petiuit Albaniam [40v] equoreo itinere et prouincias uastare uacauit. Cumque id regi Octauio iterum nunciatum fuisset, resociatis turmis secutus est eum et in prouincia que Westmarialanda uocata fuit dimicauit sed sine uictoria diffugit. At Trahern ut sibi uictoria cedere perspexit, insecutus est Octauium nec eum quietem habere permisit donec illi urbes cum diademate eripuit. Octauius igitur propter amissum regnum anxius nauigio Norguegiam petiuit ut auxilium a rege Guberto adquireret. Interea familiaribus edictum fecerat ut omni nisu elaborarent neci Trahern imminere. Comes ergo oppidi municipii qui ipsum pre ceteris diligebat preceptis illius parere non distulit. Nam dum Trahern ex urbe Lundoniarum quadam die recederet, delituit cum centum militibus in quadam conualle nemoris quam ille transiturus erat atque in ipsum pretereuntem inopinum fecit impetum ac inter commilitones interfecit. Quod cum nunciatum fuisset Octauio, reuersus est in Britanniam et dissipatis Romanis solium regni recuperauit. Exin tantam probitatem tantamque copiam auri et argenti in breui tempore nactus fuit ita ut neminem timeret. Regnum autem Britannie ab illo tempore usque in diebus Graciani et Ualentiniani feliciter obtinuit. [81] Denique senio confectus disponere populo uolens quesiuit a consiliariis suis quem post ipsius fata in regem de progenie sua erigere affectassent. Unicam tantum filiam habens filio caruerat cui regimen patrie permitteret. Fuerant itaque qui laudabant ut filiam suam alicui nobilium Romanorum cum regno maritaret ut firmiori pace fruerentur. Alii censebant Conanum Meriadocum nepotem suum in solium regni iniciandum, filiam uero alicui alterius regni principi cum auro et argento copulandam. Dum hec inter ipsos gererentur, accessit Caradocus dux Cornubie consiliumque dedit ut Maximianum senatorem inuitarent filiamque ei cum regno donarent et sic perpetua pace fruerentur. Erat autem patre Britannus quia Ioelinus auunculus Constantini, de quo superius mencionem feceram, ipsum generauerat. Matre uero et nacione Romanus ex utroque sanguine regalem ferebat procreationem. Iccirgo igitur stabilitatem pacis promittebat quia sciebat illum et ex genere imperatorum et ex origine Britonum ius in Britanniam habere. Cum itaque tale consilium dedisset dux Cornubiensium, indignatus est Conanus nepos regis qui omni nisu in regnum anhelabat totamque curiam propter talia turbauit. At Caradocus ceptis suis desistere nolens misit Mauricum filium suum Romam ut ea Maximiano indicaret. Erat ipse Mauricus pulchre stature

52

magneque probitatis atque audacie et qui ea que iudicabat armis si contradictio fieret [41r] et duellio probabat. Qui ut presenciam Maximiani adiuit, receptus est ut decebat et super commilitones honoratus. Erat tunc maxima inquietudo inter ipsum Maximianum et duos imperatores, Gracianum fratremque Ualentinum, quia passus fuerat repulsam de tertia parte imperii quam petebat. Ut igitur Mauricus uidit Maximianum ab imperatoribus oppressum, eum in hec uerba affatur: 'Utquid Gracianum times, Maximiane, cum tibi pateat uia qua ei imperium eripere poteris? Ueni mecum in Britanniam insulam et regni diadema possidebis. Octauius enim rex senio et languore grauatus nichil aliud desiderat nisi ut aliquem talem inueniat cui regnum suum cum filia donet. Masculina enim prole caret consiliumque a proceribus suis petiuit cui unicam filiam suam cum regno copularet. Et ut affectui eius parerent heroes, decreuit ut tibi concederetur regnum et puella direxeruntque me ad te ut id tibi notificarem. Si igitur mecum ueniens inceptum istud ab incepto perpetraueris, copia auri et argenti Britannie, multitudine etiam bellicosorum militum ibide<m>[1] manentium Romam poteris redire expulsisque imperatoribus eam subiugare. Sic enim egit cognatus tuus Constantinus pluresque reges nostri qui imperium ascenderunt.' [82] Adquiescens igitur uerbis eius Maximianus petiuit Britanniam, petendo subiugauit Francorum urbes, subiugando aurum et argentum coaceruabat, milites undique sibi associabat. Exin occeanum mare ingressus in Portum Hamonis secundis uelis applicuit. Cumque regi nunciatum fuisset, expauit stupore uehementi existimans hostilem exercitum superuenisse. Uocatoque igitur Conano nepote suo iussit eum colligere omnem armatum militem insule atque in obuiam hostibus procedere. Collegit ilico Conanus omnem iuuentutem regni; uenit ad Portum Hamonis ubi tentoria sua Maximianus erexerat. Qui ut aduentum tante multitudinis comperit, maximis angustiis cruciabatur quia ignorabat quid faceret. Paucioribus nanque cateruis comitatus dubitabat et uirorum multitudinem et audaciam quia de pace nullam spem habebat. Conuocatis igitur maioribus natu et Maurico dicere cepit quid contra euentum agendum fieret. Cui Mauricus: 'Non est cum tot bellicosis militibus pugnandum nec ea de causa uenimus ut Britanniam prelio subiugaremus. Pax roganda est et hospitandi licencia donec animum regis sciamus. Dicamus nos missos esse ab imperatoribus eorumque mandata Octauio deferre et callidis uerbis populum istum mulceamus.' Cumque id omnibus placuisset,

---

[1] *ibide* MS.

assumpsit secum .xii. canutos proceres sapientiores ceteris et ramos oliue in dextris uenitque C<ona>no[1] in obuiam. Uidentes ergo Britones uiros uerende etatis et oliuam in signum pacis gestantes assurgunt ei honori et uiam patefaciunt ut regem liberius adeant. Mox illi presencia Conani Me<r>iadoci[2] stantes salutauerunt eum ex parte imperatorum et senatus [41v] dixeruntque Maximianum missum esse ad regem Octauium ut mandata Gratiani et Ualentii eidem portaret. Ad hec Conanus: 'Utquid ergo eum tanta sequitur multitudo? Non hec facies legatorum esse solet, immo superuenientium hostium qui iniuriam inferre meditantur.' Tunc Mauricus: 'Non decebat tantum uirum inglorium sine commilitonibus incedere, presertim cum <propter>[3] Romanam potentiam et propter actus auorum suorum pluribus regibus odiosus habebatur. Nam si raro comitatu incederet, fortasse ab inimicis rei publice perimeretur. Pace uenit pacemque petit; quod ex actu suo credi debeat. Ex quo nanque applicuimus, sic nosmetipsos habuimus ut nemini iniuriam intulimus. Expensam nostram ut gens pacis ferimus quia necessaria ementes nichil ui cuiquam surripimus.' Cumque hesitasset Conanus an pacem an prelium committeret, accessit Caradocus dux Cornubie, accesserunt ceteri proceres et dissua<s>erunt[4] Conano post hanc peticionem bellum ingerere. Qui licet dimicare maluisset, depositis armis concessit eis pacem duxitque Maximianum Lundonias ad regem et rem ex ordine manifestauit. [83] Tunc Caradocus dux Cornubie assumpto secum filio suo Maurico iussit astantes semoueri regemque in hec uerba adiuit: 'Ecce, quod longo tempore desiderabant qui fidelitati tue ueriori affectu <obedientiam>[5] seruant disponente Deo successibus tuis accessit. Preceperas namque proceribus tuis consilium dare quid de filia tua, quid de regno tuo tibi agendum foret, cum tua etas in tantum his diebus repugnet ut populum tuum diutius gubernes. Alii itaque censebant diadema Conano nepoti tuo tradendum filiamque tuam alicubi digne maritandam, timentes ciuium exterminationem si alterius lingue princeps superueniret. Alii concedebant regnum filie et alicui lingue nostre nobili qui tibi post obitum succederet. Maior autem pars laudabat ut ex genere imperatorum mandaretur aliquis cui nata cum diademate donaretur. Promittebant enim stabilem et firmam inde prouenturam pacem cum Romana potestas ipsos protegeret. Ecce e<rg>o[6] tibi dignatus est Deus subuectare iuuenem istum et ex genere Romanorum et ex regali prosapia Britonum creatum cui filiam tuam

---

[1] *Canono* MS. [2] *Mediadoci* MS. [3] om. MS. [4] *dissuaderunt* MS.
[5] *obedicentiam* MS. [6] *egro* MS.

meo consilio maritare non differes. Quanquam autem id abnegares, quid iuris tibi et contra illum in regnum Britannie fieret? Constantini etenim consanguineus est et nepos regis nostri Coel cuius filiam Helenam nequimus abnegare hereditario iure regnum istud possidere.' Cumque hec retulisset Caradocus, adquieuit ei Octauius communique consensu illato regnum Britannie cum filia sua illi donauit. Quod uidens Conanus <Meriadocus>[1] indignatus est ultra quam credi potest secessitque in Albaniam et exercitum colligere uacauit ut Maximianum inquietaret. Multitudine ergo consociata preteriuit Humbri flumen, quasdam prouincias ultra et citra depopulauit. Quod cum Maximiano nunciaretur, collecta tota fortitudine sua festinauit [42r] in obuiam et cum illo preliatus est et cum uictoria rediuit. Nec tamen deficiebat Conanus sed resociatis iterum cateruis destructioni prouinciarum imminebat. Redibat ergo Maximianus et commissis preliis qua<ndo>que[2] cum triumpho, quandoque superatus abibat. Denique cum alter alteri dampnum maximum intulisset, concordiam annuentibus amicis fecerunt.

[84] Emenso deinde quinquennio superbiuit se Maximianus propter infinitam copiam auri et argenti que illi cotidie affluebat parauitque nauigium omnemque armatum militem Britannie collegit.[3] Ut igitur transfretauit, adiuit primitus Armoricum regnum, quod nunc Britannia dicitur, et populum Francorum qui inerat debellare incepit. At Franci duce Imbalto obuiam uenientes pugnam fecerunt contra illum sed in maiori parte periclitati fugam inierunt. Ceciderat nanque dux Imbaltus et .xv. milia armatorum qui ex omni regno illo conuenerant. Ut igitur tantam cladem ingessit, Maximianus maximo fluctuauit gaudio quia interitu tantorum uirorum sciebat patriam leuiter deinde subdendam. Uocauit ergo Conanum ad se extra turmas et paulisper subridens ait: 'Ecce unum ex pocioribus Gallie regnis subiugauimus, ecce spem ad cetera habere possumus. Festinemus urbes et oppida capere antequam rumor huius periculi in ulteriorem Galliam euolans uniuersos populos ad arma prouocet. Nam si istud regnum habere poterimus, non hesito quin totam Galliam potestati nostre subdemus. Ne pigeat igitur te regnum Britannie insule cessisse michi, licet spem possidendi eam habuisses, quia quicquid in illa amisisti tibi in hac patria restaurabo. Promouebo etenim te in regem regni huius et erit hec altera Britannia et eam ex genere nostro expulsis indigenis repleamus. Patria nanque est

---

[1] *Meridiadocus* MS. [2] *quanque* MS. [3] omission from MS.: see Introduction, p. lv

fertilis segetibus et flumina piscosa sunt, nemora perpulchra, saltus ubique ameni; nec est uspiam meo iudicio gratior tellus.' Ad hec inclinato capite grates egit Conanus, promisit se fidelem in obsequio suo mansurum dum uiueret. [85] Exinde conuocatis cateruis ierunt Redonim ipsamque eodem die ceperunt. Audita nanque seuicia Britonum peremptorumque casu diffugerunt ciues cum festinatione, mulieribus relictis atque infantibus. Exemplo istorum fecerunt ceteri per urbes et oppida ita ut facilis aditus Britonibus pateret. Qui ubicumque intrabant interficiebant quicquid erat masculini sexus, solis mulieribus parcentes. Postremo cum uniuersas prouincias penitus ab omni incola deleuissent, munierunt ciuitates et opida militibus Britannie et promunctoria in diuersis locis statuta. Seuicia ergo Maximiani per ceteras prouincias Galliarum diuulgata timor nimius quosque duces quosque principes inuadebat ita ut nullam aliam spem nisi in uotis soluendis haberent. Diffugiebant itaque ab om<n>i[1] pago ad ciuitates et oppida et ad quecunque loca tutum prestabant refugium. Maximianus ergo sese timori esse comperiens, ma[42v]iorem audaciam resumit exercitumque suum profusis donariis augere festinat. Quoscumque enim aliena captare callebat associabat sibi et nunc auro nunc argento ceterisque muneribus illum ditare non diffugiebat. [86] Exinde tantam multitudinem collegit quantam existimabat sibi sufficere ad omnem Galliam subiugare. Distulit tamen seuiciam suam paulisper ulterius ingerere donec sedato regno quod acceperat ipsum Britannico populo repleuisset. Fecit itaque edictum suum ut .c. milia plebanorum in Britannia insula colligerentur qui ad eum uenirent: preterea .xxx. milia militum qui ipsos infra patriam qua mansuri erant ab hostili irruptione tuerentur. Cumque omnia perpetrasset, distribuit eos per uniuersas Armorici regni nationes fecitque alteram Britanniam et eam Conano <Meriadoco>[2] donauit. Ipse uero cum ceteris commilitonibus suis ulteriorem Galliam adiuit grauissimisque preliis illatis subiugauit eam necnon et totam Germaniam in omni prelio uictoria potitus. Thronum autem imperii sui apud Treueros statuens ita debachatus est in duos imperatores, Gracianum et Ualentinianum, quod uno interempto alterum ex Roma fugauit. [87] Interea inquietabant Conanum Armoricanosque Britones Galli atque Equitani crebrisque irruptionibus sepissime infestabant. Quibus ipse resistens et mutuam cladem reddebat et commissam patriam uiriliter defendebat. Cumque sibi cessisset uictoria, uoluit commilitonibus suis coniuges dare ut eis nascerentur heredes qui terram illam perpetuo possiderent. Et ut

[1] *omi* MS.   [2] *Meridiadoco* MS.

nullam commixtionem cum Gallis facerent, decreuit ut ex Britannia insula mulieres uenirent qu<e ipsis>[1] maritarentur. Direxit ergo nuncios suos in Britanniam insulam ad Dionotum regem Cornubie qui fratri suo Caradoco in regnum successerat ut curam huius rei susciperet. Erat ipse nobilis et prepotens et cui Maximianus principatum insule commendauerat dum ipse predictis negociis intenderet. Habebat etiam filiam mire pulchritudinis quam C<ona>nus[2] super omnia adoptauerat.

[88] Dionotus igitur uiso Conani nuncio uolens mandatis suis parere collegit per diuersas prouincias suas nobilium filias numero .xi. milia, de ceteris ex infima gente creatis .lx. milia, et omnes infra urbem Londonie conuenire precepit. Naues quoque ex diuersis litoribus iussit adduci quibus ad predictos coniuges transfretarent. Quod licet multis in tanto cetu placuisset, displicebat tamen pluribus que maiori affectu et parentes et patriam diligebant. Nec deerant forsitan aliquae que castitatem nuptiis preferentes maluissent in qualibet natione uitam amittere quam hoc mundo diuicias exigere. Quippe diuersa diuersas iuuarent, si quod adoptabant ad effectum ducere quiuissent. Parato autem nauigio ingredi[43r]untur mulieres naues et per Tamensem fluuium maria petunt. Postremo cum uela uersus Armoricanos diuertissent, insurrexerunt contrarii uenti in classem et in breui totam societatem dissipant. Periclitantur ergo naues infra maria in maiori parte submersse. Que uero tantum periculum euaserunt, appulse sunt in barbaras insulas et ab ignota gente siue trucidate siue mancipate. Inciderant siquidem in nefandum exercitum Wanii et Melge qui iussu Gratiani nationes maritimorum et Germanie dira clade opprimebant. Erat enim Wanius rex Hunorum, Melga uero Pictorum. Ipsos <asciuerat>[3] sibi Gratianus miseratque in Germ<a>niam[4] ut ipsos qui Maximiano fauerent inquietarent. Per maritima ergo seuientes obuiauerunt predictis puellis in partes illas appulsis. Inspicientes ergo earum pulchritudinem lasciuire cum eis uoluerunt. Quod cum abnegassent puelle, irruerunt in eas ambrones maximamque partem sine mora trucidauerunt. Tunc nefandi Pictorum et Hunorum duces Wanius et Melga qui parti Gratiani et Ualentiniani fauebant, cum didicissent insulam Britannie ab omni armato milite uacuatam, iter festinatum uersus illam direxerunt associatisque sibi collateralibus insulis in Albaniam applicuerunt. Agmine igitur facto inuaserunt regnum quod rectore et defensore carebat uulgus irrationabile

---

[1] *qui issis* MS. [2] *Canonus* MS. [3] *asciuererat* MS. [4] *Germiniam* MS.

cedentes. Abduxerat enim secum Maximianus, ut predictum est, omnes bellicosos iuuenes qui repperiri potuerunt; inermes colonos atque inconsultos reliquerat. Quos cum predicti duces compererunt minime posse resistere, stragem non minimam facientes urbes et prouincias ut ouium caulas uastare non cessaba<n>t.[1] Cum igitur tanta calamitas Maximiano nuntiata fuisset, misit Gratianum municipem cum duabus legionibus ut auxilium subuectaret. Qui ut insulam uenerunt, preliati sunt cum prefatis hostibus et accerrima nece affectos ipsos in Hyberniam fugauerunt. Interea interfectus fuit Maximianus Rome ab amicis Gratiani et Britones quos secum duxerat interfecti et dissipati. Qui euadere potuerunt uenerunt ad conciues suos Armo<r>icam[2] que iam altera Britannia uocabatur.

[89] Gratianus municeps cum de nece Maximiani audiuisset, cepit diadema regni et sese in regem promouit. Exin tantam tyrannidem in populum exercuit ita ut cateruis factis irruerunt in eum plebani et interfecerunt. Quod cum per cetera regna diuulgatum fuisset, reuersi sunt predicti hostes ex Hybernia et secum Scotos, Norguegenses, Dacos conducentes regnum a mari usque ad mare ferro et flamma affecerunt. Ob hanc infestationem et dirissimam oppressionem legati Romam cum epistulis mittuntur militarem <manum>[3] ad se uindicandam lacrimosis postulationibus poscentes et subiectionem sui in perpetuum uouentes si hostis longius arceretur. Quibus mox committitur legio preteriti mali immemor que ratibus trans occeanum in patriam uecta cominus cum hostibus congressa est. Magnam denique ex his multitudinem sternens omnes e finibus depulit atque oppressam plebem a tam atroci dilaceratione liberauit. Ad quos iussit construere murum inter Albaniam et Deiram a mari usque ad mare ut esset arcendis hostibus a turbis instructus terrori, ciuibus uero tutamini. Erat autem Albania penitus frequentatione barbarorum uastata et quicum<que>[4] hostes superueniebant oportunum infra illam habebant receptaculum. Collecto igitur priuato et publico sumptu [43v] incunbunt indigene operi et murum perficiunt.

[90] Romani ergo patrie denuntiantes nequaquam se tam laboriosis expeditionibus posse frequentius uexari et ob imbelles et erraticos latrunculos Romana stegmata, talem exercitum, terra ac mari fatigari, sed ut potius solis consuescendo armis ac uiriliter dimicando terram, substantiam, coniuges, liberos et, quod his maius est, libertatem

---

[1] *cessabat* MS.   [2] *Armonicam* MS.   [3] om. MS.   [4] *quicum* MS.

uitamque totis uiribus defenderent: ut igitur hanc ammonitionem facerent iusserunt conuenire omnes bellicosos uiros insule infra Londoniam; nam Romam repedare moliebantur. Cum autem conuenissent cuncti, commissus fuit sermo Guithelino Londoniensi metropolitano qui ipsos in hec uerba adiuit: 'Cum uos iussu astantium principum alloqui deberem, magis in fletum prorumpere cogor quam in excelsum sermonem; miseret enim me orphanitatis et debilitatis que nobis accessit <post>quam¹ Maximianus regnum istud omni milite omnique iuuentute spoliauit. Uos autem reliquie eratis, plebs usus belli ignara, que ceteris negotiis ut in terris colendis diuersisque commercii machinationibus intendebant. Cum igitur superuenerunt ab alienis nationibus inimici, uelut oues sine pastore errantes uos et ouilia uestra deserere coegerunt donec Romana potestas uos possessionibus uestris restituit. Er<i>tne² ergo spes uestra semper in alieno tutamine et non instruetis manus uestras peltis, ensibus, hastis in latrones nequaquam uobis fortiores si segnitia et torpor abesset? Iam tedet Romanos assidui itineris quo uexantur ut pro uobis cum hostibus congrediantur. Prius omne tributum quod soluitis ammitere preeligunt quam hoc modo diutius terra³ et ponto fatigari. Quid? Si tempore militum uestrorum fueratis uulgus, putabitis iccirco humanitatem a uobis diffugisse? Nonne homines transuerso ordine nascuntur ita ut ex rustico generetur miles et ex milite rusticus? Miles etiam de mangone uenit et mango de milite. Hac ergo consuetudine quamuis unus ab altero procedat, non existimo esse quod est hominis amittere. Cum igitur sitis homines, habetote uos ut homines et inuocare Christum ut audatiam adhibeat et libertatem uestram defendite.' Cunque finem dicendi fecisset, tanto murmure infremuit populus ut ipsos subita audatia repletos diceres.

[91] Post hec Romani fortia monita formiduloso populo tradunt, exemplaria instruendorum armorum relinquunt. In litore quoque occeani quo naues illorum habebantur ad meridianam plagam, quia exinde barbari timebantur, turres per interualla ad prospectum maris collocari precipiunt. Set facilius est accipitrem ex miluo fieri quam ex rustico subitum eruditum. Et qui profundam doctrinam ei diffundit idem facit acsi margaritam inter porcos spargeret. Nam ut ualedicto Romani tamquam non ultra reuersuri abscesserunt, <emergunt>⁴ iterum predicti hostes ex nauibus quibus in Hyberniam uecti fuerant cum tetris cuneis Scotorum et Pictorum et cum Norguegensibus, Dacis, et ceteris quos adduxerant et omnem Albaniam murotenus capessunt.

¹ *priusquam* MS.   ² *Eratne* MS.   ³ *terra et terra* MS.   ⁴ *emerguntur* MS.

Cognita etiam condebitorum reuers<i>one[1] et reditus denegatione confidentiores solito destructioni insule eminent. Ad hec in edito murorum statuuntur rustici segnes ad pugna<m>,[2] inhabiles ad fugam, trementibus precordiis inepti, qui diebus et noctibus stupido sedili marcebant. Interea non cessant uncinata hostium tela quibus miserrimum uulgus de muris trahebatur et solo al[44r]lidebatur. Hoc scilicet eis proficiebat immature mortis supplicium qui tali funere rapiebantur quo fratrum pignorumque suorum miserandas imminentes penas cit<o>[3] exitu deuitarent. O diuinam ob preterita scelera ultionem! O tot bellicosorum militum per uesaniam Maximiani absentiam! Qui si in tanta calamitate adessent, non superuenisset populus quem non in fuga propellerent. Quod manifestum fuit dum manebant: nam et longe posita regna adiciebant potestati sue et Britanniam cum tran<q>uillitate[4] possidebant. Sic est cum regnum tutamini rusticorum deseritur. Quid plura? Relictis ciuitatibus muroque celso iterum ciuibus fuge, iterum dispersiones desperabiliores solito, iterum ab hoste insectationes, iterum crudeliores strages accelerant. Et sicut agni a lupis, ita deflenda plebs ab inimicis decerpitur. Igitur rursum misere reliquie mittunt epistulas ad Agitium, Romane potestatis uirum, hoc modo loquentes:

'Agitio ter consuli gemitus Britonum.' Et post pauca querentes adiciunt: 'Nos mare ad barbaros, barbari ad mare repellunt. Interea oriuntur duo genera funeris. Aut enim submergimur aut iugulamur.' Nec pro eis quicquam adiutorii habentes tristes redeunt atque conciuibus suam repulsam denunciant. [92] Inito itaque consilio transfretauit Guithelinus Londoniensis archiepiscopus in minorem Britanniam, que tunc Armorica siue Letauia dicebatur, ut auxilium a confratribus suis postularet. Regnabat tunc in illa Aldroenus, quartus a Conano cui Maximianus regnum illud donauerat, sicut iam predictum est. Qui uiso tante reuerentie uiro excepit illum cum honore causamque aduentus sui inquisiuit. Cui Guithelinus: 'Satis patet nobilitati tue et te in fletum mouere potest miseria quam nos conbritones tui passi sumus ex quo Maximianus insulam nostram suis spoliauit militibus istudque regnum quod possides — et utinam cum diuturna pace possideas — ab ipsis inhabitari precepit. Insurrexerunt etenim in nos, pauperculas uestrum reliquias, omnes comprouinciales insule et insulam nostram omni copia diuitiarum repletam euacuauerunt ita ut uniuerse eiusdem nationes tocius cibi baculo

---

[1] *reuerssone* MS.   [2] *pugna* MS.   [3] *citu* MS.   [4] *tranguilliate* MS.

excepto uenatorie artis solatio carea<n>t.[1] Nec fuit qui obuiaret cum nullus potens nullusque bellicosus ex nostris remansit. Nam Romani in tedium nostri uersi sunt et omnino auxilium suum abnegauerunt. Ab omni igitur alia spe repulsi adiuimus misericordiam tuam te implorantes ut presidium adhibeas et debitum tibi regnum a barbarorum irruptione protegas. Quis etenim alius te inuitato diademate Constantini et Maximiani coronari debeat, cum aui tui <at>que[2] proaui ipso insigniti fuerint? Para nauigium tuum et ueni: ecce regnum Britannie in manus tuas trado.' Ad hec Aldroenus: 'Olim tempus erat quo non negarem insulam Britannie recipere si quis eam largiretur. Non enim existimo alteram patriam fertiliorem fuisse dum pace et tranquillitate frueretur. At nunc, quoniam infortunia patrie accesserunt, uilior facta est et michi et ceteris principibus odiosa. Super omnia uero mala potestas Romanorum in tantum nocuit ita ut nemo stabilem dignitatem infra illam habere queat quin iugo seruitutis oneratus libertatem amittat. Quis igitur non mallet micius alias cum libertate possidere quam diuitias ipsius sub iugo seruitii habere? Regnum [44v] istud quod nunc potestati m<ee>[3] subditum est cum honore et sine obsequio quod altiori impendam possideo. Unde illud ceteris nationibus preferri <preelegi>[4] cum ipsum libertate gubernem. Attamen <quia ius>[5] in insulam aui et ataui mei habuerunt, trado tibi Constantinum fratrem meum et duo milia militum ut, si Deus dimiserit, patriam a barbarica irruptione liberet et sese diademate illius insigniat. Habeo nanque quendam fratrem predicto nomine uocatum qui in milicia ceterisque probitatibus uiget. Illum tibi cum prefato numero committere non diffugiam si placet ut recipiatur. Nam de ampliori numero commilitonum tacere censeo cum inquietudo Gallorum cotidie immineat.'

Uix finem dicendi fecerat, grates egit archiepiscopus uocatoque Constantino ei in hec uerba arrisit: 'Christus uincit, Christus regnat, Christus imperat. Ecce rex Britannie deserte (assit modo Christus), ecce defensio nostra, ecce spes nostra et gaudium.' Quid plura? Paratis in litore nauibus eliguntur ex diuersis partibus regni milites et Guithelino traduntur. [93] Cumque omnia parata fuissent, ingressi sunt mare atque in Totonesio portu applicuerunt. Nec mora colligerunt reliquam iuuentutem insule et cum hostibus congressi uictoriam per beati uiri merit<um>[6] adepti sunt. Exin confluxerunt

[1] *careat* MS. [2] *neque* MS. [3] *mox* MS. [4] *preelegit* MS. [5] *quamuis* MS.
[6] *meritis* MS.

undique Britones prius dispersi et facta infra Silcestriam contione erexerunt Constantinum in regem regnique diadema capiti suo imposuerunt. Dederunt etiam ei coniugem ex nobili genere ortam quam Guithelinus archiepiscopus educauerat. Cunque illam cognouisset, progenuit ex ea tres filios quorum nomina fuerunt Constans, Aurelius Ambrosius, Utherpendragon. Constantem uero primogenitum tradidit in ecclesia Amphybali infra Guintoniam ut monachilem ordinem susciperet. Ceteros autem duos, Aur\<e\>lium[1] uidelicet et Utherpendragon, Guithelino ad nutriendum commisit. Postremo, cum .x. anni preterissent, uenit quidam Pictus qui in obsequium suum fuerat et quasi secretum colloquium habiturus in uirgulto quodam semotis cunctis eum cum cultro interfecit.

[94] Defuncto igitur Constantino fuit dissensio inter proceres quis in regnum sullimaretur. Alii itaque acclamabant Aurelium Ambrosium, alii Uterpendragon, alii ceteros ex generatione propinquos. Denique cum nunc sic, nunc aliter contendissent, accessit Uortegirnus consul Geuuisseorum qui omni nis\<u\>[2] in regnum anhelabat et adiuit Constantem monachum illumque in hec uerba allocutus est: 'Ecce pater tuus defunctus est et fratres tui propter etatem sullimari nequeunt nec alium uideo in progenie tua quem in regem populus proueeret. Si igitur consilio meo adquiescere uolueris possessionemque meam augmentare, conuertam populum in affectum sullimandi te in regnum et ex tali habitu, licet ordo repugnet, te abstrahendi.' Quod cum audisset Constans, maximo gaudio fluctuauit et quicquid callebat ipsum uelle ei iureiurando promittebat. Cepit itaque eum Uortegirnus duxitque regiis ornamentis indutum Londonias atque uix annuente populo erexit in regem. Tunc defunctus fuerat Guithelinus archiepiscopus nec affuit alter qui ipsum \<inungere\>[3] presumpsisset quia ex monacho transferebatur. Nec tamen iccirco postposuit diadema quod ipse Uortegirnus uice episcopi functurus manibus suis capiti suo imposuit. [95] Sullimatus igitur Constans totam iusticiam regni commisit Uortegirno et semetipsum in consilium eiusdem tradidit ita ut nichil absque [45r] precepto ipsius faceret. Quippe debilitas sensus ipsius id faciebat; nam infra claustra aliud quam regnum tractare didicerat. Quod cum calluisset Uortegirnus, cepit apud se deliberare qualiter sullimari potuisset in regem; nam id prius super omnia concupierat. Uidebat etenim congruum tempus instare quod desiderium suum leuiter ad effectum duci poterat. Totum nanque

---

[1] *Aurilium* MS.   [2] *nisi* MS.   [3] *iniungere* MS.

dispositioni eius regnum commissum fuerat; nec Constans qui rex dicebatur nisi pro umbra principis astabat. Nullius enim asperitatis, nullius iusticie fuerat nec a populo suo nec a uicinis gentibus timebatur. Duo autem pueri fratres eius Uterpendragon atque Aurelius Ambrosius in cunis adhuc iacentes inhabiles erant ut in regnum promouerentur. Preterea infortunium illud acciderat quod proceres regni qui maiores erant natu defuncti fuerant solusque Uortegirnus astutus et sapiens magnique consilii uidebatur. Ceteri autem pene omnes pueri erant ac iuuenes peremptisque in anteactis preliis eorumdem patribus atque auunculis honores utcumque possidebant. Hec igitur omnia comperiens Uortegirnus meditabatur quo ingenio tectius ac callidius Constantem monachum deponeret ut in locum ipsius erumperet. Quod tandem differre preelegit donec prius diuersas nationes melius potestati et familiaritati sue summ<is>isset.[1] Cepit igitur petere thesauros regis ab ipso in custodiam eiusque ciuitates cum munitionibus, dicens quia rumor asserebat collaterales insulanos superuenire affectasse. Quod cum impetrauisset, <posuit>[2] ubique familiares suos qui easdem urbes in fidelitate sua seruarent. Deinde premeditatam proditionem machinans adiuit Constantem dixitque illi oportere numerum familie sue augmentare ut securius superuenturis hostibus resisteret. Cui Constans: 'Nonne omnia dispositioni tue commisi? Fac igitur quecumque uolueris, ita tamen ut in fidelitate mea proueniat.' Ad hec Uortegirnus: 'Dictum est michi Pictos uelle conducere Dacos et Norguegenses super nos ut inquietudinem maximam inferant. Quamobrem laudarem et consilium saluberrimum esse censeo ut quosdam ex Pictis in curia tua retineas qui mediatores inter te et ceteros existant. Nam si uerum est quod rebellare inceperint, explorabunt tibi consociorum suorum machinationes et uersutias quas leuius uitare poteris.' Ecce occulta occulti amici proditio! Non enim id laudabat ut salus inde proueniret Constanti set quia sciebat Pictos gentem esse instabilem et ad omne scelus paratam. Inebriati ergo siue in iram inducti commoueri possent facile aduersus regem ita ut absque cunctamine ipsum interficerent. Unde, si id contigisset, haberet aditum promouendi sese in regem ut sepius affectauerat. Directis itaque in Scotiam nuntiis inuitauit .c. Pictos milites ipsosque infra familiam regis recepit. Receptos honorabat super omnes diuersisque donariis ditabat. Cibis et potibus ultramodum satiabat ita ut pro rege illum haberent. Adorantes igitur illum per plateas psallebant: 'Dignus est Uortegirnus imperio dignusque sceptro Britannie, Constans uero indignus.' Ad hec

---

[1] *summisset* MS.   [2] *posuitque* MS.

Uortegirnus magis ac magis eos domare nitebatur ut magis placeret. At cum amorem eorum omnino adeptus fuisset, inhebriauit illos. Finxit se uelle recedere ex Britannia ut ampliores possessiones perquireret. Dicebat autem id tantillum quod habebat non posse sibi sufficere ut quinquaginta militibus stipendia donaret. Deinde quasi tristis secessit ad hospicium suum ipsosque potantes [45v] in aula deseruit. Quo uiso ultra quam credi potest contristati sunt Picti arbitrantes uerum fuisse quod dixerat. Murmurantes adinuicem dicebant: 'Utquid monachum istum uiuere permittimus? Utquid non interficimus eum ut Uortegirnus solio regni potiatur? Quis etenim ei in regnum succederet? Dignus nanque est imperio et honore, dignus etiam omni dignitate qui nos ditare non cessat.' [96] Post hec irrumpentes thalamum impetum fecerunt in Constantem peremptoque illo caput <coram>[1] Uortegirno tulerunt. Quod cum inspexisset Uortegirnus, quasi contristatus in fletum erupit nec unquam prius ma<i>ori[2] gaudio fluctuauerat. Uocatis tamen ciuibus Londonie (nam infra eam contigerat) iussit cunctos proditores alligari alligatosque decollari quia tantum scelus facere presumpserant. Fuerunt ergo qui estimabant proditionem illam per Uortegirnum fuisse machinat<a>m:[3] Pictos uero nullatenus nisi assensu illius incepisse. Fuerunt etiam qui nichil hesitantes ipsum a tali crimine purgabant. Re tamen in dubio relicta nutritores duorum fratrum Aurelii Ambrosii atque Uterpendragon diffugierunt cum eis in minorem Britanniam, timentes ne a Uortegirno perimerentur. Ibidem excepit illos rex Budicius et honore quo decebat educauit.

[97] <A>t[4] Uortegirnus cum neminem sibi parem in regno conspexisset, imposuit capiti suo diadema regni et comprincipes suos supergressus est. Proditione tandem eius diuulgata insurrexerunt in eum comprouintialium populi insularum quos Picti in Albaniam conduxerant. Indignati namque Picti commilitones suos qui propter Constantem interfecti fuerant in ipsum uindicare nitebantur. Anxiebatur igitur Uortegirnus cotidie dampnumque exercitus sui in preliando perpetiebatur. Anxiebatur etiam ex alia parte timore Aurelii Ambrosii fratris<que>[5] sui Uterpendragon qui, ut predictum <est>,[6] in minorem Britanniam propter ipsum diffugerant. Cotidianus etenim rumor aures eius impleuerat ipsos iam adultos esse nauigiumque construxisse atque reditum suum in debitum regnum uelle moliri.

[1] *coronam* MS. [2] *magori* MS. [3] *machinatum* MS. [4] *Ut* MS. [5] *fratris* MS. [6] om. MS.

[98] Interea applicuerunt tres cuille, quas longas naues dicimus, in partibus Cantie plene armatis militibus quibus duo fratres Horsus et Hengistus ducatum prestabant. Fuerat tunc Uortegirnus Dorobernie, que nunc Cantuaria dicitur, ut consuetudo eum conduxerat ciuitatem illam sepissime uisitare. Cui cum retulissent nuntii ignotos uiros magneque stature homines in magnis nauibus applicuisse, dedit pacem ipsosque ad se conduci precepit. Mox ut conducti fuerunt, uertit oculos suos in duos germanos: nam ipsi pre ceteris et nobilitate et decore preminebant. Cunque etiam ceteros aspectu peragrasset, quesiuit que patria produxerat illos et que causa eos in regnum suum direxerat. Cui Hengistus respondere pro aliis incepit (nam ipsum et maturior etas et sapientia preponebat): 'Rex ceterorum nobilissime, Saxonia tellus edidit nos, una ex regionibus Germanie. Causa autem aduentus nostri est ut tibi siue alteri principi obsequium nostrum offer<a>mus.[1] Fueramus etenim expulsi a patria nostra nec ob al<i>ud[2] nisi quia consuetudo regni expetebat. Consuetudo nanque in patria nostra est ut, cum habunda<n>tia[3] hominum in eadem superuenerit, conueniunt ex diuersis prouintiis principes et totius regni iuuenes coram se uenire precipiunt. Deinde proiecta sorte potiores [46r] atque fortiores eligunt qui ext<e>ra[4] regna petituri uictum sibi perquirant et patria ex qua orti sunt a superflua multitudine liberetur. Superfluente igitur nouiter in regno nostro hominum copia conuenerunt principes nostri sortemque proicientes elegerunt iuuentutem istam quam in presentia tua cernis; preceperunt ut consuetudini ab antiquo statute parerent. Nos quoque duos germanos, quorum ego Hengistus, iste Horsus nuncupamur, prefecerunt ei duces: nam ex ducum progenie progeniti fueramus. Obedientes ergo decretis ab euo sancitis ingressi sumus maria regnumque tuum duce Mercurio petiuimus.' Ad nomen itaque Mercurii erecto uultu rex inquirit cuiusmodi religionem haberent. Cui Hengistus: 'Deos patrios, Saturnum, Iouem atque ceteros qui mundum istum gubernant colimus: maxime autem Mercurium, quem Worden lingua nostra appellamus. Huic ueteres nostri dedicauerunt quartam feriam septimane, que usque in hodiernum diem nomen Wonnesdei de nomine ipsius sortita est. Post illum colimus deam inter ceteras potentissimam uocabulo <Fream, cui etiam dedicauerunt sextam>[5] feriam quam ex nomine eius Fridei uocamus.' Ad hec Wortegirnus: 'De credulitate uestra — potius incredulitas dici potest — uehementer doleo. De aduentu autem uestro

---

[1] *offeremus* MS.   [2] *alud* MS.   [3] *habundatia* MS.   [4] *extra* MS.   [5] omission from MS.: see Introduction, p. lv.

gaudeo quia in congruo tempore uos necessitati mee siue Deus siue alius obtulerit. Opprimunt etenim me inimici mei undique et, si laborem preliorum meorum mecum communicaueritis, retinebo uos honorifice infra regnum meum diuersisque muneribus et agris ditabo.' Paruerunt ilico barbari et federe confirmato in curia ipsius remanserunt. Nec mora emergentes ex Albania Picti exercitum ualde grandem fecerunt ceperuntque aquilonares partes insule deuastare. Cumque id Uortegirno nuntiatum fuisset, collegit milites suos atque trans Humbrum in obuiam perrexit. Deinde ut cominus conuenerunt, hinc et illinc et ciues et hostes accerrimam pugnam commiserunt. Nec multum oportuit ciues pugnare: nam Saxones qui aderant tam uiriliter preliabantur ita ut hostes qui prius uincere solebant sine mora in fugam propellerent. [99] Uortegirnus ergo per illos uictoria potitus donaria sua ampliauit eis atque duci eorum Hengisto dedit agros plurimos in Lindeseia regione quibus sese et commilitones suos sustentaret. Hengistus ergo cum esset uir doctus atque astutus, comperta amicitia quam rex aduersus illum gerebat ipsum in hunc sermonem adiuit: 'Domine, undique inimici tui te inquietant et conciues tuos qui te diligunt. Omnes minantur tibi dicuntque se conducturos Aurelium Ambrosium ex Armorico tractu ut te deposito ipsum in regem promoueant. Si placet ergo, mittamus in patriam nostram et inuitemus ex ea milites ut numerus noster ad certandum augeatur. Sed unam discretionem clementie tue implorarem nisi repulsam pati timerem.' Ad hec Uortegirnus: 'Mitte ergo legatos tuos ad Germaniam et inuita quod uolueris et pete a me quod desideras et nullam repulsam patieris.' Inclinato igitur capite gratias egit Hengistus et ait: 'Ditauisti me largis mansionibus et agris nec tamen eo honore quo ducem decuerat cum duces me progenuerint. Quippe inter cetera danda esset michi ciuitas siue oppida ut dignior inter proceres regni tui censerer. Dignitas namque consulis siue principis adhibenda esset michi ex utrorumque genere edito.' Cui [46v] Uortegirnus: 'Prohibitus sum huiusmodi donaria uobis dare quia alienigene estis et pagani; nec adhuc mores uestros et consuetudines agnosco ut uos conciuibus meis parificem. Nec si uos ut proprios ciues existimassem, inciperem donare quod proceres regni dissuaderent.' Cui Hengistus, 'Concede', inquit, 'michi seruo tuo quantum una corrigia posset ambiri infra terram quam dedisti ut ibidem promuntorium edificem quo me, si opus fuerit, recipiam; fidelis etenim tibi sum et fui et ero et in fidelitate tua que agere desidero faciam.' Mot<u>s[1] itaque rex uerbis ipsius eiusdem

[1] *Motis* MS.

peticioni acquieuit precepitque legatos suos in Germaniam mittere ut milites ex ea inuitati festinatum auxilium inuitarent. Nec mora missa in Germaniam legatione cepit Hengistus corium tauri atque ipsum in unam corrigiam redegit. Exinde saxosum locum quod maxima cautela elegerat circuiuit cum corrigia et infra spatium metatum castellum edificare incepit. Quod ut edificatum fuit, traxit nomen ex corrigia quia cum ea metatum fuit. Dictum nanque fuit postmodum Britannice Kaercarrei, Saxonice uero Thanccastre, quod Latino sermone Castrum Corrigie appellamus. [100] Interea uero reuersi sunt nuntii ex Germania conduxerantque .x. et .viii. naues electis militibus plenas. Conduxerunt etiam filiam Hengisti uocabulo Renwein cuius pulcritudo nulli secunda uidebatur. Postquam autem uenerunt, inuitauit Hengistus Uortegirnum regem in domum suam <u>t[1] nouum edificium et nouos milites qui applicuerant uideret. Uenit ilico rex priuatim et laudauit tam subitum opus et milites inuitatos retinuit. Ut ergo regiis epulis refectus fuit, egressa est puella de thalamo aureum ciphum plenum uino ferens. Accedens deinde propius regi flexis genibus dixit: 'Lauerd king, Waesseil!' At ille, uisa facie puelle, ammiratus est tantum eius decorem et incaluit. Denique interrogauit interpretem suum quid dixerat puella et quid ei respondere debeat. Cui interpres dixit: 'Uocauit te dominum regem et uocabulo salutationis honorauit. Quod autem respondere debes, est "Drincheil".' Respondens deinde Uortegirnus 'Drincheil' iussit puellam potare cepitque ciphum de manu ipsius et osculatus est eam et potauit. Ab illo die usque in hodiernum mansit consuetudo illa in Britannia quia in conuiuiis qui potat ad alium dicit 'Waesseil'. Qui uero post illum recipit potum, respondet 'Drincheil'. Uortegirnus autem diuerso genere potus inhebriatus intrante Sathana in corde suo <amauit puellam et postulauit eam a patre suo. Intrauerat, inquam, Sathanas in corde suo>[2] quia, cum Christianus esset, cum pagana coire desiderabat. Hengistus ilico, ut erat prudens, comperta leuitate animi regis consuluit fratrem suum Horsum ceterosque maiores natu qui secum aderant quid de peticione regis facerent. Sed omnibus unum consilium fuit ut puella regi daretur et ut peterent pro ea prouinciam Cantie ab illo. Nec mora data fuit puella Uortegirno et prouincia Cantie Hengisto nesciente Gorangono comite qui in eadem regnabat. Nupsit itaque rex eadem nocte pagane que ultra modum placuit ei; unde inimicitiam procerum et filiorum suorum citissime incidit. Generauerat nanque filios primitus quibus erant nomina [47r] Uortimer, Katigernus, Paschent.

---

[1] *et* MS. [2] omission from MS.: see Introduction, p. lv.

In tempore illo uenit sanctus Germanus Altissiodorensis episcopus et Lupus Trecacensis ut uerbum Dei Britonibus predicarent. Corrupta namque fuerat christianitas eorum tum propter paganos[1] tum propter Pelagianam heresim cuius uenenum ipsos multis diebus affecerat. Beatorum igitur uirorum predicatione restituta est inter eos uere fidei religio quia multis miraculis cotidie preclarebant. Multa per eos miracula ostendebat Deus que Gilotas in tractatu suo luculento dictamine parauit. [101] Data autem puella regi, ut predictum est, dixit Hengistus ad eum: 'Ego sum pater tuus et consiliator tibi esse debeo. Noli preterire consilium meum quia omnes inimicos tuos uirtute gentis mee superabis. Inuitemus adhuc filium meum Octam cum frat<r>uele[2] suo Ebissa: bellatores enim sunt uiri. Da eis regiones que sunt in aquilonaribus partibus Britannie iuxta murum inter Deiram et Scotiam. Detinebunt namque ibidem impetum barbarorum ita ut in pace citra Humbrum remanebis.' Paruit Uortegirnus precepitque illis inuitare quoscumque scirent ad auxilium sibi ualere. Missis itaque legatis uenerunt Octa et Ebissa et Cherdich cum trecentis nauibus armata manu repletis. Quos omnes suscepit Uortegirnus benigne maximisque muneribus donauit. Uincebat namque inimicos suos per eos et in omni prelio uictor existebat. Hengistus etenim inu<i>tabat[3] paulatim naues et cotidie numerum suum augebat. Quod cum uidissent Britones, timentes audatiam eorum dixerunt regi ut ipsos ex finibus regni sui expelleret. Non enim debebant pagani christianis communicare nec intromitti quia christiana lex prohibebat. Insuper tanta multitudo aduenerat ita ut ciuibus terrori esset. Iam nesciebatur quis paganus esset, quis christianus, quia pagani filias et consanguineas eorum sibi associauerant. Talia obicientes dissaudebant regi retinere illos ne in proditione aliqua ciues supergrederentur. At Uortegirnus diffugiebat consilio eorum acquiescere quia super omnes gentes propter coniugem suam ipsos diligebat. Quod cum uidissent Britones, deseruerunt ilico Uortegirnum et unanimiter irati Uortimerum filium suum in regem erexerunt. Qui adquiescens eis per omnia incepit expellere barbaros atque oppugnare et diris irruptionibus afficere. Quattuor bella gessit cum eis et in omnibus superauit: primum super flumen Derwend; secundum super uadum Epiffordum ubi conuenerunt Horsus et Catigernus, alter filius Uortegirni, agressuque facto ceciderunt ambo alter alterum letaliter aggressus; tertium bellum super ripam maris quo naues muliebriter ingressi diffugierunt hostes et insulam Thaneth pro refugio adiuerunt. At Uortimerus obsedit illos ibidem et nauali prelio

---

[1] omission from MS.: see Introduction, p. lv.   [2] *fratuele* MS.   [3] *inutabat* MS.

cotidie infestabat. Cunque impetum Britonum diutius tolerare nequirent, miserunt Uortegirnum regem qui in omnibus bellis cum ipsis aderat ad filium suum Uortimerum petentes licentiam abscedendi petendique Germaniam cum salute. Cumque inde colloquium haberent, interim ingressi sunt c<i>ulas¹ suas relictisque mulieribus et filiis Germaniam [47v] redierunt. [102] Uictoria deinde potitus Uortimerus cepit reddere possessiones ereptas ciuibus ipsosque diligere et honorare et ecclesias iubente sancto Germano renouare. Sed bonitati eius inuidit ilico diabolus qui in corde Roawen nouerce sue ingressus incitauit eam ut neci ipsius immineret. Que ergo ascitis uniuersis ueneficiis dedit illi per quendam familiarem suum uenenum potare quem innumerabilibus donariis corruperat. Quod cum hausisset inclitus bellator ille, subita infirmitate grauatus est ita ut nullam spem uiuendi haberet. Nec mora iussit omnes milites suos uenire ad se et indicata morte que superueniebat distribuit eis aurum atque argentum suum et quicquit ataui congesserant. Flentes quoque et eiulantes consolabatur docens uiam uniuerse carnis esse quam initurus erat. Audaces autem et bellicosos iuuenes qui ei in debellationibus suis astare solebant hortabatur ut pro patria pugnantes eam ab hostili irruptione tueri niterentur. Audatia autem maxima docente iussit piramidem fieri aeriam locarique in portu quo Saxones applicar<e>² solebant. Corpus uero suum, postquam defunctum foret, sepiliri desuper ut uiso busto barbari retortis uelis in Germaniam redirent. Dicebat enim neminem illorum audere propius accedere si etiam bustum ipsius aspicerent. O maximam uiri audatiam, qui eis quibus uiuus terrori fuerat post obitum etiam ut timeretur optabat! Sed defuncto illo aliud egerunt Britones quia in urbe Trinouantum corpus illius sepelierunt. [103] Post obitum autem ipsius restitutus est Uortegirnus in regnum qui precibus coniugis sue commotus misit nuntios suos ad Hengistum in Germ<a>niam³ mandauitque sibi ut iterum in Britanniam rediret: attamen priuatim et cum paucis quia timebit ne, si aliter superuenisset, discordia inter barbaros et ciues oriretur. Hengistus ergo audito obitu Uortimeri trecenta milia armatorum associauit parat<o>que⁴ nauigio in Britanniam reuersus est. Sed cum tante multitudinis aduentus Uortegirno et principibus regni nuntiatus esset, indignati sunt ualde initoque consilio constituerunt preliari cum eis atque ipsos ex litoribus expellere. Quod cum filia sua Hengisto per internuntios indicauisset, confestim cogitauit quid potius contra id agendum esset. Diuersis igitur machinationibus peragratis

¹ *crulas* MS.   ² *applicari* MS.   ³ *Germiniam* MS.   ⁴ *paratque* MS.

unum ex omnibus elegit ut gentem regni sub specie pacis adoriretur prodere. Misit itaque legatos suos ad regem iussitque nuntiare quod non conduxerat tantam multitudinem uirorum ut uel secum in regno remanerent uel uiolentiam aliquam cum eis patrie <ingereret>.[1] Erat enim causa cur eam conduxisset quia existimabant adhuc Uortimerum uiuere cui per eos affectabat resistere si illum expugnare incepisset. Quoniam autem non hesitabat ipsum defunctum esse, committebat sese et populum suum dispositioni Uortegirni ut quod optaret ex tanto numero in regnum suum retinuisset et quot refutandos censeret condecebat ut in Germaniam[2] sine dilatione rediissent; et, si id Uortegirno placuisset, tunc petebat ipse ut diem et locum nominasset Uortegirnus quo pariter conuenirent et omnia ex uoluntate sua disposuisset. Talia nanque ut regi nuntiata fuerunt, placuerunt ei uehementer quia inuitus sineret Hengistum abire.

[48r] Postremo iussit et ciues et Saxones kalendis Mai que iam instare incipiebant in pago Ambrii conuenire ut ibidem predicta statuerentur. [104] Quod cum in utraque parte concessum esset, Hengistus noua arte usus precepit commilitonibus suis ut unusquisque longum cultrum ad latus more suorum habens uoci sue obediret et, cum colloquium securius tractarent Britones, ipse daret eis hoc signum: 'Nemet oure saxas!'; unusquisque paratus astantem Britonem audacter occuparet atque abstractis cultris otius ipsum iugularet. Nec mora statuta die instante conuenerunt omnes infra prouintiam nominatam et de pace habenda colloquium inceperunt. Ut igitur horam proposito suo idoneam inspexisset Hengistus, uoceferatus est: 'Nime oure saxas!' Et ilico Uortegirnum accepit et per pallium detinuit. Audito uero otius signo abstraxerunt Saxones cultros suos et astantes principes inuaserunt ipsosque nichil tale premeditatos iugulauerunt circiter quatringentos sexaginta inter barones et consules; quorum corpora beatus Eldadus postmodum sepiliuit atque christiano more humauit haut longe a Kaercaraduc, que nunc Salesberia dicitur, in cimiterio quod <est>[3] iuxta cenobium Ambrii abbatis qui olim fundator ipsius extiterat. Omnes enim sine armis aduenerant nec aliud nisi de pace tractanda existimabant. Unde ceteri qui propter eorum patriam accesserant l<e>uius[4] ipsos inermes interficere potuerunt. [105] Non impune tamen hoc egerunt pagani quia multi eorum perempti fuerunt dum neci ceterorum imminerent. Eripiebant enim Britones ex tellure lapides et fustes atque sese defendere uolentes proditores illidebant.

---

[1] *ingererent* MS. [2] corrected from *Germiniam* in MS. [3] om. MS. [4] *liuius* MS.

Aderat ibi consul Claudiocestrie uocabulo Eldol qui uisa proditione sustulit palum quem forte inuenerat et defensioni uacauit. Quemcumque attingebat cum illo confringens ei membrum quod percutiebat dirigebat confestim ad tartara. Alii caput, alii brachia, alii scapulas, compluribus etenim crura elidens terrorem non minimum inferebat. Nec prius ab illo loco abscessit done<c>[1] septuaginta uiros consumpto palo interfecit. Nam cum tante multitudini resistere nequiuisset, diuertit sese ab illis atque ciuitatem suam petiuit. Multi hinc et inde ceciderunt sed uictoriam habuerunt Saxones. Britones namque nichil tale premeditati inermes aduenerant, unde minime resistere potuerunt. Ut igitur inceptum nefandum peregerunt Saxones, uoluerunt interficere Uortegirnum sed mortem comminantes ligauerunt eum petieruntque ciuitates suas atque munitiones pro uita. Quibus ilico quicquid affectauerant concessit ut uiuus abscedere sineretur. Cumque id iureiurando confirmatum fuisset, soluerunt eum a uinculis atque urbem Londonie primitus adeuntes ceperunt. Ceperunt deinde Eboracum et Lindocolinum necn<on>[2] et Guintoniam, quasque prouincias deuastantes. Inuadebant undique ciues quemadmodum lupi oues quas pastores deseruerunt. Cumque ergo tantam cladem inspexisset Uortegirnus, secessit in partibus Kambrie inscius quid contra nefandam gentem ageret. [106] Uocatis denique magis suis consuluit illos iussitque dicere quid faceret. Qui dixerunt ut edificaret sibi turrim fortissimam que sibi tutamen foret cum ceteras munitiones amisisset. Peragratis ergo quibusdam locis ut eam in congruo loco [48v] statueret uenit tandem ad montem Erir ubi coadunatis ex diuersis patriis cementariis iussit turrim construere. Conuenientes itaque lapidarii ceperunt eam fundare. Sed quicquid una die operabantur absorbebat tellus illud in altera ita ut nescirent quorsum opus suum euanesceret. Cunque id Uortegirno nuntiatum fuisset, consuluit iterum magos suos ut causam rei indicarent. Qui dixerunt ut iuuenem sine patre quereret quesitumque interficeret ut cementum sanguine ipsius et lapides aspergerentur. Id enim prodesse asserebant ut fundamentum constaret. Nec mora mittuntur legati per uniuersas prouincias ut talem hominem inuenirent. At postea, cum in urbem que Kaermerdin uocata fuit uenissent, conspexerunt iuuenes ante portam ludentes et ad ludum accesserunt. Fatigati autem itinere sederunt in circo exploraturi quid querebant. Denique cum multum diei preterisset, subita lis orta est inter duos iuuenes quorum erant nomina Merlinus et Dinabutius. Certantibus uero ipsis dixit Dinabutius ad Merlinum: 'Quid mecum

[1] *done* MS.   [2] *necnum* MS.

contendis, fatue? Nunquam nobis eadem erit nobilitas. Ego enim ex origine regum editus sum ex utraque parte generationis mee. De te autem nescitur quis sis cum patrem non habeas.' Ad uerbum istud erexerunt legati uultus suos atque intuentes in Merlinum interrog-auerunt circonstantes quis esset. Quibus illi dixerunt quia nesciebatur quis pater eum progenuerat. Mater uero filia fuerat regis Demetie que in ecclesia sancti Petri in eadem urbe inter monachas degebat. [107] Festinantes itaque nuntii uenerunt ad prefectum urbis pre-ceperuntque ei ex parte regis ut Merlinus cum matre sua ad regem mitteretur. Prefectus ilico cum causam legationis eorum cognouisset, misit Merlinum et matrem suam ad Uortegirnum ut de eis libitum suum perficeret. Et cum in presentiam illius adducti fuissent, excepit rex diligenter matrem quia eam sciebat nobilibus ortam. Deinde inquirere cepit ab illa ex quo uiro iuuenem conceperat. Cui illa dixit: 'Uiuit anima mea et uiuit anima tua, domine mi rex, quia neminem agnoui qui illum in me generauit. Unum autem scio quod, cum essem inter consocias meas in thalamis nostris, apparebat mihi quidam in specie pulcerrimi iuuenis et sepissime amplectens me strictis brachiis deosculabatur. Et cum aliquantulum mecum moram fecisset, subito euanescebat ita ut nichil ex eo uiderem. Multotiens quoque alloquebatur, dum secreto sederem, nec usquam comparebat. Cunque me in hunc modum frequentasset, coiuit mecum in specie hominis <sep>ius[1] atque grauidam in aluo deseruit. Sciat prudentia tua, domine mi, quod aliter uirum non agnoui qui iuuenem istum genuerit.' Ammirans itaque rex iussit Maugantium ad se uocari ut sibi mani-festaret si id quod dixerat mulier fieri potuisset. Adductus autem Maugantius auditis omnibus ex ordine dixit ad Uortegirnum: 'In libris philosophorum nostrorum et in pluribus historiis repperi multos homines huiusmodi procreationem habuisse. Nam, ut Apulegius de deo Socratis perhibet, inter lunam et terram habitant spiritus quos incubos demones appellamus. Hii partim habent naturam hominum, partim uero angelorum, et cum uolunt assumunt sibi humanas figuras et cum mulieribus coeunt. [49r] Forsitan unus ex eis huic mulieri apparuit et iuuenem istum in ipsa generauit.' [108] Cumque omnia a<u>scultasset[2] Merlinus, accessit ad regem et dixit: 'Ut quid ego et mater mea in presentia tua adducti sumus?' Cui Uortegirnus: 'Magi mei dederunt mihi consilium ut hominem sine patre perquirerem ut opus meum sanguine ipsius irroraretur et staret.' Tunc ait Merlinus: 'Iube magos tuos uenire coram me et conuincam illos mendatium

---

[1] *ipsius* MS.   2 *abscultasset* MS.

72

adinuenisse.' Ammirans continuo rex super uerbis illius iussit uenire magos et coram Merlino sedere. Quibus ait Merlinus: 'Nescientes quid fundamentum incepte turris impediat laudauistis ut sanguis meus diffunderetur in cementum et quasi ilico opus constaret. Sed dicite michi quid sub fundamento latet. Nam aliquod sub illo est quod ipsum stare non permittit.' Expauescentes autem magi conticuerunt. Tunc ait Merlinus (qui et Ambrosius dicebatur): 'Domini mi rex, uoca operarios tuos et iube fodere terram et inuenies stagnum sub ea quod turrim stare non permittit.' Quod cum factum fuisset, repertum est stagnum sub terra, quod eam instabilem fecerat. Accessit iterum Ambrosius Merlinus ad magos et ait: 'Dicite michi, mendaces adulatores, quid sub stagno est.' Nec unum uerbum respondentes obmutuerunt. 'Precipe stagnum hauriri per riuulos et uidebis in fundo duos concauos lapides et in illis duos dracones dormientes.' Credidit rex uerbis eius quia uerum dixerat de stagno et iussit illum hauriri et Merlinum super omnia ammirabatur. Ammirabantur etiam cuncti qui astabant tantam in eo sapientiam existimantes numen esse in illo.

[109] Nondum autem ad hunc locum historie perueneram, cum de Merlino diuulgato rumore compellebant undique contemporanei mei prophetias ipsius edere: maxime autem Alexander Linco<l>niensis[1] episcopus, uir summe religionis et prudentie. Non erat in clero siue in populo cui tot nobiles famularentur quos mansu<e>ta[2] pietas ipsius et benigna largitas in obsequium suum alliciebat. Cui cum satisfacere preelegissem, prophetias transtuli et eidem cum huiusmodi litteris direxi.

[110] Coegit me, Alexander Lincolinensis presul, nobilitatis tue dilectio prophetias Merlini de Britannico in Latinum transferre antequam historiam parassem quam de gestis regum Britannicorum inceperam. Proposueram enim <illam>[3] prius perficere istudque opus subsequenter explicare ne, dum uterque labor incumberet, sensus meus ad singula minor fieret. Attamen quoniam securus eram uenie quam discretio subtilis ingenii tui donaret, agrest<e>m[4] calamum meum labiis apposui et plebeia modulatione ignotum tibi interpretatus sum sermonem. Admodum autem ammiror quia id pauperi stilo dignatus eras committere, cum tot doctiores, tot ditiores uirga potestatis tue coerceat qui sullimioris carminis delectamento aures minerue tue mulcerent. Et ut omnes philosophos totius Britannie insule preteream,

---

[1] *Linconiensis* MS.   [2] *mansuata* MS.   [3] om. MS.   [4] *agrestum* MS.

tu solus es (quem non erubesco fateri) qui pre cunctis audaci lira caneres nisi te culmen honoris ad cetera negotia uocaret. Quoniam ergo placuit ut Gaufridus Monemutensis fistulam suam in hoc uaticinio sonaret, modulationibus suis fauere non diffugias [49v] et, siquid inordinate siue uiciose protulerit, ferula camenarum tuarum in rectum auertas concentum.

[111] Sedente itaque Uortegirno rege Britonum super ripam exhausti stagni egressi sunt duo dracones quorum unus erat albus et alius rubeus. Cumque alter alteri appropinquasset, commiserunt diram pugnam et ignem anhelitu procraeabant. Preualebat autem albus draco rubeumque usque ad extremitatem lacus fugabat. At ille cum se expulsum doluisset, impetum fecit in album ipsumque retro ire coegit. Ipsis ergo in hunc modum pugnantibus precepit rex Ambrosio Merlino dicere quid prelium draconum portendebat. Mox ille in fletum prorumpens spiritum hausit prophetie et ait:

[112] (1) 'Ue rubeo draconi: nam exterminatio eius festinat. Cauernas ipsius occupabit albus draco qui Saxones quos inuitasti significat. Rubeus uero gentem disignat Britannie que ab albo opprimetur. Montes itaque eius ut ualles equabuntur et flumina uallium sanguine manabunt. Cultus religionis delebitur et ruina ecclesiarum <patebit>[1].

(2) Preualebit tandem oppressa et seuicie exterorum resistet. Aper etenim Cornubie succursum prestabit et colla eorum sub pedibus conculcabit. Insule occeani potestati ipsius subdentur et Gallicanos saltus possidebit. Tremebit Romulea domus seuitiam ipsius et exitus eius dubius erit. In ore populorum celebrabitur et actus eius cibus erit narrantibus.

(3) Sex posteri eius sequentur sceptrum set post ipsos exurget Germanicus uermis. Sullimabit illum equoreus lupus qu<e>m[2] Affricana nemora comitabuntur. Delebitur iterum religio et transmutatio primarum sedium fiet. Dignitas Londonie adornabit Doroberniam et pastor Eboracensis septimus in Armorico regno frequentabitur. Meneuia pallio Urbis Legionum induetur et predicator Hibernie propter infantem in utero crescentem obmutescet. Pluet sanguineus ymber et dira fames mortales afficiet.

---

[1] *patebitur* MS.   [2] *quam* MS.

(4) His superuenientibus dolebit rubeus sed emenso labore uigebit. Tunc infortunium albi festinabit et edificia ortulorum eius diruentur. Septem sceptrigeri perimentur et unus eorum sanctificabitur. Uentres matrum secabuntur et infantes abortiui erunt. Erit ingens supplicium hominum ut indigene restituantur. Qui faciet hec eneum uirum induet et per multa tempora super eneum equum portas Londonie seruabit.

(5) Exin in proprios mores reuertetur rubeus draco et in seipsum seuire laborabit. Superueniet itaque ultio tonantis quia omnis ager colonos decipiet. Arripiet mortalitas populum cunctasque nationes euacuabit. Residui natale solum deserent et exteras culturas seminabunt. Rex benedictus parabit nauigium et in aula duodecimi inter beatos annumerabitur. Erit miseranda regni desolatio et aree messium infructuosos saltus redibunt.

(6) Exurget iterum albus draco et filiam Germanie inuitabit. Replebuntur ortuli nostri alieno semine iterum et in extremitate stagni languebit rubeus.

(7) Exin coronabitur Germanicus uermis et eneus princeps humabitur. Terminus illi positus est quem transuolare nequibit: [50r] **[113]** centum nanque quinquaginta annis in inquietudine et subiectione manebit, trecentum uero insidebit.

(8) Tunc exurget in illum aquilo et flores quos zephirus procreauit eripiet. Erit deauratio in templis nec acumen gladiorum cessabit. Uix obtinebit cauernas suas Germanicus draco quia ultio proditionis eius superueniet.

(9) Uigebit tamen paulisper set decimatio Neustrie nocebit. Populus namque in ligno et ferreis tunicis superueniet qui uindictam de nequitia ipsius sumet. Restaurabit pristinis incolis mansiones et ruina alienigaenarum patebit. Germen albi draconis ex ortulis nostris abradetur et reliquie generationis eius decimabuntur. Iugum perpetue seruitutis ferent matremque suam ligonibus et aratris uulnerabunt.

(10) Succedent duo dracones quorum alter inuidie spiculo suffocabitur, alter uero sub umbra nominis redibit.

(11) Succedet leo iusticie ad cuius rugitum Gallicane turres et insulani dracones tremebunt. In diebus eius aurum ex lilio et urtica ex-

torquebitur et argentum ex ungulis mugientium manabit. Calamistrati uaria uellera uestibunt et exterior habitus interiora signabit. Pedes latrantum truncabuntur. Pacem habebunt fere, humanitas supplicium dolebit. Findetur forma commercii, dimidium rotundum erit. Peribit miluorum rapacitas et dentes luporum hebetabuntur.

(12) Catuli leonis in equoreos pisces transformabuntur et aquila eius super montem Arauium nidificabit. Uenedotia rubebit materno sanguine et domus Corrinei sex fratres interficiet. Nocturnis lacrimis madebit insula unde omnes ad omnia prouocabuntur.

[114] (13) Nitentur posteri transuolare superna sed fauor nouorum sullimabitur. Nocebit[1] possidenti ex impiis pietas donec sese genitore induerit. Apri igitur dentibus accinctus cacumina montium et umbram galeati transcendet.

(14) Indignabitur Albania et conuocatis coll<a>teralibus[2] sanguinem effundere uacabit. Dabitur maxillis eius frenum quod in Armorico sinu fabricabitur. Deaurabitur illud aquila rupti federis et tertia nidificatione gaudebit.

(15) Euigilabunt rugientis catuli et postpositis nemoribus infra menia c<i>uitatum[3] uenabuntur. Stragem non minimam ex obstantibus facient et linguas taurorum abscident. Colla rugientium onerabunt catenis et auita tempora renouabunt.

(16) Exin de primo in quartum, de quarto in tertium, de tertio in secundum rotabitur pollex in oleo.

(17) Sextus Hibernie menia subuertet et nemora in planitiem mutabit. Diuersas portiones in unum reducet et capite leonis coronabitur. Principium eius uago affectui succumbet set finis ipsius ad superos conuolabit. Renouabit namque beatorum sedes per patrias et pastores in congruis locis locabit. Duas urbes duobus palliis induet et uirg<i>nea[4] munera uirginibus donabit. Promerebitur inde fauorem tonantis et inter beatos collocabitur.

---

[1] corrected from *Noscebit* in MS.   [2] *colleteralibus* MS.   [3] *cuitatum* MS.   [4] *uirgenea* MS.

[115] (18) Egredietur ex eo lux penetrans omnia que ruine proprie gentis imminebit. Per illam enim utramque insulam amittet Neustria et pristina dignitate spoliabitur.

(19) Deinde reuertentur ciues in <insulam>:[1] nam discidium alienigenarum orietur. Niueus quoque senex in niueo equo fluuium Peironis diuertet et cum candida uirga molendinum super ipsum metabitur.

(20) [50v] Cadualadrus uocabit Conanum et Albaniam in societate accipiet. Tunc erit strages alienigenarum, tunc flumina sanguine manabunt. Tunc erumpent Armorici montes et diademate Bruti coronabitur. Replebitur Kambria letitia et robora Cornubie uirescent. Nomine Bruti uocabitur insula et nuncupatio extraneorum peribit.

(21) Ex Conano procedet aper bellicosus qui infra Gallica nemora acumen dentium suorum exercebit. Truncabit nanque queque maiora robora, minoribus uero tutelam prestabit. Tremebunt illum Arabes et Affricani: nam impetus cursus sui in ulteriorem Hispaniam protendet.

(22) Succedet hircus uenerii castri aurea habens cornua et argenteam barbam qui ex naribus suis tantam efflabit nebulam quanta tota superficies insule obumbrabitur.

(23) Pax erit in tempore suo et ubertate glebe multiplicabuntur segetes. Mulieres incessu serpentes fient et omnis gressus earum superbia replebitur. Renouabuntur castra ueneris nec cessabunt sagitte cupidinis uulnerare. Fons Amne uertetur in sanguinem et duo reges duellum propter leenam de Uado Baculi committent. Omnis humus luxuriabit et humanitas fornicari non desinet.

(24) Omnia hec tria secula uidebunt donec sepulti reges in urbe Londoniarum propalabuntur.

(25) Redibit iterum famaes, redibit mortalitas; et desolationem urbium dolebunt ciues.

(26) Superueniet aper commertii qui dispersos greges ad amissam pascuam reuocabit. Pectus eius cibus erit egentibus et lingua eius

---

[1] *insu-sulam* MS.

77

sedabit sitientes. Ex ore ipsius procedent flumina que arentes hominum fauces rigabunt.

(27) Et infra turrim Londoniarum procreabitur arbor que tribus solummodo ramis contenta superficiem totius insule latitudine foliorum obumbrabit. Huic aduersarius boreas superueniet atque iniquo flatu suo tertium illi ramum eripiet.

(28) Duo uero residui locum extirpati occupabunt donec alter alterum foliorum multitudine adnichilabit. Deinde uero locum duorum obtinebit ipse et uolucres exterarum regionum sustentabit. Patriis uolatilibus nociuus habebitur: nam timore umbre eius liberos uolatus amittent.

(29) Succedet asinus nequitie in fabricatores auri uelox, sed in luporum rapacitatem piger.

[116] (30) In diebus illis ardebunt quercus per nemora et in ramis tiliarum nascentur glandes. Sabrinum mare per .vii. hostia discurret et fluuius Osce per .vii. menses feruebit. Pisces illius calore morientur et ex eis procreabuntur serpentes. Frigebunt Badonis balnea et salubres aque eorum mortem generabunt. Londonia necem .xx.[1] milium lugebit et Tamensis in sanguine mutabitur. Cucullati ad nuptias pro-uocabuntur et clamor eorum in montibus Alpium audietur.

(31) Tres fontes in urbe Guintonia erumpent quorum riuuli insulam in tres portiones secabunt. Qui bibet de uno diuturniori uita fruetur nec superuenienti languore grauabitur. Qui bibet de altero indeficienti fame peribit et in facie ipsius pallor et horror sedebit. Qui bibet de tertio subita morte periclitabitur nec [51r] corpus ipsius subire poterit sepulch<r>um.[2] Tantam ingluuiem uitare uolentes diuersis tegumentis eam occultare nitentur. Quecunque ergo moles superposita fuerit formam alterius corporis accipiet. Terra nanque in lapides, lapides in limpham, lignum in cineres, cinis in aquam, si superiecta fuerint, uertentur.

(32) Ad hec ex urbe canuti nemoris eliminabitur puella ut medele curam adhibeat. Que ut omnes artes inierit, solo anhelitu suo fontes nociuos siccabit.

---

[1] .xx. necem .xx. MS.   [2] sepulchum MS.

(33) Exin ut sese salubri liquore refecerit, gestabit in dextera sua nemus Colidonis, in sinistra uero murorum Londonie propugnacula. Quacumque incedet passus sulphureos faciet qui duplici flamma fumabunt. Fumus ille Rutenos excitabit et cybum submarinis conficiet. Lacrimis miserandis manabit ipsa et clamore horrido replebit insulam.

(34) Interficiet eam ceruus .x. ramorum quorum .iiii. aurea diademata gestabunt. Sex uero residui in cornua bubalorum uertentur que nefando sonitu tres insulas Britannie commouebunt.

(35) Excitabitur Daneum nemus et in humanam uocem erumpens clamabit: "Accede, Kambria, et iunge lateri tuo Cornubiam et dic Wintonie: 'Absorbebit te tellus. Transfer sedem pastoris ubi naues aplicant et cetera membra caput sequantur. Festinat namque dies qua ciues ob scelera periurii peribunt. Candor lanarum nocuit atque tincture ipsarum diuersitas. Ue periure genti quia u<rb>s[1] inclita propter eam ruet'."

(36) Gaudebunt naues augmentatione tanta et unum ex duobus fiet. Reedificiabit eam heritius oneratus pomis ad quorum odorem diuersorum nemorum conuolabunt uolucres. Adiciet palatium ingens et sexcentis turribus uallabit illud.

(37) Inuidebit ergo Londonia et muros suos tripliciter augebit. Circuibit eam undique Tamensis fluuius et rumor operis transcendet Alpes. O<c>cultabit[2] infra illam heritius poma sua et subterraneas uias machinabitur.

(38) In tempore illo loquentur lapides et mare quo ad Galliam nauigatur infra breue spatium contrahetur. In utraque ripa audietur homo ab homine et solidum insule dilatabitur. Reuelabuntur occulta submarinorum et Gallia pre timore tremebit.

(39) Post hec ex Calaterio nemore procedet ardea que insulam per biennium circumuolabit. Nocturno clamore conuocabit uolatilia et omne genus uolucrum assotiabit sibi. In culturas mortalium irruent et omnia genera messium deuorabunt.

---

[1] *ubrs* MS.   [2] *Olcultabit* MS.

(40) Sequetur fames populum atque dira mortalitas famem. At cum tanta calamitas cessauerit, adibit detestabilis ales uallem Galabes atque eam in excelsum montem leuabit. In cacumine quoque ipsius plantabit quercum atque infra ramos nidificabit.

(41) Tria oua procreabuntur in nido ex quibus wlpes et lupus et ursus egredientur. Deuorabit wlpes matrem et asininum caput gestabit. Monstro igitur assumpto terrebit fratres suos ipsosque in Neustriam fugabit.

(42) At ipsi excitabunt aprum dentosum in illa et nauigio reuecti cum wlpe congredientur. Que cum certamen inierit, finget se defunctam et aprum in <pietatem>[1] mouebit. Mox adibit ipse cadauer et dum superstabit anhela[51v]bit in oculos eius et faciem. At ipsa non oblita preteriti doli mordebit sinistrum pedem ipsius totumque ex corpore euellet. Saltu quoque facto eripiet ei dextram aurem et caudam et infra cauernas montium delitebit.

(43) Aper ergo illusus requiret lupum et ursum ut ei amissa menbra restituant. Qui ut causam inierint, promittent ei duos pedes et aures et caudam et ex eis porcina menbra component. Adquiescet ipse promissamque restaurationem expectabit.

(44) Interim descendet uulpis de montibus et sese in lupum mutabit. Et quasi colloquium habitura cum apro adibit illum callide et ipsum totum deuorabit. Exin transuertet sese in aprum et quasi sine menbris expectabit germanos. Sed et ipsos postquam aduenerint subito dente interficiet atque capite leonis coronabitur.

(45) In diebus eius nascetur serpens qui neci mortalium imminebit. Longitudine sua circuibit Londoniam et quosque pretereuntes deuorabit.

(46) Bos montanus caput lupi assumet dentesque suos in fabrica Sabrine dealbabit. Associabit sibi greges Albanorum et Kambrie que Tamensem siccab<un>t.[2]

(47) Uocabit asinus hyrcum proli<x>e[3] barbe et formam ipsius mutabit. Indigabitur igitur montanus uocatoque lupo cornu taurus in

---

[1] *impietatem* MS.   [2] *siccabit* MS.   [3] *prolire* MS.

ipsos figet. Ut autem seuitie indulserit, deuorabit carnes eorum et ossa sed in cacumine Uriani cremabitur.

(48) Fauille rogi mutabuntur in cignos qui in sicco quasi in flumine natabunt. Deuorabunt pisces in piscibus et homines in hominibus deglutient. Superueniente uero senectute efficientur submarini duces atque submarinas insidias machinabuntur. Summergent naualia et argentum non minimum congregabunt.

(49) Fluctuabit iterum Tamensis conuocatisque fluminibus ultra metas aluei procedet. Urbes uicinas occupabit oppositosque montes subuertet.

(50) Adhibebit sibi fortes Galahes dolo et nequitia repletos. Orientur ex eo sediciones prouocantes Uenedotos ad prelia. Conuenient nemorum robora et cum saxis Gewisseorum congredientur. Aduolabit coruus cum miluis et corpora peremptorum deuorabit.

(51) Super muros Claudiocestrie nidificabit bubo et in nido suo procreabitur asinus. Aedificabit illum serpens Maluernie et in plures dolos commouebit. Sumpto diademate transcendet excelsa et horrido rechanatu populum patrie terrebit.

(52) In diebus eius titubabunt montes Pacau et prouintie nemoribus suis spoliabuntur. Superueniet namque uermis ignei anhelitus qui emisso uapore comburet arbores.

(53) Egredientur ex eo .vii. leones capitibus hyrcorum turpati. Fetore narium mu<l>ieres[1] corrumpent et proprias communes facient. Nesciet pater filium proprium quia more pecudum lasciuient.

(54) Superueniet uero gigas nequitiae qui oculorum acumine terrebit uniuersos. Exurget in illum draco Wigornie et eum exterminare conabitur. Facto autem congressu superabitur draco et nequitia uictoris opprimetur. Ascendet namque draconem et exuta ue[52r]ste insidebit nudus. Feret illum ad sublimia draco erectaque cauda uerberabit nudatum. Resumpto iterum uigore gigas fauces illius cum gladio confringet. Implicabitur tandem sub cauda sua draco et uenenatus interibit.

[1] *murieres* MS.

(55) Succedet post illum Totonesius aper et dira tyrannid<e>[1] opprimet populum. Eliminabit Claudiocestria leonem qui diuersis preliis inquietabit seuientem. Conculcabit eum sub pedibus suis apertisque faucibus terrebit.

(56) Cum regno tandem litigabit leo et terga nobilium transcendet. Superueniet taurus litigio et leonem dextro pede percutiet. Expellet illum per regni diuersatoria sed cornua sua in muros Exonie confringet.

(57) Uindicabit leonem wlpes Caerdubali et totum dentibus suis consumet.

(58) Circuncinget eam Lindocolinus coluber presentiamque suam draconibus multis horribili sibilo testabitur. Congredientur deinde drachones et alter alterum dilaniabit. Opprimet alatus carentem alis et ungues in genas uenenatas configet. Ad certamen conuenient alii et alius alium interficiet.

(59) Succedet quintus interfectis; residuos diuersis machinationibus confringet. Transcendet dorsum tertius cum gladio et caput a corpore separabit. Exuta ueste ascendet alium et dexteram caude leuamque iniciet. Superabit eum nudus cum nichil indutus proficiet. Ceteros tormentabit a dorso et in rotunditatem regni compellet.

(60) Superueniet leo rugiens immani feritate timendus. Ter quinque portiones in unum reducet et solus possidebit populum.

(61) Splendebit gigas colore niueo; ad candidum populum germinabit.

(62) Deliciae principes eneruabunt et subditi in beluas mutabuntur. Orietur in illis leo humano cruore turgidus. Supponetur ei in segete falcifer qui dum laborabit mente opprimetur ab illo.

(63) Sedabit illos Eboracensis auriga expulsoque domino in currum quem ducet ascendet. Abstracto gladio minabitur orienti et rotarum suarum uestigia replebit sanguine. Fiet deinde piscis in equore qui sibilo serpentis reuocatus coibit cum illo.

[1] *tyrannida* MS.

(64) Nascentur inde tres tauri fulgurantes qui consumptis paschuis conuertentur in arbores. Gestabit primus flagellum uipereum et postgenito dorsum suum diuertet. Nitetur ipse flagellum ei eripere sed ab ultimo corripietur. Auertent mutuo a sese facies donec uenenatum cyphum proiecerint.

(65) Succedet ei colonus Albanie cui a dorso imminebit serpens. Uacabit ipse tellurem subuertere ut patrie segetibus candeant. Laborabit serpens uenenum diffundere ne herbe in messes proueniant. Letali clade deficiet populus et menia urbium desolabuntur.

(66) Dabitur in remedium Urbs Claudii que alumpnam flagellantis interponet. Stateram namque medicine gestabit et in breui renouabitur insula.

(67) Deinde duo subsequentur sceptrum quibus cornutus draco ministrabit. Adueniet alter <in>[1] ferro et uolantem equitabit serpentem. Nudato corpore insidebit dorso et dexteram caude iniciet. Clamore ipsius excitabuntur maria et timorem secundo incutient.

(68) Secundus itaque so[52v]ciabitur leoni sed exorta lite congressum facient. Mutuis cladibus succumbent mutuo sed feritas belue preualebit.

(69) Superueniet quidam in tymphano et cythara et demulcebit leonis seuitiam. Pacificabuntur ergo nationes regni et leonem et stateram prouocabunt. Locata sede ad pensas studebit sed palmas in Albaniam extendet. Tristabuntur ergo aquilonares prouintie et ostia templorum reserabunt.

(70) Signifer lupus conducet turmas et Cornubiam cauda sua circumcinget. Resistet ei miles in curru qui populum illum in aprum mutabit. Uastabit igitur aper prouincias sed in profundo Sabrine occultabit caput.

(71) Amplexabitur homo leonem in uino et <fulgor>[2] auri oculos intuentium excecabit. Candebit argentum in circuitu et diuersa torcularia uexabit. [117] Imposito uino inebriabuntur mortales postpositoque caelo in terram respicient.

[1] om. MS.   [2] *fulguror* MS.

(72) Ab eis uultus auertent sidera et solitum cursum confundent. Arebunt segetes his indignantibus et humor conuexi negabitur. Radices et rami uices mutabunt nouitasque rei erit in miraculum.

(73) Splendor solis electro Mercurii languebit et erit horror inspicientibus. Mutabit clipeum Stilbon Archadie, uocabit Uenerem galea Martis. Galea Martis umbram conficiet, transsibit terminos furor Mercurii. Nudabit ensem Orion ferreus, uexabit nubes <Phebus>[1] equoreus. Exibit Iupiter licitas semitas et Uenus deseret statutas lineas. Saturni syderis liuido corruet et falce recurua mortales perimet. Bissenus numerus domorum syderum deflebit hospites ita trans-currere. Omittent Gemini complexus solitos et Urnam in fontes prouocabunt. Pensa Libre oblique pendebunt donec Aries recurua cornua sua supponat. Cauda scorpionis procreabit fulgura et Cancer cum sole litigabit. Ascendet Uirgo dorsum Sagittarii et flores uirgineos obfuscabit. Currus lune turbabit zodiacum et in fletum prorumpent Pliades. Officio iam nulla redibunt sed clausa ianua in crepidinibus Adrianne delitebit.

(74) In ictu radii exurgent equora et puluis ueterum renouabitur. Confligent uenti diro sufflamine et sonitum inter sydera conficient.'

[118] Cum igitur hec et alia prophetasset Merlinus, ambiguitate uerborum suorum astantes in admirationem commouit. Uortegrinus uero pre ceteris admirans et sensum iuuenis et uaticinia collaudat. Neminem enim presens etas produxerat qui ora sua in hunc modum coram ipso soluisset. Scire igitur uolens exitum uite sue rogauit iuuenem sibi indicare quod sciebat. Ad hec Merlinus: 'Ignem filiorum Constantini diffuge, si diffugere ualueris! Iam naues parant, iam Armo<r>icum[2] litus deserunt, iam uela per equora pandunt.[3] Petent Britannicam insulam, inuadent Saxonicam gentem, subiugabunt nefandum populum; sed prius te infra turrim inclusum conburent. Malo tuo patrem eorum prodidisti et Saxones infra insulam inuitasti. Inuitasti ipsos tibi in presidium, sed superuenerunt in [53r] tuum supplitium. Imminent tibi duo funera, nec est promtum quod prius uitabis. Hinc enim regnum tuum deuastant Saxones et leto tuo incumbunt. Hinc autem applicant duo fratres Aurelius et Uther qui mortem patris sui in te uindicare nitentur. Quere tibi diffugium si

---

[1] om. MS. [2] *Armonicum* MS. [3] the end of the sentence forms the last half of a hexameter: *iam uela per equora pandunt.*

84

poteris; cras Totonesium litus tenebunt. Rubebunt sanguine Saxonum facies et interfecto Hengisto Aurelius Ambrosius coronabitur. Pacificabit nationes, restaurabit ecclesias, sed ueneno deficiet. Succedet ei germanus suus Utherpendragon cuius <dies>[1] anticipab<un>tur[2] ueneno. Aderunt tante proditioni posteri tui, quos aper Cornubie deuorabit.' [119] Nec mora cum crastina dies illuxit, applicuit Aurelius Ambrosius.

Rumore itaque aduentus ipsius diuulgato conuenerunt undique Britones qui in tanta clade dispersi fuerant et societate conciuium suorum roborati hylariores solito efficiuntur. Conuocato autem clero inunxerunt Aurelium in regem et sese sibi more suo submiserunt. Cumque impetum in Saxones fieri cohortarentur, dissuasit rex; nam prius Uortegrinum persequi affectauerat. Adeo enim propter proditionem patri illatam doluerat quod nil agere uideretur nisi prius ipsum uindicaret. Affectum itaque suum exequi desiderans conuertit exercitum suum in Kambriam oppidumque Genoreu petiuit. Diffugerat enim eo Uortegrinus ut tutum refugium haberet. Erat autem oppidum illud in natione Hergign super fluuium Guaie, in monte qui Cloartius nuncupatur. Ut igitur ad illud peruenit Ambrosius, proditionis patri et fratri illate reminiscens Eldol ducem Claudiocestriae affatur: 'Respice, dux nobilis, huius loci urbes et menia utrum poterint Uortegirnum protegere quin gladii mei ipse mucronem infra uiscera ipsius recondam. Promeruit enim necem. Nec tibi ignotum esse existimo ipsum eam promeruisse. O hominem omnium sceleratissimum, o ineffabilibus tormentis perdendum! Primo prodidit patrem meum Constantinum qui ipsum et patriam a Pictorum irruptione liberauerat; deinde Constantem fratrem meum quem ut proderet in regem promouit; denique cum ipsemet uersutia sua insignitus fuisset, intromisit cum conciuibus paganos ut ipsos qui fidelitati mee adherebant exterminaret. Sed permittente Deo in laqueum quem fidelibus suis parauerat incautus cecidit. Nam ut nequitiam eius compererunt Saxones, eiecerunt illum ex regno: quod neminem pigere debebat. Illud uero dolendum censeo quod nefandus populus quem nefandus ille inuitauit nobiles ciues exterminauit, fertilem patriam deuastauit, sacras ecclesias destruxit, et christianitatem fere a mari usque ad mare deleuit. Nunc igitur, ciues, uiriliter agere et uindicate uos in ipsum prius per quem hec omnia accesserunt. Deinde uertamus arma in hostes imminentes et patriam ab eorum ingluuie

---

[1] om. MS.   [2] *anticipabitur* MS.

liberemus.' Nec mora diuersis machinationibus incumbunt, menia diruere nituntur. Postremo cum cetera defecissent, <ign>em[1] adhibuerunt. Quod cum alimentum reperisset, non adquieuit adiunctus donec turrim et Uortegrinum exarsit.

[53v] [120] Quod cum Hengisto Saxonibusque suis relatum esset, inuasit eum timor quia probitatem Aurelii timebat. Tanta namque uirtus et audatia uiro inerat quod, dum Galliarum partes frequentaret, non erat alter qui c<um>[2] illo congredi auderet. Nam si congressum fecisset, uel hostem ab equo prosterneret uel hastam in <frusta>[3] confringeret. Preterea largus in dandis, sedulus in diuinis obsequiis, modestus in cunctis et super omnia mendatium uitans, fortis pede, fortior equo, et ad regendum exercitum doctus. Tales probitates ipsius, dum adhuc in Armo<r>ica[4] Britannia moraretur, fama assiduis uolatibus in insulam detulerat. Timuerunt igitur eum Saxones et sese trans Hunbrum receperunt. In partibus illis munierunt ciuitates et oppida; nam patria illa semper refugio eis patuerat. Uicinitas enim Scotie adhibebat tutelam que in omne dampnum ciuium imminere consueuerat. Natio namque ad habitandum horribilis euacuata ciuibus tutum receptaculum alienigenis prestauerat. Siquidem Pictis, Scotis, Dacis, Norguegensibus, ceterisque qui ad uastandam insulam applicuerant situ locorum annitente patuerat. Securi igitur affinitatis patrie uersus illam diffugerant ut si opus esset sese infra eam quasi in propria castra recepissent. Cumque id Aurelio indicatum fuisset, audatior effectus spem uictorie recepit. Otius ergo conuocatis ciuibus exercitum suum augmentauit atque uersus aquilonares partes iter arripuit. Et cum nationes preteriret, inspiciens eas desolatas condolebat, maxime autem propter ecclesias usque ad solum destructas. Quibus restaurationem promittebat si triumpho potiretur.

[121] At Hengistus cum aduentum ipsius comperisset, reuocata audatia commilitones suos elegit atque unumquemque animans hortabatur eos uiriliter resistere nec congressum Aurelii abhorrere. Dicebat autem ipsum paucos ex Armoricanis Britonibus habere cum numerus eorum ultra .x. milia non procederet. Insulanos uero Britones pro nichilo reputabat cum tociens eos in preliis deuicisset. Proinde promittebat suis uictoriam et ob ampliorem numerum securitatem. Aderant enim circiter ducenta milia armatorum. Et cum omnes hoc modo in-

---

[1] [. . .]em: supplied letters illegible in MS. because of abrasion or erasure.
[2] con MS.   [3] frustra MS.   [4] Armonica MS.

animasset, iuit obuiam Aurelio in campo qui dicebatur Maubeti quo ipse Aurelius transiturus erat. Affectabat namque et subitum et furtiuum impetum facere Britonesque non premeditatos occupare. Quod tamen non latuit Aurelium. Nec iccirco distulit campum adire sed festinantius ingressus est. Ut igitur hostes prospexit, disposuit turmas suas. Tria milia ex Armoricanis equitibus iussit adesse, ceteros cum insulanis mixtim in acies constituit. Demetas in collibus, Uenedotos in prope sitis nemoribus locauit. Erat autem causa ut, si Saxones ad ea diffugerent, adessent qui obuiarent.

[54r] [122] Interea accessit Eldol dux Claudiocestrie ad regem et ait: 'Sola dies pro omnibus diebus uite mee sufficeret, si congredi cum Hengisto Deus concederet. Nempe succumberet alter nostrum dum gladiis insisteremus. Reminiscor namque diei qua conuenimus quasi pacem habituri. Cumque de concordia ageretur, prodidit omnes qui aderant et cum cultris interfecit preter me solum qui reperto palo euasi. Succubuerunt eadem die .cccclxxx. barones ac consules qui omnes inermes aduenerant. In tanto periculo subuectauit mihi Deus palum quo defensus euasi.' Talia referebat Eldol, sed Aurelius hortatur socios totam spem suam in filium Dei ponere, hostes deinde suos audacter inuadere, pro patria unanimiter pugnare.

[123] At Hengistus econtra turmas suas conponebat, conponendo preliari docebat, docendo singulas perambulabat ut omnibus unam audatiam pugnandi ingereret. Dispositis tandem in utraque parte cuneis congrediuntur acies, mutuos ictus ingeminant, cruorem non minimum diffundunt. Hinc Britones hinc Saxones uulnerati moriuntur. Hortatur Aurelius christianos, monet Hengistus paganos. Et dum talem decertacionem facerent, nitebatur semper Eldol habere aditum congrediendi cum Hengisto; sed non habuit. Nam Hengistus ut uidit suos succumbere, Britones nutu Dei preualere, confestim diffugit petiuitque oppidum Kaerconan quod nunc Cununoeburg appellatur. Insequitur eum Aurelius et quoscumque in itinere repperiebat uel in interitum uel in seruitutem compellebat. Cum ergo uidisset Hengistus quia insequeretur eum Aurelius, noluit introire oppidum sed conuocato in turmas populo iterum preliari disposuit. Quippe sciebat quod oppidum nequaquam Aurelio resisteret et quod omne tutamen suum in gladio et hasta consisteret. Denique cum superuenisset Aurelius, composuit et ipse socios suos in turmas et acerrimam pugnam ingessit. Porro Saxones unanimiter resistunt et inuicem letaliter uulnerantur. Diffunditur sanguis ụtrobique, clamor

morientium uiuos in iram ducebat. Postremo preualuissent Saxones, nisi equestris turma Armoricanorum Britonum superuenisset. Constituerat namque eam Aurelius sicut in primo prelio fecerat. Superueniente ergo illa cesserunt ei Saxones et aliquantulum dilapsi uix iterum sese consociauerunt. Acriores deinde incumbunt Britones et hostes unanimiter infestant. Non cessabat Aurelius socios monere, obuiantes uulnerare, fugientes insequi, atque suos hoc modo consolari. Similiter Eldol nunc hac nunc illac discurrens infestis uulneribus aduersarios suos afficiebat. Quicquid autem ageret, estuabat semper habere copiam congrediendi cum Hengisto.

[124] Dum itaque diuersas irruptiones diuerse turme facerent, conuenerunt forte pariter et mutuos ictus ingeminare ceperunt. O uiros pre ceteris pugnaces! [54v] Qui dum mutuos enses alter in alterum immitterent, prosiliebant ex ictibus ignes acsi tonitrua coruscationes procrearent. Diu dubium fuit cui prestantior uigor inerat: quandoque enim preualebat Eldol et cedebat Hengistus; cedebat Eldol et preualebat Hengistus. Dum in hunc modum decertarent, superuenit Gorlois dux Cornubie cum phalange cui preerat turmas diuersorum infestans. Quem cum aspexisset Eldol, securior effectus cepit Hengistum per nasale cassidis atque totis uiribus utens ipsum infra conciues extraxit. Maximo ergo gaudio fluctuans excelsa uoce dicebat: 'Desiderium meum impleuit Deus! Prosternite, uiri, obstantes ambrones, prosternite! Uobis est in manu uictoria. Uicistis enim deuicto Hengisto.' Inter hec Britones non cessant paganos expugnare, sepius ac sepius inuadere, et cum retro cedebant iterum reuocata audatia resistere. Nec in hunc modum quieuerunt donec potiti sunt uictoria. Diffugierunt itaque Saxones quo impetus quemque ducebat. Alii urbes, alii montana nemorosa, alii naues petebant. At Octa filius Hengisti cum maiori multitudine Eboracum adiuit. Eosa uero cognatus suus urbem innumeris armatis muni\<uit\>.[1]

[125] Ut ita triumphauit, Aurelius cepit Urbem Conani, quam supra memoraueram, et ibidem tribus diebus moratus est. Interea iussit peremptos sepeliri, uulneratos curari, fatigatos requiescere et eosdem diuersis leuaminibus reficere. Post hec conuocatis ducibus decernere precepit quid de Hengisto ageretur. Aderat Eldalus Claudiocestris episcopus, frater Eldol, uir summe prudentie et religionis. Hic cum Hengistum coram rege stantem aspexit, iussit ceteros tacere et in hunc

---

[1] *munierunt* MS.

modum locutus est: 'Etsi omnes istum liberare niterentur, ego eum in
<frusta>[1] conscinderem. Insequerer namque prophetam Samuelem.
Qui, cum Agag <regem>[2] Amalechum in potestatem tenuisset,
conscidit eum in <frusta>[3], dicens: "Sicut fecisti matres sine liberis,
sic faciam hodie matrem tuam sine liberis inter mulieres." Sic igitur
facite de isto qui alter Agag existit.' Accepit itaque Eldol gladium et
duxit eum extra ciuitatem et amputato capite ad tartara direxit. At
Aurelius, ut erat in cunctis rebus modestus, iussit sepeliri eum et
cumulum terre super corpus pagano more apponi.

[126] Deinde duxit Aurelius exercitum suum ad Eboracum ut Octam
filium Hengisti expugnaret. Cumque ciuitatem possideret, dubitauit
Octa resistere et urbem contra tantam multitudinem defendere.
Communicato itaque consilio egressus est cum nobilioribus qui secum
aderant gestans cathenam in manu et sablonem in capite et sese regi
presentauit in hec uerba: 'Uicti sunt dii mei Deumque tuum regnare
non hesito qui tot nobiles ad te uenire hoc modo compellit. Accipe
ergo nos et cathenam istam et, nisi misericordiam adhibu[55r]eris, habe
nos ligatos et ad quodlibet supplicium uoluntarie paratos.' Motus
igitur Aurelius pietate iussit adiudicari quid in eos agendum foret.
Cum autem diuersi diuersa proferrent, surrexit Eldadus episcopus et
sentenciam hoc sermone disseruit: 'Gabaonite uoluntarie uenerunt ad
filios Israel petentes misericordiam et impetrauerunt. Erimus ergo
christiani peiores Iudeis abnegantes misericordiam? Misericordiam
petunt, misericordiam habeant. Ampla est insula Britannie et in
pluribus locis deserta. Federatos itaque illos sinamus saltem deserta
inhabitare et nobis in sempiternum seruiant.' Adquieuit itaque rex
Eldadi sentencie et misericordiam de eis habuit. Exemplo etiam Octe
uenit Eosa ceterique qui diffugerant et misericordiam impetrauerunt.
Dedit ergo eis nationem iuxta Scotiam et fedus cum eis confirmauit.

[127] Triumphatis itaque hostibus conuocauit consules ac principes
regni infra Eboracum; precepit eis restaurare ecclesias quas gens
Saxonum destruxerat. Ipse uero metropolitanam sedem illius urbis
atque ceteros episcopatus prouintie reedificare incepit. Emensis deinde
.xv. diebus cum operarios diuersos in diuersis locis statuisset, adiuit
urbem Londonie cui hostilis irruptio non pepercerat. Condolens igitur
ipsius excidium reuocat undique ciues residuos et eam restituere
aggreditur. Ibidem disponit regnum suum legesque sopitas renouat,

---

[1] *frustra* MS.   [2] om. MS.   [3] *frustra* MS.

amissas auorum possessiones nepotibus distribuit. Que autem in tanta calamitate heredes amiserant, largite sunt commilitonibus suis. Tota intentio ipsius uersabatur circa regni restitucionem, ecclesiarum reformationem, pacis ac legis renouationem, iusticie compositionem. Exinde petiuit Guintoniam ut eam sicut ceteras restitueret. Cumque in restauratione eius que ponenda erant posuisset, monitu Eldadi episcopi iuit ad monasterium prope Kaerradoc, quod nunc Salesberia dicitur, ubi principes ac consules iacebant quos bellator Hengistus occiderat. Erat ibi cenobium .ccc. fratrum in monte Ambrii qui, ut fertur, fundator eiusdem olim extiterat. Ut igitur locum quo defuncti iacebant circumspexit, motus pietate in lacrimas solutus est. Postremo in diuersas meditaciones inductus deliberauit apud se qualiter locum faceret memorabilem. Dignam namque memoria censebat cespitem que tot nobiles pro patria defunctos protegebat.

[128] Conuocatis itaque undique artificibus lignorum et lapidum precepit ingeniis uti nouamque structuram adinuenire que in memoriam tantorum uirorum in euum constaret. Cumque omnes ingeniis suis diff<i>dentes[1] repulsam intulissent, accessit Tremorinus Urbis Legionum archiepiscopus ad regem et ait: 'Si uspiam est qui preceptum aggredi ualuerit, Merlinus uates Uortegirni aggredietur. Quippe [55v] non estimo alterum esse in regno tuo cui sit clarius ingenium siue in futuris dicendis siue in operationibus machinandis. Iube eum uenire atque ingenio suo uti ut opus quod affectas constet. Cumque ita de eo multa interrogasset Aurelius, misit diuersos nuntios per diuersas nationes patrie ut inuentum illum adducerent. Qui peragratis prouintiis in nationem Gewisseorum eum inuenerunt ad fontem Galabes quem fuerat solitus frequentare. Indicato autem quid uellent duxerunt illum ad regem. Excepit illum rex cum gaudio iussitque futura dicere cupiens miranda audire. Cui Merlinus: 'Non sunt reuelanda huiusmodi mysteria nisi cum summa necessitas incubuerit. Nam si ea in derisionem siue uanitatem proferrem, taceret spiritus qui me docet et, cum opus superueniret, taceret.' Denique, cum omnibus repulsam intulisset, noluit infestare eum de futuris sed de operatione premeditata allocutus est. Cui Merlinus: 'Si perpetuo opere sepulturam uirorum decorare uolueris, mitte pro chorea gigantum que est in Killarao monte Hybernie. Est etenim ibi structura lapidum quam nemo huius etatis construeret nisi ingenium artem subuectaret. Grandes sunt lapides nec est aliquis cuius uirtuti cedant.

[1] *diffundentes* MS.

Qui si eo modo quo ibidem positi sunt circa plateam locabuntur, stabunt in eternum.'

[129] Ad uerba ipsius solutus est Aurelius in risum dicens qualiter id fieri posset ut tanti lapides ex tam longinquo regno adueherentur acsi Britannia lapidibus careret qui ad operationem sufficerent. Ad hec Merlinus: 'Ne moueas, rex, uanum risum quia hec absque uanitate profero. Mistici sunt lapides et ad diuersa medicamenta salubres. Gigantes olim asportauerunt eos ex ultimis finibus Affrice et posuerunt in Hibernia dum eam inhabitarent. Erat autem causa ut balnea infra ipsos conficerent, cum infirmitate grauarentur. Lauabant namque lapides et infra balnea diffundebant unde egroti curabantur. Miscebant etiam cum herbarum confectionibus unde uulnerati sanabantur. Non est ibi lapis qui medicamento careat.' Cumque hec audissent Britones, censuerunt pro lapidibus mittere populumque Hibernie prelio infestare si ipsos detinere niterentur. Postremo eligitur Utherpendragon frater regis et .xv. milia armatorum ut huic negotio pareant. Eligitur et ipse Merlinus ut ipsius ingenio et consilio agenda tractentur. Paratis deinde nauibus mare ingrediuntur, prosperis uentis Hiberniam adeunt.

[130] Ea tempestate regnabat in Hybernia Gillomanius, iuuenis mire probitatis. Hic, cum audisset quia in Hibernia applicuissent Britones, collegit exercitum grandem et eis obuiam perrexit. Cumque didi[56r]cisset causam aduentus eorum, astantibus irrisit et ait: 'Non miror si ignaua gens insulam Britonum deuastare potuit cum Britones bruti sint et stulti. Quis etenim huiusmodi stulticiam audiuit? Numquid meliora sunt saxa Hibernie quam Britannie ut regnum nostrum pro ipsis prouocetur? Armate uos, o uiri, et defendite patriam uestram quia dum mihi uita inerit non auferent etiam nobis minimum lapillum choree.' Uther igitur, ut uidit ipsos ad preliandum paratos, festinato agmine in eos irruit. Nec mora preualuerunt Britones Hyberniensibusque laceratis ac interfectis Gillomanium in fugam propulerunt. Potiti autem uictoria exegerunt Killaraum montem lapidumque structuram adepti gauisi sunt et admirati. Circumstantibus itaque cunctis accessit Merlinus et ait: 'Utimini uiribus uestris, iuuenes, ut in deponendo lapides istos sciatis utrum ingenium uirtuti an uirtus ingenio cedat.' Ad imperium igitur eius indulserunt unanimiter multimodis machinationibus et agressi sunt choream deponere. Alii funes, alii restes, alii scalas parauerunt ut quod affectabant perficerent; nec ullatenus perficere ualuerunt. Deficientibus itaque cunctis solutus

est Merlinus in risum suasque machinaciones confecit. Denique, cum queque necessaria apposuisset, leuius quam credi potest lapides deposuit. Depositos autem fecit deferri ad naues et introponi et sic cum gaudio in Britanniam reuerti ceperunt et prosperantibus uentis applicant sepulturasque uirorum cum lapidibus adeunt. Quod cum indicatum fuisset Aurelio, diuersos nuntios per diuersas partes Britannie direxit iussitque clerum ac populum summoneri, summonitos uero in montem Ambrii conuenire ut cum gaudio et honore predictam sepulturam repararent. Ad edictum uero illius uenerunt pontifices et abbates et ex unoquoque ordine qui ei subditi fuerant. Et cum omnes conuenissent, instante die que predestinata fuerat imposuit Aurelius diadema capiti suo festumque penthecostes regaliter celebrauit tribusque sequentibus diebus continue celebrationi uacauit. Interea honores que possessoribus carebant domesticis suis largitur ut eis obsequii sui laborem remuneraret. Euacuate erant due metropolitane sedes, Eboraci uidelicet atque Urbis Legionum, a pastoribus suis; quibus communi populorum consilio consulere uolens, concessi<t>[1] Eboracum Sansoni, illustri uiro summaque religione famoso; Urbem uero Legionum Dubritio quem diuina prouidentia in eodem loco profuturum elegerat. Cumque hec et cetera in regno suo statuisset, precepit Merlino lapides circa sepulturas erigere quos ex Hybernia asportauerat. At ille preceptis eius obediens eodem modo quo in Killarao monte Hybernie positi fuerant erexit illos circa sepulturas ingeniumque uirtuti preualere comprobauit.

[56v] **[131]** Eodem tempore Pacentius filius Uortegrini qui in Germaniam diffugerat commonebat omnem armatum militem illius regni in Aurelium Ambrosium patremque suum uindicare uolebat. Promittebat enim infinitam copiam auri et argenti si auxilio eorum sibi Britanniam subdidisset. Denique cum promissis suis uniuersam iuuentutem corrupisset, parauit maximum nauigium applicuitque in aquilonaribus partibus insule ac eas uastare incepit. Cum id regi nuntiatum fuisset, collegit exercitum suum obuiamque perrexit atque seuientes hostes ad prelium prouocauit. Qui ultro ad prelium uenientes commiserunt pugnam cum ciuibus sed uolente Deo deuicti fuerunt et in fugam compulsi. **[132]** Pacentius ergo in fugam propulsus non ausus est redire in Germaniam sed <retortis>[2] uelis adiuit Gillomanium in Hyberniam et ab illo receptus est. Et cum infortunium suum notificasset, miseratus Gillomanius pactus est ei auxilium conquerens de iniuria

---

[1] *concessi* MS.   [2] *retrorsis* MS.

quam Uther frater Aurelii sibi intulerat dum choream gigantum perquireret. Confirmato tandem inter ipsos federe parauerunt sibi naues et ingressi sunt eas et in Meneuiam urbem applicuerunt. Quo diuulgato Utherpendragon excita arm<at>orum[1] copia iuit in Kambriam ut cum eis pugnaret. Frater etenim suus Aurelius in Guintonia urbe morbo grauatus iacebat nec poterat ipse adire. Cumque Pacentio et Gillomanio Saxonibus<que>[2] qui aderant compertum fuisset, gauisi sunt ualde quia estimabant propter infirmitatem eius regnum leuiter subdendum. Et dum murmuratio inde per populos fieret, accessit unus uocabulo Eapa ad Pacentium et ait: 'Quibus donariis donabis hominem qui Aurelium Ambrosium tibi interficiet?' Cui Pacentius: 'O si quempiam repperirem cui hoc in animo staret, darem ei mille libras argenti familiaritatem<que>[3] meam dum uiuerem. Et si fortuna permiserit ut diademate regni potiar, faciam illum centurionem atque iuramento confirmabo.' Ad hec Eopa: 'Didici linguam Britannicam moresque hominum scio in medicina arte peritus. Si ergo ea que promittis executus fueris mihi, fingam me christianum et Britannum et quasi medicus presentiam regis nactus ei potionem qua obibit conficiam. Et ut cicius aditum repp<er>iam[4], faciam me monachum religiosissimum et omni dogmate eruditum.' Cumque hoc promisisset, pepigit Pascentius fedus cum illo et ea que spoponderat iuramento confirmauit. Rasit ergo Eopa barbam suam capiteque tonso monachalem cepit habitum et uasis medicamentorum suorum oneratus iter uersus <Gu>intoniam[5] arripuit. Urbem postremo ingressus obtulit obsequium suum clientibus regis et gratiam in oculis eorum inuenit. Nichil enim desiderabilius expectabant quam medicum. Exceptus itaque et in presentia regis ductus promisit se redditurum ei sanitatem si potionibus suis frueretur. Nec mora potionem conficere iussus submiscuit uenenum et regi porrexit. Quod cum cepisset Aurelius et hausisset, iussus est confestim a nefando ambrone sub coopertorio suo dilitere atque obdormire ut magis [57r] potio detestanda proficeret. Paruit ilico rex monitis proditoris illius et quasi sanitatem recepturus obdormiuit. Nec mora illabente ueneno per poros corporis et uenas consecuta est mors soporem que nemini parcere sueuit. Interea nefandus proditor ille inter unum et alium elapsus in curia nusquam comparuit. [133] Hec dum Guintonie agerentur, apparuit stella mire magnitudinis et claritudinis uno radio contenta. Ad radium uero erat globus igneus in similitudinem draconis extensus et

---

[1] *armorum* MS.   [2] *Saxonibus* MS.   [3] *familiaritatem* MS.   [4] *reppiam* MS.
[5] *Hintoniam* MS.

ex ore eius procedebant duo radii; quorum unus longitudinem suam ultra Gallicana climata uidebatur extendere, alius uero uersus Hybernicum mare uergens in .vii. minores radios. Ter apparente itaque prefato sydere percussi sunt omnes metu et admiratione qui istud inspiciebant. Uther etiam frater regis hostilem exercitum in Kambria petens non minimo timore percussus quosque sapientes adibat ut quid portenderet stella notificarent. Inter ceteros iussit uocari Merlinum: nam et ipse in exercitu uenerat ut consilio ipsius res preliorum tractarent. Qui ut in presentia ducis astitisset, iussus est significationem syderis enucleare. Mox ille in fletum erumpens reuocato spiritu exclamauit et ait: 'O dampnum irrecuperabile, o orbatum populum Britannie, o nobilissimi regis migrationem! Defunctus est inclitus rex Britonum Aurelius Ambrosius; cuius obitu obibimus omnes nisi Deus auxilium subuectet. Festina ergo, dux nobilissime Uther, festina et conflictum cum hostibus ne differas. Uictoria tibi in manu erit et rex eris tocius Britannie. Te etenim sydus istud significat et igneus draco sub sydere. Radius autem qui uersus Gallicanam plagam porrigitur portendit tibi futurum filium et potentissimum cuius potestas omnia regna que proteget habebit. Alter uero radius significat filiam, cuius filii et nepotes regnum Britannie succedenter habebunt.'

[134] At Uther in dubio tamen extans an uerum protulisset Merlinus, in hostes ut ceperat progreditur. Aduenerat namque prope Meneuiam ita ut iter medietatis diei restaret. Cumque aduentus eius Gillomanio, Pascentio Saxonibusque qui aderant relatus fuisset, egressi sunt ei obuiam ut cum ipso congrederentur. Porro ut sese adinuicem conspexerunt, statuerunt agmina sua in utraque parte comminusque accedentes pugnauerunt. Pugnantes autem interficiuntur hinc et inde milites ut in tali euentu fieri solet. Denique, cum multum diei preterisset, preualuit Uther interfectisque Gillomanio et Pascentio triumpho potitus est. Fugientes itaque barbari festinauerunt ad naues suas sed in fugiendo a persequentibus ciuibus trucidabantur. Cessit prorsus uictoria duci fauente Christo qui post tantum laborem quam citius potuit progressus est Guintoniam; preuenerant namque nuntii qui casum regis indicauerant ipsumque iam ab episcopis patrie sepultum fore prope cenobium Ambrii infra choream gigantum quam uiuens fieri preceperat. Audito etenim ipsius obitu conuenerant in urbe Guintonie pontifices et abbates atque totus [57v] clerus eiusdem prouintie et, ut tantum regem decebat, funus ipsius procurauerunt. Et quia uiuens adhuc preceperat ut in cymiterio quod ipse parauerat

sepeliretur, tulerunt eum ibidem atque cum regiis exequiis humauerunt.

[135] At Uther frater eius conuocato regni clero et populo cepit diadema insule annitentibusque cunctis sublimatus est in regem. Reminiscens autem expositionis quam Merlinus de supradicto sydere fecerat iussit fabricari duos drachones ex auro ad similitudinem drachonis quem ad radium stelle inspexerat. Qui ut mira arte fabricati fuerunt, obtulit unum in ecclesia prime sedis ecclesie Wintonie; alterum uero sibi ad ferendum in prelia retinuit. Ab illo itaque tempore uocatus fuit Uther Pendragon quod Britannica lingua capud drachonis sonamus. Iccirco hanc appellationem receperat quia Merlinus eum per drachonem in regem prophetauerat.

[136] Interea Octa filius Hengisti atque Eosa cognatus suus cum soluti essent a federe quod Aurelio Ambrosio pepigerant, moliti sunt inferre inquietudinem regi atque nationes suas dilatare. Associabant namque Saxones quos Pascentius conduxerat nuntiosque suos propter ceteros in Germaniam dirigebant. Maxima itaque multitudine stipatus aquilonares prouintias inuasit nec seuitie indulgere quieuit donec urbes et promontoria ab Albania usque Eboracum destruxit. Postremo cum urbem obsidere cepisset, superuenit Utherpendragon cum tota fortitudine regni et cum illo preliatus est. Restiterunt fortiter Saxones et irruptiones Britonum tolerantes ipsos in fugam propulerunt. Uictoria autem <potiti>[1] insecuti sunt eos cedentes usque ad montem Damen dum sol diem stare permittebat. Erat autem mons ille arduus: in cacumine coriletum habens, in medio uero saxa prerupta latebris ferarum habilia. Occupauerunt eum Britones totaque nocte infra saxa et corileta commanserunt. At ubi Arctos temonem uertere cepit, precepit Uther consules suos atque principes ad se uocari ut consilio eorum tractaret qualiter in hostes irruptionem facerent. Conuenerunt citius cuncti in presentia regis iussitque dicere quid consiliarentur. Gorloi duci Cornubie prius sententiam suam proferre preceperunt. Erat enim consilii magni atque etatis mature. 'Non est opus,' inquit, 'ambagibus uanis aut sermonibus dum adhuc noctem restare conspicimus. Utendum nobis est audatia et fortitudine si uita et libertate frui diutius uolueris. Magna est paganorum multitudo et pugnandi auida, nos uero rariores existimus. Si autem diem superuenire expectauerimus, non censeo nobis utile ut cum eis congrediamur. Eia

[1] om. MS.

ergo, dum tenebre durant, densatis turmis descendamus ipsosque infra castra sua subito impetu inuadamus. Nam dum nichil hesitauerint nec nos hoc modo uenturos existimauerint, si unanimiter irruentes usi fuerimus audatia, triumpho sine dubio potiemur.' Placuit regi omnibusque sentencia illius monitis[58r]que suis paruerunt. Statuti namque per turmas et armati castra hostium petunt et unanimi affectu in ipsos irruere proponunt. At dum prope incederent, compererunt uigiles aduentum eorum qui soporatos socios sonitu lituorum euigilauerunt. Turbati itaque hostes et stupefacti partim armare sese festinant, partim formidine preoccupati quo impetus ducebat discurrebant. At Britones densatis incedentes turmis otius adeunt castra et inuadunt repertoque aditu nudatis ensibus in hostes concurrunt. Qui ita ex improuiso occupati non utiliter reddiderunt prelium, cum ceteri audatiam cum premeditacione recepissent. Porro Britones acriter irruere intendunt, trucidare conantur, et paganos ad milia interficiunt. Denique capti sunt Octa et Eosa et Saxones penitus dissipati.

[137] Post illam uero uictoriam petiuit urbem Alclud prouintieque illi disposuit pacemque ubique renouauit. Circuiuit etiam omnes Scotorum nationes rebellemque populum a feritate sua deposuit. Tantamque namque iusticiam exercebat per patrias quantam alter antecessorum suorum non fecerat. Tremebant ergo in diebus eius quicumque peruerse agebant, cum sine misericordia plecterentur. Denique pacificatis aquilonaribus prouintiis iuit Londoniam iussitque ibidem Octam et Eosam in carcere seruari. Festo igitur paschali superueniente precepit proceribus regni in eadem urbe conuenire ut sumpto diademate tantum diem cum honore caelebraret. Paruerunt ergo cuncti et diuersi ex diuersis ciuitatibus uenientes instante festiuitate conuenerunt. Celebrauit itaque sollempnitatem rex ut proposuerat et gaudio cum proceribus suis indulsit. Leticiam agebant cuncti quia ipsos leto animo receperat. Aduenerant namque tot nobiles cum coniugibus et filiabus suis leto conuiuio digni. Aderat inter ceteros Gorlois dux Cornubie cum Ingerna coniuge sua, cuius pulchritudo omnes mulieres Britannie superabat. Cumque inter alias inspexisset eam rex, subito incaluit amore illius ita ut postpositis ceteris totam intencionem suam circa eam uerteret. Hec sola erat cui fercula incessanter dirigebat, cui aurea pocula familiaribus internuntiis mittebat. Arridebat ei multociens, iocosa uerba interserebat. Quod cum comperisset maritus, confestim iratus ex curia sine licencia recessit. Non affuit qui eum reuocare quiuisset, cum id solum amittere

timeret quod super omnia diligebat. Iratus itaque Uther precepit
ei redire in curiam suam ut de illata iniuria rectitudinem ab eo
sumeret. Cui cum parere diffugisset Gorlois, admodum indignatus est
iurauitque iureiurando se uastaturum nationem illius nisi ad
satisfactionem festinasset. Nec mora predicta ira inter eos manente
collegit exercitum magnum petiuitque prouintias Cornubie atque
ignem in urbes et oppida accumulauit. At Gorlois non ausus est
congredi cum eo, quia eius minor erat armatorum copia; unde preelegit
munire oppida sua donec auxilium ab Hybernia impetrasset. Et cum
magis pro uxore sua quam pro semetipso anxiaretur, posuit eam in
oppido Tintagol in lit[58v]tore maris quod pro tuciore refugio habebat.
Ipse uero ingressus est ca<s>tellum[1] Dimilioc ne, si infortunium
superuenisset, ambo insimul periclitarentur. Cumque id regi nuntiatum
fuisset, iuit ad oppidum in quo erat Gorlois et obsedit illud omnemque
aditum illius preclusit. Emensa tandem ebdomada reminiscens amoris
Ingerne uocauit Ulfin Ridcaradoch, familiarem sibi commilitonem,
indicauitque in hec uerba quod affectauerat: 'Uror amore Ingerne nec
periculum corporis mei euadere existimo nisi ea potitus fuero. Tu
igitur adhibe consilium quo uoluntatem meam expleam aut aliter
internis anxietatibus interibo.' Ad hec Ulfin: 'Et quis tibi consiliari
ualuerit, cum nulla uis accedere queat qua eam infra oppidum Tintagol
adeamus? Etenim situm est in mari et undique circumclausum ab ipso
nec est alter introitus nisi quem angusta prebeat rupes. Ipsum tres
armati milites prohibere queunt, licet cum toto regno Britannie
astitisses. Attamen si Merlinus uates operam insisteret dare, arbitror te
posse consilio ipsius desiderio tuo potiri.' Credulus itaque rex iussit
uocari Merlinum; nam et ipse in obsidionem uenerat. Uocatus
confestim Merlinus, cum in presentia regis astitisset, iussus est
consilium dare quo rex desiderium suum in Ingerna expleret. Qui
comperta anxietate quam rex patiebatur pro ea commotus est super
tanto amore et ait: 'Ut uoto tuo potiaris utendum est tibi nouis artibus
et tempore tuo inauditis. Scio medicaminibus meis dare figuram
Gorlois ita ut per omnia ipse uidearis. Si itaque parueris, faciam te
prorsus similare eum, Ulfin uero Iordanum de Tintagol, familiarem
suum. Alia autem specie sumpta adero tertius poterisque tuto adire
oppidum ad Ingernam atque aditum habere.' Paruit itaque rex
diligentemque animum adhibuit. Postremo commiss<a>[2] familiaribus
suis obsidione commisit se medicaminibus Merlini et in speciem
Gorlois transmutatus est. Mutatus est etiam Ulfin in Iordanum,

[1] *catellum* MS.   [2] *commissis* MS.

Merlinus in Britahelem ita ut nemini quod fuerant comparerent. Deinde agressi sunt uiam uersus Tintagol et cum crepusculo ad oppidum uenerunt. Indicato otius ianitori quod consul adueniret, aperte sunt ianue et intromissi sunt uiri. Quid enim aliud accessisset, cum prorsus ipse Gorlois reputaretur adesse? Commansit itaque rex ea nocte cum Ingerna et sese desiderata uenere refecit. Deceperat namque eam falsa specie quam assumpserat. Deceperat etiam ficticiis sermonibus quos ornate conponebat. Dicebat enim se egressum esse furtim ab obsesso oppido ut sibi tam dilecte rei atque oppido suo disponeret. Unde ipsa credula nichil quod poscebatur abnegauit. Concepit quoque eadam nocte celeberrimum uirum illum A<r>turum[1] qui postmodum ut celebris foret mira probitate promeruit.

[138] Interea cum compertum esset per obsidionem regem non adesse, exercitus inconsulte agens muros diruere conatur et obsessum comitem ad prelium prouocare. Qui etiam inconsulte faciens egressus est cum commilitonibus suis arbitrans cum parua manu tot armatis se posse resistere. Pugnantes ergo hinc et inde inter primos peremptus est Gorlois et socii sui dissipati. Captum est oppidum quod obsederant et opes intropositae non equa sorte diuise. Nam ut cuique [59r] administrabat fortuna et fortitudo, capaci ungue rapiebat. Peracta tandem huius ausi seuicia uenerunt nuncii ad Igernam qui et necem ducis et obsidionis euentum indicarent. Sed cum regem in specie consulis iuxta eam residere inspexissent, erubescentes admirabantur ipsum quem in obsidione interfectum deseruerant ita incolumem preuenisse. Nesciebant enim que medicamenta Me<r>linus[2] confecerat. Ad tales ergo rumores arridebat rex atque cum his uerbis cometissam amplexabatur: 'Non equidem interfectus sum, sed, ut ipsa uides, uiuo. Doleo tamen oppidi mei destructionem sociorumque meorum cedem. Unde nobis timendum est ne superueniat rex et nos in oppido isto intercipiat. Ibo igitur prius in obuiam et me pacificabo cum ipso ne nobis deterius contingat.' Egressus itaque petiuit exercitum suum et exuta specie Gorlois in Uther Pendragon rediuit. Cumque omnem euentum didicisset, ob cedem Gorlois doluit sed ob Igernam a maritali lege solutam gauisus est. Reuersus itaque ad oppidum Tintagol cepit illud cepitque Igernam et uoto suo potitus est. Commanserunt deinde pariter cum minimo amore ligati progenueruntque filium et filiam. Fuit autem nomen filii Arturus, filie uero Anna. [139] Cumque dies et tempora preterissent, occupauit infirmitas regem eumque multis diebus

---

[1] *Acturum* MS.   [2] *Mellinus* MS.

uexauit. Interim uero custodes carceris quo Octa atque Eosa, quos supermemoraui, tediosam uitam ducebant diffugierunt cum eis in Germaniam terroremque per regnum intulerant. Asserebat nanque rumor ipsos iam commonuisse Germaniam classemque maximam parauisse in exicium insule redituri. Quod et factum est. Redierunt etenim cum maxima classe sociisque innumerabilibus et partes Albanie ingressi ciuitates atque ciues igne accendere afficiunt. Committitur itaque exercitus Britannie Loth de Lodonesia ut hostes longius arceret. Erat autem ille consul Leis, miles strenuissimus, sapientia et etate maturus. Probitate ergo ipsius acclamante dederat ei rex Annam filiam suam regnique sui curam dum infirmitati subiaceret. Hic cum in hostes progressus esset, multociens repulsus est ab eis ita ut sese infra ciuitates reciperet. Sepius uero fugabat eos atque dissipabat et nunc ad nemora, nunc uero ad naues diffugere cogebat. Fuit inter eos dubia preliorum decertatio ita ut nesciretur cui uictoria proueniret. Superbia enim ciuibus nocebat quia dedignabantur preceptis consulis obedire. Unde debiliores existentes nequibant imminentes hostes triumphare.

[140] Uastata itaque pene insula, cum id regi nunciaretur, ultra quam infirmitas expetebat iratus est iussitque cunctos proceres conuenire ut ipsos de superbia et debilitate sua corriperet. Et cum omnes in presentia sua inspexisset, conuicia cum castigantibus uerbis intulit iurauitque quod ipsemet eos in hostes conduceret. Precepit itaque sibi fieri feretrum quo asportaretur, cum gressum alterius modi abnegaret infirmitas. Precepit etiam cunctos paratos esse ut, cum oportunitas accederet, in inimicos progrederentur. Nec mora paratum est feretrum, parati [59v] sunt omnes diesque oportunus[1] instabat. [141] Introposito itaque rege Uerolamium perrexerunt ubi predicti Saxones uniuersum populum affligebant. Cumque nossent Octa et Eosa aduentum Britonum regemque feretro aduectum, indignati sunt cum eo preliari quia in uehiculo aduenerat. Aiebant enim ipsum semimortuum esse nec tantos uiros cum huiusmodi homine pugnare decere. Receperunt itaque sese infra urbem et ualuas quasi nichil timerent deseruerunt apertas. At Uther, cum id sibi relatum fuisset, iussit otius obsidere ciuitatem atque menia undique inuadere. Paruerunt ergo ciues et urbem obsederunt et menia inuaserunt. Stragem autem Saxonibus dantes fere dirutis muris ingressi sunt nisi Saxones ad ultimum resistere incepissent.[2] Scandentes itaque muros omnimodis telis Britones repellebant. Denique cum utrinque decertarent, superuenit nox, que

---

[1] corrected from *importunus* in MS. [2] omission from MS. see Introduction, p. lv.

singulos ab armis ad quietem inuitauit. Quietem desiderabant multi, plures uero consilium quo aduersarios suos perderent. At Saxones cum inspexissent superbiam suam sibi nocuisse, Britones autem fere triumphasse, proposuerunt cum diluculo egredi inimicosque suos ad campestre prelium prouocare. Quod factum est. Nam ut diem protulit Titan, egressi sunt dispositis turmis ut propositum suum exequerentur. Quod uidentes Britones diuiserunt milites suos per turmas atque in obuiam uenientes prius inuadere ceperunt. Resistunt ilico Saxones, inuadunt Britones, et mutuam necem utrobique conficiunt. Postremo cum multum diei preterisset, cessit uictoria regi Britonum interfectisque Octa atque Eosa terga uerterunt Saxones. Cepit inde tanta leticia regem ita ut, cum prius sine iuuamine alterius sese erigere nequiret, leui conamine erectus resedit in feretro acsi subitam sanitatem recepisset. Solutus etiam in risum hilari uoce in hunc sermonem prorumpebat: 'Uocabant ambrones me regem semimortuum quia infirmitate grauatus in feretro iacebam. Sic equidem eram. Malo tamen semimortuus ipsos superare quam sanus et incolumis superari sequenti uita perfuncturus. Prestantius enim est mori cum honore quam cum pudore uiuere.' [142] <Deuicti>[1] autem, ut dictum est, Saxones non iccirco a malicia sua destiterunt sed aquilonares prouintias ingressi populos incessanter infestabant. Quos Uther rex, ut proposuerat, affectabat insequi sed dissua<s>erunt[2] principes quia eum grauior infirmitas post uictoriam occupauerat. Unde audatiores insistentes hostes omnibus modis regnum subdere nituntur; machinantur qualiter regem dolo interficiant. Et cum alter aditus defecisset, statuerunt illum ueneno perdere. Quod factum est. Nam, cum in urbe Uerolamii iaceret, direxerunt in paupere cultu legatos qui statum curie addiscerent. Qui cum totum esse didicis<s>ent,[3] inter cetera compererunt unum, quod nequicie ipsius preelegerunt. Erat nanque prope aulam fons nitidissimae aquae quam solitus erat potare cum ceteros liquores propter infirmitatem abhorreret. Fontem nanque agressi sunt nefandi homines ipsumque undique affecerunt ueneno ita ut manans aqua tota corrumperetur. Ut igitur potauit rex ex ea, festine morti succubuit. Succubuerunt etiam centeni [60r] homines post illum donec comperta fraude cumulum terre superapposuerunt. Cum autem obitus regis diuulgatus fuisset, aduenerunt pontifices cum clero regni tuleruntque corpus eius ad cenobium Ambrii et infra choream gigantum iuxta Aurelium Ambrosium regio more humauerunt.

---

[1] *Defuncti* MS.   [2] *dissuaderunt* MS.   [3] *didiciscent* MS.

[143] Defuncto igitur Utherpendragon conuenerunt ex diuersis prouinciis proceres Britonum in ciuitatem Silcestrie, Dubricio Urbis Legionum archiepiscopo suggerentes ut Arturum filium eius in regem consecraret. Arguebat enim eos necessitas quia audito predicti regis obitu Saxones conciues suos ex Germania inuitauerant et duce Colgrino ipsos exterminare nitebantur. Subiugauerant etiam sibi totam insule partem que a flumine Humbri usque ad Cathanensium mare extenditur. Dubricius ergo calamitatem patrie dolens associatis sibi episcopis Arturum diademate regni insigniuit. Erat autem Arturus .xv. annorum iuuenis, inaudite uirtutis atque largitatis. In quo tantam gratiam innata bonitas prestiterat ut a cunctis fere populis amaretur. Insignibus itaque regiis iniciatus solitum morem seruans largitati indulsit. Confluebat ad eum tanta multitudo militum ut ei quod dispensaret deficeret. Sic cui naturalis inest largitio cum probitate, licet ad tempus indigeat, nullatenus tamen continua paupertas ei nocebit. Arturus ergo, quia in illo probitas largitionem comitabatur, statuit Saxones inquietare ut eorum opibus quae ei famulabatur ditaret familiam. Commonebat etiam id rectitudo, cum totius insule monarchiam debuerat hereditario iure obtinere. Collecta deinde sibi subdita iuuentute Eboracum petiuit. Cumque id Colgrimo compertum esset, collegit Saxones, Scotos, et Pictos uenitque ei obuius cum multitudine maxima iuxta flumen Duglas; ubi facto congressu utrorumque exercitus in maiori parte periclitatus fuit. Uictoria tamen potitus Arturus Colgrimum fugientem insecutus est ingressumque infra Eboracum obsedit. Audita itaque fratris sui fuga Baldulfus cum sex milibus uirorum obsidionem petiuit ut ipsum inclusum liberaret. Erat autem tunc ipse quando frater pugnauerat expectans aduentum Cheldrici ducis iuxta maritima qui eis ex Germania in auxilium uenturus erat. Cumque esset spatio .x. miliariorum ab urbe, statuit nocturnum iter arripere ut furtiuam irruptionem faceret. Quod edoctus Arturus iusserat Cadorem ducem Cornubie cum sexcentis militibus et tribus milibus peditum eadem nocte illi obuiare. Qui uiam qua hostes preteribant nactus inopinum impetum fecit dilaceratisque ac interfectis Saxonibus fugam facere coegit. Qui ultra modum anxiatus quoniam fratri suo auxilium subuectare nequiret deliberauit apud se qualiter colloquio ipsius frueretur. Existimabat enim aditum salutis utrorumque consilio machinari posse si illius presentiam adire quiuisset. Cum igitur alterius modi aditum non haberet, rasit capillos suos et barbam cultumque ioculatoris cum cythara cepit. Deinde infra castra deambulans modulis quos in lira componebat sese cytharistam exhibebat. Cumque nulli suspectus esset, accessit ad menia urbis

101

paulatim ceptam simultatem faciens. Postremo cum ab inclusis compertus esset, tractus est funiculis infra muros et ad fratrem conductus. [60v] Ex tunc uiso germano osculis et amplexibus sese refecit acsi ex morte resuscitatus esset. Denique cum post multimodas deliberationes in desperationem egrediendi incidissent, remeabant iam legati ex Germania qui duce Cheldrico sexcentas naues milite forti oneratas in Albaniam conduxera<n>t.[1] Quo audito dissua<s>erunt[2] consiliarii sui Arturo obsidionem diutius tenere ne si tanta multitudo hostium superuenisset, dubium certamen commisissent. [144] Paruit igitur Arturus domesticorum suorum consilio recepitque sese infra urbem Londoniarum. Ibi conuocato clero et primatibus totius potestatis sue querit consilium quid obtimum quidue saluberrimum contra paganorum irruptionem faceret. Communi tandem assensu illato mittuntur Armoricam nuntii ad regem Hoelum qui ei calamitatem Britannie notificarent. Erat autem Hoelus filius sororis Arturi ex Budocio rege Armoricanorum Britonum generatus. Unde audita inquietatione que auunculo ingerebatur iussit nauigium suum parari. Collectisque .xv. milibus armatorum proximo uentorum flatu in Portu Hamonis applicuit. Excepit illum Arturus quo honore decebat mutuos amplexus sepissime innectens.

[145] Emensis postmodum paucis diebus urbem Kaerluideoit petunt a paganis quos supramemoraui obsessam. Hec autem in Lindiseiensi prouincia inter duo flumina super montem locata alio nomine Lindocolinum nuncupatur. Ut igitur cum omni multitudine sua eo uenerunt, preliat<i sunt>[3] cum Saxonibus inauditam cedem inferentes. Ceciderunt nanque ex illis eadem die sex milia qui partim fluminibus submersi, partim telis percussi uitam amiserunt. Unde ceteri stupefacti relicta obsidione fugam fecerunt. Quos Arturus insequi non cessauit donec in nemore Colidonis uenerunt. Ibi ex fuga undique con-fluentes conati sunt Arturo resistere. Conserto itaque prelio stragem Britonibus faciunt sese uiriliter defendentes. Usi etenim a<r>borum[4] auxilio tela Britonum uitabant. Quod Arturus intuens iussit arbores circa illam partem nemoris incidi et truncos ita in circuitu locari ut egressus eis abnegaretur. Uolebat nanque ipsos inclusos tamdiu obsidere donec fame interirent. Quo facto iussit turmas suas ambire nemus mansitque tribus diebus ibidem. Cum igitur Saxones quo uescerentur indigerent, ne subita fame perirent pecierunt eo pacto

---

[1] *conduxerat* MS. [2] *dissuaderunt* MS. [3] *preliaturi* MS. [4] *amborum* MS.

egressum[1] ut relicto omni auro et argento cum solis nauibus Germaniam redire sinerentur. Promiserunt quoque se daturos ei tributum ex Germania obsidesque inde mansuros. Tunc Arturus quesito consilio petitioni eorum adquieuit. Retinuit nanque ipsorum opes reddendique uectigalis obsides solumque abscessum largitus est. [146] Cumque illi in redeundo domum equora sulcarent, piguit peracte pactionis retortisque uelis ambierunt Britanniam et Totonesium litus adiuerunt. Nacti deinde tellurem patriam usque ad Sabrinum mare depopulant, colonos letiferis uulneribus afficientes. Inde arrepto itinere uersus pagum Bado<n>is[2] urbem obsiderunt. Idque cum regi nunciatum esset, [61r] admirans ultra modum ipsorum facinus iudicium fieri iussit de illorum obsidibus breui hora suspendendis. Pretermissa etiam inquietatione qua Scotos et Pictos opprimere inceperat obsidionem dispergere festinauit: maximis uero angustiis cruciatus quoniam Hoelum nepotem suum grauatum morbo in ciuitatem Aldclud deserebat. Postremo Sumersetentem prouinciam ingressus cominus obsidione in hec uerba locutus est: 'Quoniam impiissimi atque inuisi nominis Saxones fidem mihi dedignati sunt tenere, ego fidem Deo meo conseruans sanguinem conciuium meorum hodie in ipsos uindicare conabor. Armate uos, uiri, armate et proditores istos uiriliter inuadite quos proculdubio auxiliante Deo triumphabimus.'

[147] Hec eo dicente sanctus Dubricius Urbis Legionum archiepiscopus ascenso cuiusdam montis cacumine in hunc modum celsa uoce exclamauit: 'Uiri christiana professione insigniti, maneat in uobis conciuium uestrorum pietas et patrie qui proditione paganorum exterminati uobis sempiternum erunt opprobrium nisi ipsos defendere institeritis. Pugnate pro patria uestra et mortem si superuenerit ultro pro eadem patimini. Ipsa enim uictoria est et anime remedium. Quicunque enim pro confratribus suis mortem inierit uiuam hostiam se prestet Deo Christumque insequi non ambigitur qui pro fratribus suis animam suam dignatus est ponere. Si aliquis igitur uestrum in hoc bello subierit mortem, sit ei mors illa omnium delictorum suorum penitentia et ablutio, dum hoc modo eam recipere non diffugerit.' Nec mora beati uiri benedictione hylarati festinauit quisque armari se et preceptis eius parere. Ipse uero Arturus lorica tanto regi digna indutus auream galeam simulachro draconis insculptam capiti adaptat: humeris quoque suis clipeum uocabulo Priduuen in quo imago sancte Marie

---

[1] corrected from *ingressum* in MS.   [2] *Badouis* MS.

Dei genetricis impicta ipsum in memoriam ipsius sepissime reuocabat. Accintus ergo Caliburno gladio optimo et in insula Auallonis fabricato lancea dextram suam decorat que nomine Ron uocabatur.

Hec erat ardua lataque lancea, cladibus apta.[1]

Deinde dispositis cateruis Saxones suo more in cuneos dispositos audacter inuasit. Ipsi tota die uiriliter resistebant Britones usque prosternentes. Uergente tandem ad occasum sole proximum occupant montem pro castro eum habituri. Multitudine etenim sociorum confisis solus mons sufficere uidebatur. At ut posterus sol diem reduxit, ascendit Arturus cum exercitu suo cacumen sed in ascendendo multos suorum amisit. Saxones nanque ex summitate occurrentes facilius ingerebant uulnera dum ipsos citior cursus in descensu ageret quam eos in ascensu. Britones tamen cacumen maxima ui adepti dextris hostium dextras suas confestim conferunt. Quibus Saxones pectora pretendentes omni nisu resistere nituntur. Cumque diei multum in hunc modum preterisset, indignatus est Arturus ipsis ita successisse nec sibi uictoriam aduenire. Abstracto ergo Caliburno gladio nomen sancte Marie proclamat et sese cito impetu infra densas hostium acies immisit. Quemcumque attingebat Deum [61v] inuocando solo ictu perimebat. Nec requieuit impetum suum facere donec quadringentos septuaginta uiros solo Caliburno gladio peremit. Quod uidentes Britones densatis turmis illum sequntur stragem undique facientes. Ceciderunt ilico Colgrimus et Baldulfus eius frater et multa milia aliorum. At Cheldricus uiso sociorum periculo continuo in fugam cum ceteris uersus est.

[148] Rex igitur potitus uictoria Cadorem ducem Cornubie iussit persequi illos dum ipse Albaniam petere festinaret. Nunciatum illi nanque fuerat Scotos atque Pictos obsedisse Hoelum in urbe Alclud qua ipsum supradixi infirmitate grauatum. Quocirca properabat ei in auxilium ne a barbaris occuparetur. Dux itaque Cornubie decem milibus comitatus fugientes Saxones n<o>ndum[2] insequi uoluit, immo naues eorum festinanter exigere ut ingressum prohiberet. Mox ut ipsis potitus est, muniuit eas militibus optimis qui introitum abnegarent paganis si ad easdem confugerent. Deinde festinat hostes sequi, sectatos sine pietate trucidare preceptum Arturi facturus. Qui

---

[1] these words form an internally rhymed hexameter line: hēc ĕrăt |ārdŭă | lătăquĕ |lāncĕă, |clādĭbŭs |āptă. [2] *nundum* MS.

modo leonina[1] feritate fulminabant nunc timido corde fugientes aliquando montes et cauernas montium petebant ut spatium uiuendi haberent. Postremo cum nichil eis tutamini accessisset, insulam Teneth lacero agmine ingrediuntur. Insequitur eos ibidem dux Cornubie solitam cedem inferens. Nec requieuit donec perempto Cheldrico cunctos deditioni compulit receptis obsidibus.

[149] Pace itaque firmata profectus est Alchud quam Arturus iam a barbarica oppressione liberauerat. Deinde duxit exercitum suum Mureis ubi obsidebantur[2] Scoti et Picti qui tertio contra regem nepotemque suum dimicati ipsos usque ad eandem prouinciam diffugerant. Ingressi autem stagnum Lumonoi occupauerunt insulas que infra erant securum refugium querentes. Hoc autem stagnum quadraginta insulas continens sexaginta flumina recepit nec ex eo nisi unum nec solum ad mare decurrit. In insulis uero sexaginta rupes manifestum est esse totidem aquilarum nidos sustentantes que singulis annis conuenientes prodigium quod in regno uenturum esset celso clamore communiter edito notificabant. Ad has itaque insulas confugerant Picti hostes ut presidio stagni fruerentur: sed parum illis profuit. Nam Arturus collecto nauigio flumina circuiuit ipsosque per .xv. dies obsidendo tanta afflixit fame ut ad milia morerentur. Dumque illos in hunc modum opprimeret, Gillamurius rex Hibernie cum maxima barbarorum copia classe superuenit ut ipsis obsessis auxilium subuectaret. Pretermissa itaque obsidione cepit Arturus arma uertere in Hibernienses quos sine pietate laceratos coegit domum refretare. Potitus ilico uictoria uacauit iterum uastare gentem Scotorum atque Pictorum incommutabili seuicie indulgens. Cumque nulli prout reperiebatur parceret, conuenerunt omnes episcopi miserande patrie cum omni clero sibi subdito reliquias sanctorum et ecclesiastica sacra nudis ferentes pedibus, misericordiam regis pro salute populi sui imploraturi. Mox ut presentiam regis habuerunt, flexis genibus deprecati sunt [62r] ut pietatem supra contrita gente haberet. Satis etenim periculi intulerat nec opus erat perpaucos qui remanserant usque ad unum delere. Sineret illos portiunculam habere patrie perpetue seruitutis iugum ultro gestaturos. Cumque regem in hunc modum rogauissent, commouit eum pietas in lacrimas sanctorumque uirorum petitioni adquiescens ueniam donauit.

---

[1] the variant reading *genuina* is recorded in the margin of the MS.
[2] corrected from *obsedebantur* in MS.

[150] His itaque gestis explorat Hoelus situm predicti stagni admiraturque tot flumina, tot insulas, tot rupes, tot nidos aquilarum eodem numero adesse. Cumque id in mirum contulisset, accessit Arturus dixitque illi aliud stagnum magis esse mirandum in eadem prouincia. Erat quippe haut longe illinc latitudinem habens .xx. pedum eademque mensura longitudinem cum .v. pedum altitudine. In quadrum uero si<u>e¹ hominum arte siue natura constitutum quatuor genera piscium infra .iiii. angulos procreabat nec in aliqua partium pisces alterius partis repperiebantur. Adiecit etiam aliud stagnum in partibus Gualliarum prope Sabrinam esse quod pagenses Linliguuam appellant, quod, cum in ipsum mare fluctuat, recipitur in modum uoraginis, sorbendoque fluctus nullatenus repletur ut riparum marginem operiat. Et dum mare decrescit, eructat adinstar montis absortas aquas quibus demum ripas tegit et aspergit. Interim si gens totius regionis illius facie uersa prope astaret, recepta infra uestes undarum aspergine, uel uix uel nunquam elabi ualeret quin a stagno uoraretur. Tergo autem uerso non est irroratio timenda etiam si in ripis astaret.

[151] Data igitur uenia Scotorum populo petiuit rex Eboracum instantis natalis Domini festum celebraturus. Cumque urbem introisset, uisa sacrarum ecclesiarum desolatione condoluit. Expulso nanque beato Sansone archiepiscopo ceterisque sancte religionis uiris templa semiusta ab officio Dei cessabant. Tanta etenim paganorum insania preualuerat. Exin conuocato clero et populo Piramum capellanum suum metropolitane sedi destinat. Ecclesias usque ad solum destructas renouat atque religiosis cetibus uirorum ac mulierum exornat. Proceres autem inquietatione Saxonum expulsos patriis honoribus restituit.

[152] Erant autem ibi tres fratres regali prosapia orti, Loth uidelicet atque Urianus necnon et Anguselus, qui antequam Saxones preualuissent principatum illarum partium habuerant. Hos igitur ut ceteros paterno iure donare uolens reddidit Anguselo regiam potestatem Scotorum fratremque suum Urianum sceptro Murefensium insigniuit. Loth autem qui tempore Aurelii Ambrosii sororem² ipsius duxerat, ex qua Gwalguanum et Modredum genuerat, ad consulatum Lodonesie ceterarumque conprouinciarum que ei pertinebant reduxit. Denique cum totius patrie statum in pristinam dignitatem reduxisset,

---

¹ *sine* MS. ² corrected from *uxorem* in MS.

duxit uxorem nomine Guenhuuaram ex nobili genere Romanorum editam. Que in thalamo Cadoris ducis educata tocius insule mulieres pulchritudine superabat.

[62v] **[153]** Adueniente deinde sequenti estate parauit classem suam adiuitque Hibernie insulam quam sibi subdere desiderabat. Applicanti autem sibi predictus rex Gillamuri cum innumerabili gente obuius uenit contra illum dimicaturus. Cumque prelium incepisset, confestim gens eius nuda et inermis misere lacerata confugit quo ei locus refugii patebat. Nec mora captus est etiam Gillamuri et deditioni coactus. Unde ceteri principes patrie stupefacti exemplo regis deditionem fecerunt. Subiugatis itaque totius Hibernie partibus classem suam direxit in Islandiam eamque debellato populo subiugauit. Exin diuulgato per ceteras insulas rumore quod nulla prouincia ei resistere poterat, Doldauius rex Godlandie et Gunuasius rex Orcadum ultro uenere promissoque uectigali subiectionem fecerunt. Emensa deinde hyeme reuersus est in Britanniam statumque regni sui in firmam pacem renouans moram .xii. annis ibidem fecit.

[154] Tunc inuitatis probissimis quibusque ex longe positis regnis cepit familiam suam augmentare tantamque facetiam in domo sua habere ita ut emulationem longe manentibus populis ingereret. Unde nobilisssimus quisque incitatus nichili pendebat se nisi sese in induendo siue in arma ferendo ad modum militum Arturi haberet. Denique fama largitatis ac probitatis illius per extremos mundi cardines diuulgata reges transmarinorum regnorum nimius inuadebat timor ne inquietatione eius oppressi nationes sibi subditas amitterent. Mordacibus ergo curis anxiati urbes atque urbium turres renouabant,[1] oppida in congruis locis edificabant ut, si impetus Arturum in illos duceret, refugium si opus esset haberent. Cumque id Arturo notificatum esset, extollens sese quia cunctis timori erat totam Europam sibi subdere affectat. Paratis deinde nauigiis Norguegiam prius adiuit ut illius diademate Loth sororium suum insigniret. Erat autem Loth nepos Sichelmi regis Norguegensium qui ea tempestate defunctus regnum suum eidem destinauerat. At Norguegenses indignati illum recipere erexerant iam quendam Riculfum in regiam potestatem munitisque urbibus Arturo se posse resistere existimabant. Erat tunc Gwalgwanus filius predicti Loth .xii. annorum iuuenis obsequio Sulpicii pape ab auunculo traditus, a quo arma recepit. Ut

---

[1] corrected from *innouabant* in MS.

igitur Arturus, sicut dicere inceperam, in Norguegensi littore applicuit, obuiauit ei rex Riculfus cum uniuerso patrie populo preliumque commisit. Et cum multum cruoris in utraque parte diffusum esset, preualuerunt tandem Britones factoque impetu Riculfum cum multis peremerunt. Uictoria igitur potiti ciuitates accumulata flamma inuaserunt dispersisque pagensibus seuicie indulgere non cessauerunt donec totam Norguesiam necnon et Daciam dominio Arturi summiserunt. [155] Quibus subditis, cum Loth in regem Norguesie promouisset, nauigauit Arturus ad Gallias factisque turmis patriam undique ua[63r]stare incepit. Erat tunc Gallia prouincia Rome, Frolloni tribuno commissa qui eam sub Leone imperatore regebat. Qui cum aduentum Arturi comperisset, collegit omnem armatum militem qui potestati sue parebat et cum Arturo preliatus est; sed minime resistere quiuit. Nam Arturum iuuentus omnium insularum quas subiugauerat comitabatur. Unde tantum perhibebatur habere exercitum quantus erat difficilis ab ullo posse superari. Famulabatur quoque ei melior pars Gallicane milicie quam sua largitate sibi obnoxiam fecerat. Frollo igitur cum sese in deteriorem prelii partem incidere uidisset, relicto confestim campo Parisius cum paucis diffugit. Ibi resociato dilapso populo muniuit urbem iterumque affectauit cum Arturo dimicare. At dum exercitum suum uicinorum auxilio roborare intenderet, uenit ex improuiso Arturus ipsumque infra ciuitatem obsedit. Emenso deinde mense, cum Frollo gentem suam fame perire doluisset, mandauit Arturo ut ipsi soli duellum inissent et cui uictoria proueniret alterius regnum obtineret. Erat enim ipse magne stature et audacie atque fortitudinis quibus ultra modum confisus ista mandauerat ut hoc modo aditum salutis haberet. Quod cum Arturo nunciatum fuisset, placuit ei uehementer affectus Frollonis renunciauitque sese paratum esse[1] predictam conuentionem tenere. Dato igitur in amba parte federe conueniunt in insulam quae erat extra ciuitatem populo expectante quod de eis futurum erat. Ambo erant decenter armati, super equos etiam mire uelocitatis residentes; nec erat promptum dinoscere cui triumphus proueniret. Ut itaque erectis lanceis in aduersis partibus steterunt, confestim subdentes equis calcaria sese maximis ictibus percusserunt. At Arturus gestando cautius lanceam Frollonem in summitate pectoris infixit eiusque telo uitato quantum uigor sinebat illum in terram prostrauit. Euaginato quoque ense festinabat eum ferire, cum Frollo uelocius erectus pretensa lancea occurrit illatoque infra pectus equi Arturi letifero uulnere utrunque

---

[1] the variant reading *fore* is recorded in the margin of the MS.

concidere coegit. Britones ut regem prostratum uiderunt, timentes eum peremptum esse uix potuerunt retineri quin federe rupto in Gallos unanimiter irruerent. At dum metam pacis iam egredi meditarentur, erectus est ocius Arturus pretensoque clipeo imminentem sibi Frollonem cito cursu petiuit. Instantes ergo cominus mutuos ictus ingeminant alter alterius neci insistens. Denique Frollo inuento aditu percussit Arturum in frontem et, nisi collisione cassidis mucronem hebetasset, mortiferum uulnus forsitan induxisset. Manante igitur sanguine cum Arturus loricam et clipeum rubere uidisset, ardentiori ira succensus est atque erecto totis uiribus Caliburno impressit eum per galeam infra caput Frollonis; quod in duas partes dissecuit. Quo uulnere cecidit Frollo tellurem calcaneis pulsans et spiritum in auras emisit. Cumque id per exercitum diuulgatum fuisset, concurrerunt ciues apertisque ualuis ciuitatem Arturo tradiderunt. Qui deinde [63v] uictoria potitus diuisit exercitum suum in duo et unam partem Hoelo commisit precepitque illi ut ad expugnandum Guitardum Pictauensium ducem iret. Ipse uero cum reliqua[1] parte ceteras prouincias sibi rebelles subiugare uacauit. Mox Hoelus in Equitanniam ingressus urbes patrie inuasit Guitardumque pluribus preliis anxiatum deditioni coegit. Guasconiam quoque ferro et flamma depopulans principes eiusdem subiugauit. Emensis interim .ix. annis, cum totius Gallie partes potestati sue summisisset, uenit iterum Arturus Parisius tenuitque ibidem curiam ubi conuocato clero et populo statum regni pace et lege confirmauit. Tunc largitus est Beduero pincerne suo Etrusiam, quae nunc Normannia dicitur, <K>aioque[2] dapifero Audegauensium prouinciam, plures quoque alias prouincias nobilibus uiris qui in obsequio eius fuerant. Deinde pacificatis quibusque ciuitatibus et populis incipiente uere in Britanniam reuersus est.

[156] Cum igitur sollennitas pentecostes aduenire inciperet, post tantum triumphum maxima leticia fluctuans Arturus affectauit ilico curiam tenere regnique diadema capiti suo imponere: reges etiam et duces sibi subditos ad ipsam festiuitatem conuocare ut et illam uenerabiliter celebraret et inter p<r>oceres[3] suos firmissimam pacem renouaret. Indicato autem familiaribus suis quod affectauerat consilium cepit ut in Urbe Legionum suum exequeretur propositum. In Glamorgantia etenim super Oscam fluuium non longe a Sabrino mari ameno situ locata pre ceteris ciuitatibus diuiciarum copiis habundans

---

[1] corrected from *cetera* in MS.   [2] *Raioque* MS.   [3] *poceres* MS.

tante sollennitati apta erat. Ex una nanque <parte>[1] predictum flumen nobile iuxta eam fluebat per quod transmarini reges et principes qui uenturi erant nauigio aduehi poterant. Ex alia uero parte pratis et nemoribus uallata regalibus prepollebat palaciis ita ut aureis tectorum fastigiis Romam imitaretur. Duabus autem eminebat ecclesiis quarum una in honore Iulii martyris erecta uirgineo <Deo>[2] dictatarum choro perpulchre ornabatur. Alia quidem [3]in beati[3] Aaron eiusdem socii nomine fundata canonicorum conuentu subnixa tertiam metropolitanam sedem Britanniae habebat. Preterea ginnasium ducentorum phylosoforum habebat qui astronomia atque ceteris artibus eruditi cursus stellarum diligenter obseruabant et prodigia eorum temporum uentura regi Arturo ueris argumentis predicebant. Tot igitur deliciarum copiis preclara festiuitati edicte disponitur. Missis deinde in diuersa regna legatis inuitantur tam ex Galliis quam ex collateralibus insulis occeani qui ad curiam uenire deberent. Uenerunt ergo Aguselus rex Albanie, que nunc Scocia dicitur; Urianus rex Murefensium; Caduanus rex Uenedotorum, qui nunc Nordgualenses dicuntur; Eddelin rex Demetarum, id est Suthgualensium; Cador rex Cornubie; trium etiam metropolitanarum sedium archipresules, Londoniensis uidelicet atque Eboracensis necnon et ex Urbe Legionum Dubricius. Hic Britannie [64r] primus et apostolice sedis legatus tanta religione clarebat ut quemquam languore grauatum orat<i>onibus[4] suis sanaret. Uenerunt nobilium ciuitatum consules: Moruid consul Claudiocestrie; Mauron Guigornensis; Anaraut Salesberiensis; Arthgal Cargueirensis, que nunc Warewic appellatur; Iugin ex Legecestria; Cursalem ex Kaicestria; Kinmarc dux Dorobernie; Galluc Guintoniensis; Urgennius ex Badone; Ionathal Dorecestrensis; Boso Ridocesis, id est Oxenefordie. Preter predictos consules uenerunt non minoris dignitatis heroes: Donaut Mappapo, Cheneus Mapcoil, Pederur Maheridur, Grifud Mapnogoid, Regin Mapclaud, Eddelein Mapcledauc, Kingar Mapbangan, Kinmarc, Gorbonian Masgoit, Clofaut, Run Mapneton, Kinbelin Maptrunat, Cathleus Mapcatel, Kinlith Mapnthon; plures quoque alii quorum nomina longum est enumerare. Ex collater<al>ibus[5] etiam insulis Gillamuri rex Hibernie; Maluasius rex Hislandie; Doldauius rex Godlandie; Gunuasius rex Orchadum; Loth rex Norguegie; Aschillus rex Dacorum. Ex transmarinis quoque partibus Holdinus dux Rutenorum; Leodegarius consul Bolonie; Beduerus pincerna, dux Normannie; Borrellus

---

[1] om. MS. [2] om. MS. [3] *in honore beati* MS., with *honore* underlined for deletion. [4] *oratonibus* MS. [5] *collateribus* MS.

Cenomanensis; Kaius dapifer, dux Andegauensium; Guitardus Pictauiensis; duodecim quoque pares Galliarum quos Gerinus Karnotensis conducebat; Hoelus etiam dux Armoricanorum Britonum cum proceribus sibi subditis qui tanto apparatu ornamentorum, mularum et equorum incedebant quantum difficile est describere. Preter hos non remansit princeps alicuius precii citra Hispaniam quin ad istum edictum ueniret. Nec mirum: largitas nanque Arturi per totum mundum diuulgata cunctos in amorem ipsius allexerat.

[157] Omnibus igitur in urbe congregatis sollennitate instante archipresules ad palatium ducuntur ut regem diademate regali coronent. Dubricius ergo, quoniam in sua diocesi curia tenebatur, paratus ad celebrandum obsequium huius rei curam suscepit. Rege tandem insignito ¹ad templum¹ metropolitane sedis ordinate conducitur. A dextro enim et a leuo latere duo archipontifices ipsum tenebant. Quatuor autem reges, Albanie uidelicet atque Cornubie, Demetie et Uenedotie, quorum ius id fuerat, quatuor aureos gladios ferentes ante illum preibant. Conuentus quoque multimodorum coronatorum miris modulationibus precinebat². Ex alia autem parte reginam suis insignibus laureatam archypresules atque pontifices ad templum dedicatarum puellarum conducebant. Quatuor quoque predictorum regum regine quatuor albas columbas more preferebant. Mulieres omnes que aderant illam cum maximo gaudio sequebantur. Postremo peracta processione tot organa tot cantus in utrisque fiunt templis ita ut pre nimia dulcedine milites qui aderant nescirent quod templorum prius peterent. Cateruatim ergo nunc ad hoc, nunc ad illud ruebant nec si totus dies celebrationi <adesset>,³ tedium aliquod ipsis generaret. Diuinis tandem obsequiis in utroque celebratis rex et regina diademata sua deponunt assumptisque leuioribus ornamentis [64v] ipse ad suum palacium cum uiris, ipsa ad aliud cum mulieribus epulatum incedunt. Antiquam nanque consuetudinem Troie seruantes Britones consueuerant mares cum maribus, mulieres cum mulieribus festiuos dies separatim celebrare. Collocatis postmodum cunctis <ut dignitas>⁴ singulorum expetebat <K>aius⁵ dapifer herminio ornatus, mille uero nobilibus comitatus qui omnes herminio induti fercula cum ipso ministrabant. Ex alia uero parte Beduerum pincernam uario totidem amicti secuntur qui in cyphis diuersorum generum multimoda pocula cum ipso distribuebant. In palatio quoque regine innumerabiles

¹ *ad sedem templum* MS., with *sedem* underlined for deletion. ² corrected from *precinebant* in MS. ³ om. MS. ⁴ om. MS. ⁵ *Gaius* MS.

ministri diuersis ornamentis induti obsequium suum prestabant morem suum exercentes. Quem si omnino describere pergerem, nimiam prolixitatem historie generarem. Ad tantum etenim statum dignitatis Britannia tunc reducta erat quod co<pi>a[1] diuiciarum, luxu ornamentorum, facecia incolarum cetera regna excellebat. Quicunque uero famosus probitate miles in eadem erat unius coloris uestibus atque armis utebatur. Facete etiam mulieres consimilia indumenta habentes nullius amorem habere dignabantur nisi tertio in milicia probatus esset. Efficiebantur ergo caste et meliores et milites pro amore illarum probiores.

Ut tandem epulis peractis diuersi diuersos ludos composituri campos extra ciuitatem adeunt, mox milites simulachrum prelii sciendo equestrem ludum componunt; mulieres in edito murorum aspicientes in furiales amores flammas ioci more irritant. Alii cum cestibus, alii cum celtibus, alii cum hasta, alii ponderosorum lapidum iactu, alii cum scaccis, alii cum aleis ceterorumque iocorum diuersitate contendentes quod diei restabat postposita lite pretereunt. Quicunque ergo uictoriam ludi sui adeptus erat ab Arturo largis muneribus ditabatur. Consumptis ergo primis in hunc modum tribus diebus instante quarta uocantur cuncti qui ei propter honores obsequium prestabant et singuli singulis possessionibus, ciuitatibus uidelicet atque castellis, archiepiscopatibus, episcopatibus, abbaciis, ceterisque honoribus donantur.

Beatus igitur Dubritius in heremitam uitam anhelans sese ab archiepiscopali sede deposuit. In cuius loco sacratur Dauid auunculus regis cuius uita exemplum totius bonitatis erat his quos doctrina imbuerat. In loco sancti Sansonis D<o>lensis[2] archipresulis destinatur Teliaus illustris presbiter Laudauie annuente Hoelo rege Armoricanorum Britonum cui uita et boni mores uirum commendauerant. Episcopatus quoque Silcestrie Maugannio et Guintonie Duuiano decernitur. Decernitur quoque pontificalis infula Alsclud Eledemio. [158] Dum hec inter eos distribueret, ecce duodecim uiri mature etatis, reuerendi uultus, ramos oliue in signum legationis dextris ferentes moderatis passibus ingrediuntur et salutato rege litteras ei ex parte Lucii Hiberi in hec uerba obtulerunt:

'Lucius rei publice procurator Arturo regi Britannie quod meruit. Admirans uehementer admiror super tue tyrannidis proteruia.

---

[1] *coma* MS. [2] *Dalensis* MS.

Admiror, [65r] inquam, et iniuriam quam Rome intulisti recolligens indignor quod extra te egressus eam cognoscere diffugias: nec animaduertere festines quid sit iniustis actibus senatum offendisse cui totum orbem famulatum debere non ignoras. Etenim tributum Britannie, quod tibi senatus reddere preceperat quia Gaius Iulius ceterique Romane dignitatis uiri illud multis temporibus habuerunt, neglecto tanti ordinis imperio detinere presumpsisti. Eripuisti quoque illi Galliam, eripuisti Allobrogum prouinciam, eripuisti omnes occeani insulas quarum reges dum Romana potestas in illis partibus preualuit uectigal ueteribus meis reddiderunt. Quia ergo de tantis iniuriarum tuarum cumulis senatus rectitudinem petere decreuit, mediantem Augustum proximi anni terminum prefigens Romam uenire tibi iubeo ut dominis tuis satisfaciens sententie quam eorum dictauit iusticia adquiescas. Sin autem ego ipse partes tuas adibo et quicquid uesania tua rei publice eripuit eidem mediantibus gladiis restituere conabor.'

Que ut in presentia regum et consulum recitate fuerunt, secessit Arturus cum eis in giganteam turrim qu<e>¹ in introitu <erat>² tractaturus que contra talia mandata disponi deberent. Ac dum gradus ascendere incepissent, Cador dux Cornubie, ut erat leti animi, in hunc sermonem cum risu coram rege solutus est: 'Hucusque in timore fueram ne Britones longa pace quietos ocium quod ducunt ignauos faceret famamque militie qu<a>³ ceteris gentibus clariores censentur in eis omnimodo deleret. Quippe ubi usus armorum uidetur abesse et alee et mulierum inflammationes ceteraque oblectamenta adesse, dubitandum non est ne id quod erat uirtutis, quod honoris, quod audacie, quod fame, ignauia commaculet. Fere nanque transacti sunt .v. anni ex quo predictis deliciis dediti exercitio martis caruimus. Deus igitur ne nos de<bilit>aret⁴ segnicia Romanos in hunc affectum induxit ut <in>⁵ pristinum statum nostram probitatem reducerent.' [159] Hec et his similia cum ceteris dicente uenerunt tandem ad sedilia ubi collectis singulis Arturus illos in hunc modum affatus est:

'Consocii' inquit, 'prosperitatis et aduersitatis, quorum probitates hactenus et in dandis consiliis et in miliciis agendis expertus sum, adhibete nunc unanimiter sensus uestros et sapienter preuidere que super talibus mandatis nobis agend<a>⁶ esse noueritis. Quicquid enim a sapientia diligenter preuidetur, cum ad actum accedit, facilius

¹ *quam* MS. ² om. MS. ³ *que* MS. ⁴ *deliberaret* MS. ⁵ om. MS.
⁶ *agendum* MS.

toleratur. Facilius ergo inquietationem Lucii tolerare poterimus si communi studio premeditati fuerimus quibus modis eam debilitare institerimus. Quam non multum nobis timendam esse existimo cum irrationabili causa exigat tributum quod ex Britannia habere desiderat. Dicit enim ipsum sibi dari debere quia Iulio Cesari ceterisque successoribus suis redditum fuerit qui discidio ueterum nostrorum inuitati cum armata manu applicuerunt atque patriam domesticis motibus uacillantem potestati sue ui et uiolentia summiserunt. Quia igitur eam hoc modo adepti fuerunt, uectigal ex illa iniuste ceperunt. Nichil enim [65v] quod ui et uiolentia adquiritur iuste ab ullo possidetur. Qui uiolentiam intulit irrationabilem ergo causam pretendit qua nos iure sibi tributarios esse arbitratur. Quoniam autem id quod iniustum est a nobis presumpsit exigere, consimili ratione petamus ab illo tributum Rome et qui fortior superuenerit ferat quod habere exoptauit. Nam si quia Iulius Cesar ceterique Romani reges Britanniam olim subiugauerunt uectigal nunc debere sibi ex illa reddi decernit, similiter ego censeo quod Romani tributum dare[1] debent quia antecessores mei eam antiquitus obtinuerunt. Belinus etenim serenissimus ille rex Britonum auxilio fratris sui usus, Brennii uidelicet ducis Allobrogum, suspensis in medio foro .xx. nobilioribus Romanis urbem ceperunt, captamque multis temporibus possederunt. Constantinus etiam Helene filius necnon Maximianus, uterque michi cognatione propinqu<u>s,[2] alter post alterum diademate Britannie insignitus, thronum Romani imperii adeptus est. Cen<s>etisne[3] ergo uectigal ex Romanis petendum? De Gallia autem et de collater<al>ibus[4] insulis occeani non est respondendum cum illas defendere diffugeret quando easdem potestati eorum subtrahebamus.'
[160] Hec et his similia dicente Arturo Hoelus rex Armoricanorum Britonum ceteros precedere iussus in hec uerba respondit:

'Licet unusquisque nostrum totus in se reuersus omnia et de omnibus omni animo retractare ualeret, non existimo eum prestantius consilium posse inuenire quam istud quod modo discretio sollertis prouidentie tue redoluit. Prouide etenim prouidit nobis tua deliberatio Tulliano liquore lita unde constantis uiri affectum, sapientis animi effectum, optimi consilii profectum laudare indesinenter debemus. Nam si iuxta predictam rationem Romam adire uolueris, non dubito quin triumpho pociamur dum libertatem nostram tueamur, dum iuste ab inimicis nostris exigamus quod a nobis iniuste petere inceperunt. Quicunque

---

[1] *dare dare* MS.   [2] *propinqus* MS.   [3] *Cencetisne* MS.   [4] *collateribus* MS.

enim sua alteri eripere conatur merito que <sua>[1] sunt per eum quem impetit amittit. Quia ergo Romani nobis nostra demere affectant, sua illis proculdubio auferemus si licentia nobis congrediendi prestabitur. En congressus cunctis Britonibus desiderandus, en uaticinia Sibille que ueris testantur ex Britannico genere tertio nasciturum qui Romanum obtinebit imperium. De duobus autem adimpleta sunt <i>psius[2] oracula cum manifeste sit preclaros, ut dixisti, principes Belinum et Constantinum imperii Romani gessisse insignia. Nunc uero te tertium habemus cui tantum culmen honoris promittitur. Festina ergo recipere quod Deus non differt largiri, festina subiugare quod ultro uult subiugari, festina nos omnes exaltare qui ut exalteris nec uulnera recipere nec uitam amittere diffugi<emus>.[3] Ut autem hoc perficias .x. milibus armatorum presentiam tuam comitabor.'

[161] Auguselus etiam rex Albanie, ut Hoelus finem dicendi fecerat, quod super hac re affectabat in hunc modum manifestare perrexit: 'Ex quo dominum meum ea que dixit affectare conieci, tanta leticia animo illapsa est quantam nequeo in presentia [66r] exprimere. Nichil enim in transactis debellationibus quas tot et tantis regibus intulimus egisse uidemur dum Romani et Germani illesi permaneant nec in illos clades quas olim nostratibus ingesserunt uiriliter uindicemus. At nunc, quoniam nobis licentia agrediendi promittitur, gaudens admodum gaudeo et desiderio diei quo conueniemus exestuans sicio cruorem illorum quemadmodum fontem si triduo prohiberer ne biberem. O si illam lucem uidebo quam dultia erunt uulnera que uel recipiam uel inferam quando dextras conseremus. Ipsa etiam mors dulcis erit dum eam in uindicando patres nostros, in tuendo libertatem nostram, in exaltando regem nostrum perpessus <fuero>.[4] Agrediamur igitur semiuiros illos et agrediendo perstemus ut deuictis ipsis eorum honoribus cum leta pociamur uictoria. Exercitum autem nostrum duobus milibus armatorum militum exceptis peditibus augebo.'
[162] Postquam etiam ceteri ad hoc que dicenda erant dixerunt, promiserunt ei singuli quot in obsequium suum debebant ita ut preter eos quos promiserat dux Armori<c>e[5] ex sola insula Britannie .lx. milia omnibus armis armatorum computarentur. At reges ceterarum insularum quoniam non duxerant in morem milites habere, pedites quos quisque debebat promittunt ita ut ex .vi. insulis, uidelicet Hibernie, Hislandie, Godlandie, Orchadum, Norguegie atque Dacie, sexies .xx. milia essent adnumerata; ex Gallicarum autem ducatibus,

---

[1] om. MS.   [2] *opsius* MS.   [3] *diffugiam* MS.   [4] *fuerero* MS.   [5] *Armorie* MS.

Ruthenorum, Portuensium, Andegauensium, Pictauensium, .lxxx. milia; ex .xii. autem consulatibus illorum qui cum Gerino Carnotensi aderant duodecies centum. Quod inter totum fuit centum octoginta milia et tria milia et .cc. preter pedites qui sub numero non leuiter cadebant.

Rex igitur Arturus exceptus omnes in obsequium suum unanimiter paratos precepit eis celeriter repatriare et exercitum promissum disponere et in kalendis Augusti portum Barbe fluuii festinare ut illinc Allobrogum fines cum ipso adituri Romanis in obuiam uenirent. Imperatoribus autem per eorundem legatos mandauit se nequaquam eis redditurum tributum nec ob id ut sententie eorum adquiesceret Romam aditurum, immo ut ex illis appeteret quod ab illo iudicio suo appetere decreuera<n>t.[1] Digrediuntur ergo legati, digrediuntur reges, digrediuntur proceres et quod eis preceptum fuerat perficere non differunt.

[163] Lucius igitur Hiberius agnita sententia huius responsi iussu senatus orientalibus edixit regibus ut parato exercitu secum ad subiugandum Britanniam uenirent. Conuenerunt ocius Epistrophus r<ex>[2] Grecorum, Mustensar rex Affricanorum, Aliphatima rex Hispanie, Hirtacius rex Parthorum, Bolcus rex Medorum, Sertorius rex Libie, Serses rex Itureorum, Pandrasus rex Egipti, Misipsa rex Babilonie, Politetes rex Bitinie, Tencer dux[3] Phrigie, Euander Syrie, Echion Boetie, Ypolitus Crete, cum ducibus et proceribus sibi subditis. Ex senatorio quoque ordine Lucius Catellus, Marius Lepidus, Gaius Metellus Cocta, Quintus Miluius Catulus, Quintus [66v] Carucius; tot etiam alii quot inter totum quadringenta milia et .lx. et .c. computati sunt.

[164] <D>ispositis[4] itaque quibusque necessariis incipientibus kalendis Augusti iter uersus Britanniam arripiunt. Comperto itaque aduentu ipsorum Arturus Modre<d>o[5] nepoti suo atque Guenhumare regine Britanniam ad considerandum permittens cum exercitu suo Portum Hamonis adiuit ubi tempestiuo uentorum afflatu mare ingressus est. Dum autem innumeris nauibus circumseptus prospero cursu et cum gaudio altum secaret, quasi media hora noctis instante grauissimus somnus eum intercepit. Sopitus etiam per somnum uidit ursum

---

[1] *decreuerat* MS.   [2] *r*[. .]: supplied letters illegible in MS. because of abrasion or erasure.   [3] corrected from *rex* in MS.   [4] *Quispositis* MS.   [5] *Modreno* MS.

quendam in aere uolantem cuius murmure tota litora intremebant; terribilem quoque draconem ab occidenti aduolare, qui splendore oculorum suorum patriam illuminabat. Alterum uero alteri occurrentem miram pugnam committere. Sed prefatum draconem ursum sepius irruentem ignito anhelitu comburere combustumque in terram prosternere. Expergefactus ergo Arturus astantibus quod somniauerat indicauit. Qui exponentes dicebant draconem significare eum, ursum uero aliquem gigantem qui cum ipso congred<e>retur;[1] pugnam autem eorum portendere bellum quod inter ipsos futurum erat; uictoriam uero draconis illam quae ei proueniret. At Arturus aliud coniectabat existimans ob se et imperatorem talem uisionem contigisse. Rubente tandem post cursum noctis aurora in portu Barbe fluuii applicuerunt. Mox tentoria sua figentes expectauerunt ibidem insulanos reges et conprouincialium prouinciarum duces uenturos.

[165] Interea nunciatur Arturo quendam mire magnitudinis gigantem ex partibus Hispaniarum aduenisse et Helenam neptim ducis Hoeli custodibus eiusdem eripuisse et in cacumine montis, qui nunc Michaelis dicitur, cum illa diffugisse; milites autem insecutos nichil aduersus eum proficere. Nam siue mari siue terra inuadebant illum, aut naues eorum ingentibus saxis obruebat aut diuersorum generum telis interimebat. Sed plures capiebat quos deuorabat semiuiuos. Nocte ergo sequenti in secunda hora assumpto Kaio dapifero et Bedu<e>ro[2] pincerna clam ceteris tentoria egressus <uiam>[3] uersus montem arripuit. Tanta nanque uirtute preualendo negligebat contra talia monstra exercitum ducere cum et suos hoc modo inanimaret et solus ad illa destruenda sufficeret. Ut igitur prope montem uenerunt, aspexerunt quendam rogum super eum ardere, alium uero minorem qui non longe ab altero distabat. Dubitantes ilico super quem eorum habitaret gigas, Beduerum dirigunt ut cercitudinem rei exploraret. At ille inuenta quadam nauicula prius ad minorem nauigauit quam aliter nequibat adire quoniam infra mare situs fuerat. Cuius dum cacumen cepisset ascendere, audito desuper femineo ululatu primo inhorruit quia dubitabat monstrum illud adesse. Reuocata ocius audacia gladium euaginauit et ascenso culmine nichil aliud repperit [67r] preter rogum quem prospexerat. Inspexit quoque tumulum recenter factum et iuxta eum quandam anum flentem et eiulantem. Que ut eum aspexit, confestim fletu impediente in hunc modum profata est: 'O infelix homo, quod infortunium te in hunc locum subuectat? O inenarrabiles mortis penas passure! Miseret me tui, miseret, quia

---

[1] *congrediretur* MS.   [2] *Beducro* MS.   [3] *inuiam* MS.

tam detestabile monstrum florem iuuentutis tue in hac nocte consumet. Aderit ille sceleratissimus inuisi nominis gigas qui neptim ducis quam modo hic intumulaui et me illius altricem in hunc montem aduexit, qui inaudito mortis genere te absque cunctamine afficiet. Proh tristia fata: serenissima alumpna recepto infra tenerrimum pectus timore dum eam nefandus ille amplecteretur uitam diuturniori luce dignam finiuit. Ut igitur illam que erat michi alter spiritus, altera uita, altera dulcedo iocunditatis fedo coitu suo deturpare nequiuit, detestanda uenere succensus michi inuite — Deum et senectutem meam testor — uim et uiolentiam ingessit. Fuge, dilecte mi, fuge ne si mecum more suo coiturus aduenerit, te hoc modo repertum miserabili cede dilaniet.' At ille quantum humane nature possibile est commotus eam amicis sedauit uerbis et promisso festinati auxil<i>i[1] solamine ad Arturum reuersus est et omnia que inuenerat indicauit. Arturus igitur casum ingemiscens puelle precepit eis ut sibi soli illum inuadere permitterent sed, si necessitas accideret, in auxilium accedentes uiriliter aggrederentur. Direxerunt inde gressus ad maiorem montem et equos suos armigeris commiserunt et cum Arturo precedente ascenderunt. Aderat autem inhumanus ille ad ignem illitus ora tabo semesorum porcorum quos partim deuorauerat, partim uero uerubus infixos subterpositis prunis torrebat. Mox ut illos nichil tale premeditatus aspexit, festinauit clauam suam sumere quam duo iuuenes uix a terra erigerent. Euaginauit ergo rex gladium suum et pretenso clipeo quantum uelocitas sinebat properauit eum precedere antequam clauam cepisset. At ille non ignarus male meditationis iam ceperat eam regemque <super>[2] interpositum clipeum tanto conamine percussit quod sonitu ictus et tota litora repleuit et aures eiusdem ultra modum hebetauit. Arturus uero acri ignescens ira erecto in frontem ense uulnus intulit, tametsi non mortale, unde tamen sanguis in faciem et oculos eius profluens eorundem excecauit aciem. Interposuerat namque clauam ictui et frontem suam a letali uulnere muniuerat. Excecatus autem profluente sanguine acrior insurgit et uelut aper per uenabulum in uenatorem, ita irruit per gladium in regem et complectendo eum per medium coegit illum humi genua flectere. Arturus itaque reuocata uirtute ocius elabitur et celeriter nunc hinc nunc illinc nefandum gladio diuerberabat nec quieuit donec letali uulnere illato totum mucronem capiti impressit qua testa cerebrum protegebatur. Exclamauit uero inuisus ille et uelut quercus uentorum uiribus eradicata cum maximo sonitu corruit. Rex ilico in risum solutus precepit Beduero amputare ei caput et dare uni

_____

[1] _auxilui_ MS.   [2] om. MS.

armigerorum adferendum ad castra ut spectaculum intuentibus fieret. Dicebat autem [67v] se non inuenisse alium tante uirtutis postquam Rithonem[1] gigantem in Arauio monte interfecit qui ipsum ad preliandum inuitauerat. Hic namque de barbis regum quos peremerat fecerat sibi pelles et mandauerat Arturo ut[2] diligenter suam barbam excoriaret atque excoriatam sibi dirigeret et, quemadmodum ipse ceteris preerat regibus, ita in honore eius eam ceteris barbis superponeret. Sin autem prouocabat eum ad prelium et qui fortior superuenisset pelles et barbam deuicti tulisset. Inito itaque certamine triumphauit Arturus et barbam alterius cepit et spoliauit et postea nulli fortiori illo obuiauerat ut superius asserebat. Uictoriam igitur ut predictum est adepti in secunde noctis diluculo ad tentoria sua cum capite remeauerunt ad quod admirandum cateruatim concurrebant ei ascribentes laudes qui patriam a tanta ingluuie liberauerat. At Hoelus ob casum neptis sue tristis precepit edificari basilicam super corpus ipsius in monte quo iacebat; qui nomen ex tumulo puelle nactus Tumba Helene usque in hodiernum diem uocatur.

[166] Congregatis tamen cunctis quos expectauerat Arturus illinc Augustudunum progreditur quo imperatorem adesse existimabat. Ut autem ad Albam fluuium uenit, nuntiatum est ei illum castra sua non longe posuisse et tanto incedere exercitu quanto, ut aiebant, resistere nequiret. Nec iccirco perterritus ceptis suis desistere uoluit sed super ripam fluminis castra sua metatus est unde posset exercitum suum libere conducere et, si opus accidisset, sese infra ea recipere. Duo etiam consules, Bosonem de Uado Boum et Gerinum Carnotensem, Galgwainum etiam nepotem suum Lucio Hibero direxit ut sugger<er>et[3] ei quatinus recederet a finibus Gallie aut in postero die ad experiendum ueniret quis eorum maius ius in Galliam haberet. Iuuentus ergo curie maximo gaudio fluctuans cepit instimulare Galgwainum ut infra castra inciperet quo occasionem haberent congrediendi cum Romanis. Perexerunt illi ad Lucium et preceperunt ei a Gallia recedere <aut in postero die ad pugnandum uenire. At dum responderet eis quod non deberet recedere>,[4] immo ad regendum illam accedere, interfuit Gaius Quintillianus eiusdem nepos qui dicebat Britones magis iactantia atque minis abundare quam audacia et probitate ualere. Iratus ilico Galgwainus euaginato ense quo accinctus erat irruit in eum et eiusdem capite amputato ad equos cum sociis

---

[1] corrected from *Irthonem* [?] in MS. [2] corrected from *quod* in MS.
[3] *suggeret* MS. [4] om. MS.: see Introduction, p. lv.

digreditur. Insecuntur itaque Romani partim pede partim equis ut conciuem suum in legatos omni nisu diffugientes uindicent. At Gerinus Carnotensis, dum quidam eorum ipsum attingere inciperet, ex improuiso reuersus direxit lanceam suam atque ipsum per arma et medium corpus foratum humi quantum potuit prostrauit. Inuidit igitur Boso de Uado Boum quoniam tantam probitatem fecisset Carnotensis et retorquens equum suum cui primo obuiauit ingessit lanceam infra gulam sibi et letaliter uulneratum coegit caballum deserere quo eum insequebatur. Interea Marcellus Mutius maximo affectu uolens Quintillianum uindicare Galgwaino iam imminebat a tergo atque ceperat retinere, cum ipse continuo reuersus galeam cum capite usque ad [68r] pectus gladio quem tenebat abscidit. Precepit etiam ei Quintilliano quem infra castra trucidauerat in <inferno>[1] renuntiare Britones minis ac iactantia hoc modo abundare. Sociis deinde resociatis hortatur ut pari impetu reuersi quisque suum prosternere laboraret. Acquiescentes igitur ei reuertuntur et quisque unum prosternit. At Romani usque insequentes quandoque cum gladiis quandoque cum lanceis percutiebant eos sed nec retinere nec prosternere preualebant. Dum autem prope quandam siluam, ut dictum est, insequerentur, confestim egrediuntur ex illa circiter milia[2] sex Britonum qui fugam consulum comperti infra eam delitauerunt ut eis auxilium subuectarent. Egressi autem subduxerunt calcaria equis suis et aera clamore replentes et clipeos pectoribus pretendentes Romanos ex improuiso inuadunt et continuo in fugam propellunt. Sed et unanimiter insequentes quosdam eorum ab equis suis cum lanceis suis seiungunt, quosdam autem retinent, quosdam interficiunt. Quod cum Petreio senatori nuntiatum est, decem milibus comitatus subuenire sociis suis festinauit; coegit Britones ad siluam ex qua egressi fuerant recurrere; nec sine detrimento suorum. Diffugiendo etenim Britones reuertebantur in strictis locis et insequentibus stragem ingerebant maximam. Quibus hoc modo cedentibus Hiderus filius Nucii quinque milibus incedebat et accelerabat ut eisdem subueniret. Resistunt ergo ipsi et quibus terga paulo ante dederant nunc pectora opponentes ictus ualidos uiriliter inferre elaborabant. Resistunt ergo Romani et quandoque eos prosternunt, quandoque uero ab illis prosternuntur. At Britones tanto affectu desiderabant militiam, sed nec multum curabant in quem euentum inciderent dum eam incipiebant. Romani autem sapientius agebant; quos Petreius Cocta more boni ducis nunc ad inuadendum nunc ad diffugiendum sapienter edocebat et ita maximum

---

[1] *infernum* MS.   [2] *duo* is deleted before *milia* in MS.

dampnum ceteris impendebat. Quod cum Bosoni compertum esset, plures suorum quos audatiores nouerat seiunxit a ceteris et eos hoc modo affatus est: 'Quoniam nesciente Arturo istud prelium incepimus, cauendum nobis est ne in peiorem partem incepti nostri incidamus. Nam si in illa deciderimus, et maximum dampnum militum nostrorum incurremus et regem nostrum ad execrandum nos commouebimus. Resumite audatiam et sequimini me per cateruas Romanorum ut, si fortuna fauerit, Petreium interficiamus siue capiamus.' Subduxerunt itaque calcaria equis suis et cuneos hostium pari impetu penetrantes ad locum quo Petreius socios suos commonebat uenerunt. In quem otius Boso irruens eundem per collum amplectitur et, sicut premeditatus fuerat, cum illo in terram corruit. Concurrunt ergo Romani ut eum ab hostibus eripiant. Concurrunt Britones ut Bosoni auxilientur; fit itaque inter eos maxima cedes, fit clamor, fit turbatio, dum hi ducem suum liberare, illi eundem retinere conarentur. Inuicem ergo uulnerabant et uulnerabantur, prosternebant et prosternebantur. Illic itaque uideri poterat quis hasta, quis gladio, quis telo preualeret. Denique Britones densata caterua incedentes impetumque ferentes Romanorum sese infra fortitudinem prelii sui cum Petreio recipiunt; sed confestim impetum fecerunt [68v] in illos iam rectore orbatos, iam in maiori parte debilitatos, iam eciam dilapsos atque terga eisdem ostendentes. Incumbentes igitur ipsos a tergo cedunt, cesos prosternunt, prostratos despoliant, despoliatos pretereunt ut ceteros insequantur. Set et plures capiunt quos regi presentare affectant. Postremo, postquam satis periculi ipsis ingesserunt, remeauerunt cum spoliis et captiuis ad castra et indicantes quod sibi contigerat Petreium Coctam et ceteros captiuos Arturo cum leticia uictorie obtulerunt. Quibus ille congratulans et honores et honorum augmentationes promisit quoniam eo absente tantam probitatem egerant. Captiuos autem in carceribus trudere uolens seuocauit quosdam qui eos in crastinum Parisius ducerent et custodibus opidi seruandum traderent donec ex illis aliud fieri precepisset. Iussit etiam Cadorem ducem Beduerumque pincernam necnon et duos consules, Borrellum et Richerium, cum familiis suis ipsos conducere donec uenirent eo quo minime disturbationem Romanorum timuissent.

[167] At Romani forte comperientes apparatum istum imperatore iubente elegerunt quindecim milia suorum qui nocte illa iter eorum precederent atque cum ipsis congressuri suos liberare perstarent. Ipsisque prefecerunt Wlterium Catellum et Carutium Quintum senatores, Euandrum etiam regem Sirie et Sertorium regem Libie; qui nocte

illa cum predictis militibus iussum iter arripuerunt et locum latibulis conuenientem adepti delituerunt quo ipsos ituros arbitrabantur. Mane autem facto Britones uiam inierunt cum captiuis et iam prope locum incedunt nescii quos dolos illis Romani instituerant. Cum uero preterire incepissent, egressi ex inprouiso Romani ipsos nichil tale premeditatos occupauerunt et penetrauerunt. At illi, tametsi ex inprouiso occupati atque dissipati fuissent, tandem tamen resociati uiriliter resistunt et quosdam circa captiuos statuunt, quosdam autem per cateruas distribuunt qui cum hostibus congrediantur. Agmini autem illi quod ad conseruandum captiuos statuerant Richerium et Beduerum prefecerant. Cador uero dux Cornubie atque Borrellus ceteris preponuntur. Set Romani omnes sine ordine eruperant nec curabant suos per turmas disponere; omni nisu perstantes Britonibus stragem dabant dum turmas disponere, dum semet ipsos defendere elaborarent. Unde ultra modum debilitati, illos quos conducebant turpiter amisissent, nisi fortuna optatum auxilium eis accelerasset. Gwitardus etenim dux Pictauensium comperto predicto dolo cum tribus milibus aduenerat cuius auxilio freti tandem preual<u>ere[1] et uicem predicte stragis impudentibus grassatoribus redd<id>ere.[2] Attamen multos suorum in primo congressu amiserunt. Amiserunt etenim illum inclitum Cenomannorum consulem Borrellum qui, cum Euandro rege Sirie congrederetur, lancea ipsius infra gulam infixus uitam cum sanguine eructauit. Amiserunt quoque quatuor proceres nobiles, Hyrelglas de Periron, Mauricum Kaerdorcananensem, Aliduc de Tintagol, Er filium Hider, quibus audatiores non facile reperiri poterant. Nec enim audatie sue desistentes sibi desperauerunt sed omni nisu instantes et captiuos custodire et inimicos [69r] prosternere intendebant. Romani tandem congressum eorum ferre non ualentes ocius reliquerunt campum et castra sua petere ceperunt. At Britones usque sequentes stragem inferunt, complures capiunt, nec requieuerunt donec Wlteio Catello et Euandro rege Sirie peremptis ceteros penitus dissipauerunt. Habita igitur uictoria captiuos quos ducebant miserunt Parisius atque cum illis quos recenter ceperant ad regem suum repedantes spem summe uictorie promittebant cum admodum pauci de tot superuenientibus hostibus triumphum habuissent.

[168] Lucius autem Hiberus tales casus moleste ferens animum suum diuersis cruciatibus uexatum nunc huc nunc illuc reuoluit hesitando an cepta prelia cum Arturo committat an infra Augustudunum receptus

---

[1] *preualere* MS.   [2] *reddere* MS.

auxilium Leonis imperatoris expectet. Adquiescens tandem formidini nocte sequenti predictam ciuitatem aditurus Lengrias cum exercitibus suis ingreditur. Quod ut Arturo compertum est, affectans iter eius precedere eadem nocte relicta a leua ciuitate quandam uallem ingreditur qua Lucius transgressurus erat: que Sessia uocabatur. Commilitones igitur suos per cateruas disponere uolens legionem unam cui prefecerat <Moruid>[1] consulem iussit adesse ut, si opus accidisset, sciret ubi posset sese recipere et resociatis turmis iterum hostibus prelia ingerere. Ceteros etiam per cateruas septenas distribuens in[2] unaquaque caterua quinquies mille et quingentos et quinquaginta quinque uiros omnibus armis instructos collocauit. Pars quoque statutarum turmarum disponitur equestris, pars autem altera pedestris. Daturque preceptum tale inter eos ut, dum pedestris turma ad inuadendum intendat, equestris ilico ab obliquo superueniens stricto agmine dissipare hostes nitatur. Erant autem pedestres caterue[3] Britannico more cum dextro et sinistro cornu in quadrum statute: quarum uni Augusellus rex Albanie et Cador dux Cornubie, unus in dextro cornu et alius in sinistro cornu, preficiuntur; alii uero duo insignes consules, Gerinus uidelicet Carnotensis et Boso de Ridichen, que lingua Saxonum Oxeneford nuncupatur; tertie uero turme Aschil rex Dacorum atque Loth rex Norguegensium; quarte Hoelus dux Armoricorum atque Gwalgwainus nepos regis. Post has autem quatuor fuerunt alie quatuor a dorso statute: quarum uni preponuntur Kaius dapifer et Beduerus pincerna; alii autem preficiuntur Holdinus dux Ruthenorum et Gwitardus dux Pictauensium; tertie Iugenis de Legecestria et Ionathal Dorecestrensis atque Cursalem de Kaicestria; quarte uero Urgennius de Badone. Ipse quoque post hos elegit sibi et legioni uni quam sibi adesse affectauerat locum quendam quo aureum draconem infixit quem pro uexillo habebat: ubi uulnerati atque fatigati, si necessitas compulisset, quasi ad castrum confugissent. Aderant autem in legione illa quam secum habebat sex milia et sexcenti sexaginta sex.

[169] Dispositis itaque cunctis commilitones suos in hec uerba profatur: 'Domestici mei qui Britanniam terdenorum regnorum fecistis dominam, uestre congratulor probitati [69v] quoniam nullatenus deficere, immo magis ac magis uigere considero. Quamquam quinque annis inexercitati oblectamentis ocii potius quam usui militie dediti sitis, nequaquam tamen ab innata bonitate degenerauistis sed in ipsa

---

[1] om. MS. [2] *et in* MS. [3] *turme caterue* MS.

123

perseuerantes Romanos in fugam propulistis. Qui instimulante superbia sua libertatem uobis demere affectauerunt, qui ampliori numero incedentes ingerere prelia ceperunt, qui congresui uestro resistere non ualuerunt, sese turpiter infra ciuitatem istam receperunt. Ex qua ad presens egressuris et per istam uallem Augustudunum petituris obuiam poteritis adesse et nichil tale premeditatos uelut pecudes occupare. Sane orientalium generum segnitiem in uobis esse existimabant, dum patriam uestram facere tributariam et uosmetipsos subiugare affectarent. Numquid nouerunt que bella Dacis atque Norguegensibus Gallorumque ducibus intulistis quos mee subdi<id>stis[1] potestati et ab eorum pudendo dominio liberauistis? Qui igitur in grauiore decertatione ualuimus, in hac leuiori sine dubio preualebimus si pari affectu semiuiros illos elaborauerimus opprimere. Quantos honores quisque uestrum possidebit, si uoluntati mee atque preceptis meis ut fideles commilitones adquieueritis! Subiugatis etenim ipsis Romam continuo petemus, petitam capiemus, captam autem possidebimus. Ergo aurum, argentum, palatia, turres, opida, ciuitates, et ceteras uictorum diuitias habebitis.' Adhuc autem ipso dicente omnes uno clamore assentiunt parati prius mortem recipere quam uiuente ipso campum diffugiendo relinquere.

[170] At Lucius Hiberus comperiens insidias que ei parabantur noluit, ut affectauerat, diffugere sed reuocata audatia ipsos in eadem ualle adire. Denique duces suos conuocauit atque cum his uerbis ipsos allocutus est: 'Patres uenerandi quorum imperio et orientalia et occidentalia regna subici deberent, ueterum uestrorum memores estote qui ut aduersarios rei publice superarent non abhorrebant effundere sanguinem suum sed exemplum bonitatis, probitatis et militie posteris suis relinquentes ita decertabant acsi in prelio Deus non prouidisset eos morituros. Triumphabant ergo sepius et triumphando mortem euadebant, quia nulli erat alia mors preuentura quam que ex prouidentia Dei condescendebat. Augebatur itaque res publica, augebatur eorundem probitas et quod honestatis, quod honoris, quod largitatis in generosis esse solebat in eis diutius uigens ipsos et ipsorum posteros in dominium totius orbis promouebat. Id igitur in uobis excitare desiderans hortor uos ut auitam bonitatem reuocetis atque in eadem perstantes et inimicos uestros in ualle qua uobis insidiantur petatis et quod uestrum est ab illis exigere contendatis. Ne existimetis me iccirco infra ciuitatem hanc receptum esse ut uel eos uel eorum

---

[1] *subdistis* MS.

congressus abhorruissem, immo arbitrans quod nos stulte prosequerentur, prosequentibus uero ex inprouiso obuiaremus atque ipsos segregatim irruentes magna strage infestemus. Nunc autem, quoniam aliter quam rati eramus fecerunt, et nos aliter faciamus. [70r] Petamus etenim illos et audacter inuadamus. Uel si conualuerint, unanimiter resistamus primumque impetum toleremus et sic procul dubio triumphabimus. In pluribus etenim decertationibus qui in primo congressu perstare potuit cum uictoria sepissime abiuit.' Ut his itaque et pluribus aliis finem dicendi fecit, omnes uno assensu fauentes sotias quoque manus iureiurando promittentes ad armandum sese festinant. Armati tandem Lengrias egrediuntur atque predictam uallem adierunt ubi Arturus cateruas suas statuerat. Porro illi duodecim cuneata agmina atque omnia pedestria fecerunt que Romano more ad modum cunei ordinata sex milia militum cum sexcentis sexuaginta sex singula omnia continebant. Set et unicuique suos ductores dederunt ut monitu eorum et inuaderent et ceteris irruentibus resisterent: uni etenim prefecerunt Lucium Catellum et Aliphatimam regem Hispanie; alteri uero Hirtacium regem Parthorum[1] et Marium Lepidum senatorem; tertie Bocum regem Medorum et Gaium Metellum senatorem; quart<e>[2] Se<r>torium[3] regem Libie et Quintum Miluium senatorem. Hec quatuor agmina in prima acie statuta fuerunt. Post ipsa uero alia quatuor a dorso: quorum uni Sersem regem Itureorum preposuerunt; alteri uero Pandrasum regem Egypti; tertie Politetem ducem Bithinie; quarte Teucrum ducem Phrygie. Post hec quoque alia quatuor: et cuidam illorum dederunt Quintum Carutium senatorem; alii autem Lelium Hostiensem; tertie etiam Sulpicium Subbuculum; quarte Mauritium Siluanum. Ipse autem inter eos nunc hac nunc illac incedebat suggerendo, docendo qualiter sese haberent. In medio etiam auream aquilam quam pro uexillo duxerat iussit firmiter poni et quoscumque casus segregasset submonuit ut ad eam reuerti conarentur.

[171] Postquam tandem in aduersa parte hinc Britones illinc Romani erectis steterunt telis, confestim audito classicorum sonitu agmen illud cui rex Hispanie et Lucius Catellus preera<n>t[4] in cateruam illam quam rex Scotie et dux Cornubie ducebant audacter irruit sed illam stricte irruentem nequaquam disgregare potuit. Cui itaque seuissime inuadenti occurrit caterua quam Gerinus et Boso regebant et, dum alia

<hr>

[1] *his* is deleted before *Parthorum* in MS. [2] *quartum* MS. [3] *Senatorium* MS. [4] *preerat* MS.

ut predictum est resisteret, subito cursu equorum impetum in eadem fecit et, penetrata illa, obuiauit agmini quod rex Parthorum ducebat contra turmam Aschilli[1] regis Dacorum. Nec mora concurrunt hinc et inde caterue et sese mutuo penetrantes maximam pugnam lacessunt. Fit itaque miseranda cedes inter eos cum supremo clamore et terram uertice et calcaneis pulsantes uitam in utraque parte cum sanguine eructant. Set prius dampnum Britonibus illatum est, quia Beduerus pincerna peremptus fuit et Kaius dapifer letaliter uulneratus. Nam dum Beduerus Bocco regi Medorum obuiaret, [70v] lancea eiusdem confossus inter hostiles cateruas peremptus corruit. Kaius autem dapifer dum ipsum uindicare conaretur, infra Medorum turmas circumdatus mortiferum uulnus suscepit. Qui tamen more boni militis cum ala quam ducebat uiam aperiens cesis et dissipatis Medis sese infra suos integra caterua recepisset, nisi in obuiam uenisset agmini regis Libie cuius irruptio illos quos ducebat omnes disgregauit. Utcumque tamen cum paucis retro cedens ad aureum difugit draconem cum corpore Bedueri. O quanta lamenta Neustriensium dum corpus Bedueri sui ducis tot uulneribus dilaniatum aspicerent! O quantos etiam Andegauensium planctus dum Kaii sui consulis uulnera pluribus modis tractarent! Sed non opus erat querela quia undique sanguin-olente acies mutuo irruentes non permittebant ei<s>[2] spatium predicti gemitus quin ipsos ad defendendum sese coegissent. [172] Hirelglas ergo nepos Bedueri ultra modum ob mortem ipsius commotus trecentos suorum assotiauit sibi et uelut aper infra turmam canum sic per hostiles cateruas subito cursu equorum locum ubi uexillum Medorum regis aspexerat petiuit, parum excogitans quid sibi contingere posset dum auunculum suum uindicaret. Adeptus tandem locum quem affectauerat, predictum regem peremit, peremptumque ad sotios suos deportauit, deportatum autem iuxta corpus pincerne omnino dilaniauit. Deinde maximo clamore conciuium suorum turmas hortabatur in hostes irruere crebrisque irruptionibus infestare dum eis uirtus recenter feruebat, dum illis formidolosis pectus tremebat, dum comminus imminentes sapientius quam ceteri per cateruas dis-posuissent atque crudelius dampnum ingerere sepius ualuissent. Inanimati igitur hortamine illius impetum in hostes undique fecerunt, quo maxima strages utrisque facta fuit. In parte quoque Romanorum exceptis innumerabilibus aliis Alifatima rex Hispanie et Micipsa Babiloniensis, Quintus quoque Miluius et Marius Lepidus senatores corruerunt. Corruerunt etiam in parte Britonum Holdinus dux

---

[1] *Aschilli* added in margin of MS. [2] *ei* MS.

Ruthenorum et Leodegarius Bolonensis, tres etiam consules Britannie, Cursalem Caicestrensis et Gualauc Salesberiensis et Urbgennius de Badone. [173] Unde turme quas conducebant ultra modum debilitate retrocesserunt donec uenerunt ad aciem Armoricanorum Britonum quam Hoelus et Gwalgwanus regebant. Que itaque uelut flamma ignescens impetum facit in hostes et reuocatis illis qui retrocesserant illos qui paulo ante insequebantur diffugere coegit. Sed et usque insequentes nunc ipsos diffugientes prosternit, nunc interficit nec stragem ingerere cessit donec ad turmam imperatoris uenit. Qui uisa calamitate sociorum properat ipsis succursum prestare. [71r] Inito itaque congressu debilitantur Britones. Chinmarhogus siquidem consul Trigerie necnon et duo milia secum corruerunt. Corruerunt etiam tres incliti proceres, Richomarcus et Bloccouius atque Iagwiuius de Bodloano, qui si principes fuissent regnorum ob tantam probitatem quam habebant uentura etas famam eorum celebraret. Nam et dum predictum impetum cum Hoelo et Gwalgwino facerent non euadebat hostis cui imminebant quin ei uitam uel gladio ue<l> lancea[1] eripuissent. Set postquam inter aciem Lucii uentum fuit, undique a Romanis circumsepti cum predicto consule et predictis militibus conciderunt. Hoelus igitur et Gwalgwinus quibus meliores preterita[2] secula non genuerant comperta strage suorum acriores institerunt et nunc hac nunc illac unus in una parte alter in altera parte discurrentes cuneum imperatoris infestabant. At Gwalgwainus semper recenti uirtute exestuans nitebatur ut aditum congrediendi cum Lucio haberet. Nitendo ut audacissimus miles irruebat, irruendo hostes prosternebat, prosternendo cedebat. Hoelus quoque non inferior illo ex parte alia fulminabat, socios etiam suos hortabatur et inimicos feriebat; eorumque ictus haut timidus recipiebat nec ulla hora deficiebat quin sepissime percuteret et percuteretur. Non facile diffiniri poterat quis eorum alterum excederet.

Porro Gwalgwainus cedendo turmas, ut predictum est, inuenit tandem aditum quem adoptabat et in imperatorem irruit et cum illo congressus est. At Lucius prima iuuentute florens multum audatie, multum uigoris, multum probitatis habebat nichilque magis desiderabat quam congredi cum milite tali qui eum co<e>gisset[3] experiri quantum in militia ualuisset. Resistens itaque Gwalgwaino congressum eius mire letatur et gloriatur quia tantam famam de eo audierat. Commisso diutius inter se prelio dant ictus ualidos et clipeos ictibus preponendo

---

[1] *uelancea* MS.   [2] corrected from *predicta* in MS.   [3] *cogisset* MS.

uterque neci alterius imminere elaborat. Dum autem acrius in hunc modum decertarent, ecce Romani subito recuperantes impetum in Armoricanos faciunt et imperatori suo subuenientes Hoelum et Gwalgwainum cum suis turmis cedendo pepulerunt donec in obuiam Arturo et eiusdem agmini ex inprouiso uenerunt. [174] Ipse etenim audita suorum strage que paulo ante eisdem dabatur cum legione irruerat et abstracto Caliburno gladio optimo celsa uoce atque his uerbis commilitones suos inanimabat, inquiens: 'Quid facitis, uiri? Ut quid muliebres permittitis illesos abire? Ne abscedat ullus uiuus! Mementote dexterarum uestrarum que tot preliis exercitate terdena regna potestati mee subdiderunt. Mementote auorum uestrorum quos Romani dum fortiores erant tributarios fecerunt. Mementote libertatis uestre quam semiuiri isti et uobis demere debiliores affectant. Ne abeat ullus uiuus, ne abeat! Quid facitis?' Hec et plura alia uociferando irruebat in hostes, prosternebat, cedebat, et cuicumque obuiabat aut ipsum aut ipsius equum uno ictu interficiebat. Diffugiebant ergo ipsum uelut belue ferocem [71v] leonem quem seua fames instimulat ad deuorandum quicquid casus subuectat. Arma sua nichil eis proficiebant quin Caliburnus dextra tam uirtuosi regis uibratus cogeret ipsos animas eructare cum sanguine. Duos reges, Sertorium Libie Bithinieque Politetem, infortunium ei obuios fecit quos abscisis capitibus ad tartara direxit. Uiso igitur rege suo in hunc modum decertare Britones maiorem audatiam capessunt, Romanos unanimiter inuadunt, densata caterua incedunt. Et dum ex una parte pedestres hoc modo infestarent, equestres ex alia parte prosternere et penetrare conabantur. Resistunt tamen acriter Romani et monitu Lucii illustris regis uicem illate cladis Britonibus reddere elaborant. Tanta igitur ui in utraque pugnatur parte acsi tunc primum recenter con-uenirent. Hinc autem Arturus sepius et sepius ut predictum est hostes percutiens Britones ad perstandum hortabatur. Illinc uero Lucius Hiberus Romanos suos et monebat et in preclaras probitates multotiens ducebat. Nec ipse cessabat ferire sed in omnes partes turmas suas circueundo quemcumque hostem casus offerebat uel gladio uel lancea perimebat. Fiebat itaque in utraque parte cedes abhorrenda quia quandoque Britones quandoque Romani uersa uice preualebant. [175] Postremo dum talis decertatio inter eos fieret, ecce Moruid consul Cladiocestrie cum legione, quam esse infra colles superius dixi, subito cursu occurrit et hostes nichil tale premeditatos a dorso inuadit, inuadensque penetrauit, penetrans dissipauit atque maximam stragem fecit. Tunc multa milia Romanorum conciderunt. Tunc tandem Lucius imperator infra turmas occupatus cuiusdam lancea confossus interiit. At Britones usque insistentes uictoriam licet maximo labore habuerunt.

Disgregati igitur Romani partim deuia et nemora cogente timore carpebant, partim ciuitates et ad opida et quecumque tutissima loca diffugiebant. Quos Britones omni nisu insequendo miserabili nece et cede afficiunt, capiunt, dispoliant ita quod maxima pars eorum ultro protendebat manus suas muliebriter uincendas ut pa<u>xillum[1] uiuendi spacium haberet. Quod diuine potentie stabat loco cum et ueteres eorum priscis temporibus auos istorum inuisis inquietationibus infestassent; et isti tunc libertatem quam illi eisdem demere affectabant tueri instarent, abnegantes tributum quod ab ipsis iniuste exigebatur. [176] Habita denique uictoria illa Arturus corpora procerum suorum ab hostilibus cadaueribus separari iubet, separata autem regio more parari, parata uero ad comprouinciales abatias deferri ut ibidem honorifice sepelirentur. At Beduerus pincerna ad Baiocas ciuitatem suam, quam Beduerus primus et proauus suus edificauerat, ab Neustrensibus cum maximis lamentis deportatur. Ibi in quodam cimiterio quod in australi parte ciuitatis erat iuxta murum honorifice positus fuit. Cheudo autem ad Camum, opidum quod ipse construxerat, grauiter uulneratus asportatur et paulo post eodem uulnere defunctus [72r] in quodam nemore in cenobio heremitarum, qui ibidem non longe ab opido erant, ut decuit Audegauensium ducem humatus fuit. Holdinus quoque dux Ruthenorum Flandrias delatus in Terwana ciuitate sua sepultus est. Ceteri autem consules et proceres, ut preceperat Arturus, ad uicinas abatias delati sunt. Hostes quoque suos miseratus precepit indigenis sepelire eos corpusque Lucii ad senatum deferre, mandans non debere aliud tributum ex Britannia reddi. Deinde post subsequentem hiemem in partibus illis moratus est et ciuitates Allobrogum subiugare uacauit. Adueniente uero estate dum Romam petere affectaret et montes transcendere incepisset, nuntiatur ei Modredum nepotem suum cuius tutele permiserat Britanniam eiusdem diademate per tyrannidem et proditionem insignitum esse reginamque Ganhumeram uiolato iure priorum nuptiarum eidem nephanda uenere copulatam fuisse.

[177] Nec hoc quidem, consul auguste, Galfridus Monemutensis tacebit sed, ut in prefato Britannico sermone inuenit et a Gwaltero Oxenefordensi in multis historiis peritissimo uiro audiuit, uili licet

---

[1] *paxillum* MS.

stilo breuiter propalabit que prelia inclitus ille rex post uictoriam istam in Britanniam reuersus cum nepote suo commiserit. Ut igitur infamia prenuntiati sceleris aures attigit ipsius, continuo dilata inquietatione quam Leoni regi Romanorum ingerere affectauerat dimissoque Hoelo duce Armoricorum cum exercitu Galliarum ut partes illas pacificaret confestim cum insulanis tantummodo regibus eorumque exercitibus Britanniam remeauit. Predictus autem sceleratissimus proditor ille Modredus Chelricum Saxonum ducem Germaniam direxerat ut in illa quoscumque posset associaret sibi et associatis quibusque iterum citissimis uelis rediret. Spoponderat etiam se ipsi hoc pacto daturum partem illam insule que a flumine Humbri usque ad Scotiam porrigebatur et quicquid in Cantia tempore Uortegirni Horsus et Hengistus possederant. At ille pacto ipsius precepto octingentis nauibus plenis armatis paganis applicuerat et federe dato huic proditori quasi regi suo parebat. Associauerat quoque sibi Scotos, Pictos, Hibernenses quoscumque callebat habuisse suum auunculum odio. Erant autem omnes numero quasi octoginta milia tam paganorum quam christianorum; quorum auxilio fretus, quorum <multitudine>[1] comitatus Arturo in Rupini Portu applicanti in obuiam uenit et commisso prelio maximam stragem dedit applicantibus. Auguselus etenim rex Albanie et Gwalgwainus nepos regis cum innumerabilibus aliis in die illa corruerunt. Successit autem in regnum Auguselo Hiwenus, filius Uriani fratris sui, qui postea in decertationibus istis multis probitatibus preclaruit. Postquam tandem tametsi magno labore litora adepti fuerunt, mutuam reddendo cladem Modredum et exercitum eius propulerunt in fugam. Assiduis namque debellationibus usi sapienter turmas suas disposuerant que partim pede partim equo [72v] distribute tali modo decertabant quod, cum pedestre agmen ad inuadendum uel resistendum intenderet, equestre ilico ab obliquo irruens omni nisu hostes penetrare conantur: unde eos ad diffugiendum coegerunt. Periurus ergo ille reuocatis undique suis in sequenti nocte Gwintoniam ingressus est. Quod ut Ganhumare nuntiatum est regine, confestim sibi desperans ab Eboraco ad Urbem Legionum diffugit atque in templo Iulii Martyris inter monachas eiusdem uitam suscepit et caste uiuere proposuit.

[178] At Arturus acriori ira succensus quoniam tot centena commilitonum suorum amiserat in tertia die datis prius sepulture peremtis ciuitatem adiuit atque infra receptum nebulonem obsedit. Qui tamen

---

[1] *multitudinem* MS.

ceptis suis desistere nolens sed ipsos qui ei adherebant pluribus modis animans cum agminibus suis egreditur atque cum auunculo suo preliari disposuit. Inito ergo certamine facta est maxima cedes in utraque parte; que tandem magis in partem ipsius illata coegit eum campum turpiter relinquere. Qui deinde non multum curans que sepilitio peremtis suis fieret cito remige fuge euectus uersus Cornubiam iter arripuit. Arturus autem interna anxietate cruciatus quoniam totiens euasisset confestim persecutus est eum in predictam patriam usque ad fluuium Camblani ubi ille aduentum eius expectabat. Porro Modredus, ut erat omnium audacissimus et semper ad inuadendum celerrimus, confestim milites suos per cateruas distribuit affectans prius uincere uel mori quam predicto modo diutius fugere. Remanserant ei adhuc ex predicto numero sociorum suorum .lx. milia armatorum, ex quibus .vi. turmas constituit et in unaquaque posuit .vi. milia et sexcentos sexaginta sex. Preterea uero fecit unam turmam ex ceteris qui superfuerant et unicuique aliarum ductoribus datis eam tutele sue permisit. His itaque distributis quemque eorum inanimabat promittens ceterorum possessiones eis si ad triumphandum perstarent. Arturus quoque suum exercitum in aduersa parte statuit quem per .ix. diuisit agmina pedestria cum dextro et sinistro cornu quadrata et unicuique presidibus commissis hortatur ut periuros et latrones perimant qui monitu proditoris sui de externis regionibus in insulam aduecti suos eis honores demere affectabant. Dicit etiam diuersos diuersorum regnorum barbaros inbelles atque belli usus ignaros esse et nullatenus ipsis, uirtuosis uiris et pluribus debellationibus usis, resistere posse si audacter inuadere et uiriliter decertare affectarent. Ipsis itaque commilitones suos hinc et inde cohortantibus subito impetu concurrunt acies et commisso prelio crebris ictibus inuectere elaborant. Fiunt ilico in utrisque partibus tante strages, tanti morientium gemitus, tanti inuadentium furores quantos et dolorosum et laboriosum est describere. Undique etenim uulnerabant et uulnerabantur, perimebant et perimebantur. Postquam autem multum diei in hunc modum duxerunt, irruit tandem Arturus cum agmine uno, quo sex milia et sexcentos sexaginta sex [73r] posuerat, in turmam illam ubi Modredum sciebat esse et uiam gladiis aperiendo eam penetrauit atque tristissimam cedem ingessit. Concidit namque proditor ille nephandus et multa milia secum; nec tamen ob casum eius diffugiunt ceteri sed ex omni campo confluentes quantum audacia dabatur resistere conantur. Committitur ergo dirissima pugna inter eos quia omnes fere duces qui in ambis partibus affuerant cum suis cateruis corruerunt. Corruerunt etenim ex parte Modredi: Chelricus, Elafius, Egbrictus, Bruniggus,

Saxones; Gillapatric, Gillabor, Gillafer, Gillarum, Hibernenses; Scoti etiam et Picti cum omnibus fere quorum dominabantur. In parte autem Arturi Olbericus rex Norguegie, Aschillus rex Dacie, Cador Limenic, Cassibellanus cum multis militibus suorum tam Britonum quam ceterarum gentium quas secum adduxerant. Set et inclitus ille rex Arturus letaliter uulneratus est; qui illinc ad sananda uulnera sua in insulam Auallonis euectus Constantino cognato suo et filio Cadoris ducis Cornubie diadema Britannie concessit anno ab incarnatione Domini .dxlii.. Anima eius in pace quiescat.

[179] Illo[1] igitur insignito insurrexerunt Saxones et duo filii Modredi nec in eum preualere quiuerunt. Set post plurima prelia diffugiendo unus Londonias, alter uero Guintoniam ingressus, eas obtinere ceperunt. Tunc defunctus est sanctus Daniel Bangoriensis ecclesie religiosissimus antistes et .N.[2] Gloecestrensis episcopus in archiepiscopatum Londoniarum erigitur. Tunc obiit sanctissimus Urbis Legionum archiepiscopus Dauid in Meneuia ciuitate infra abatiam suam; quam pre ceteris sue dioceseos monasteriis dilexerat quia beatus Patricius, qui natiuitatem eius prophetauerat, ipsam fundauit. Dum ibi apud confratres suos moram faceret, subito languore mortuus[3] in eadem ecclesia sepultus est. Pro eo ponitur in metropolitana sede Kinocus Lampaternensis ecclesie antistes et ad altiorem dignitatem promouetur. [180] At Constantinus insecutus est duos filios Modredi et Saxones potestati sue subiugauit et predictas ciuitates cepit. Et alterum iuuenem Guintonie in ecclesia sancti Amphibali diffugientem ante altare trucidauit; alium uero Londoniis in quorumdam fratrum cenobio absconditum atque tandem iuxta altare inuentum crudeli morte affecit. Exin quarto anno sententia Dei percussus iuxta Utherpendragon infra lapidum structuram sepultus fuit; que haut longe Salesberia mira arte composita Anglorum lingua Stanhenge nunccupatur.

[181] Cui successit Aurelius Conanus, mire probitatis iuuenis et ipsius nepos, qui monarchiam totius insule tenens eiusdem diademate dignus esset nisi foret ciuilis belli amator. Auunculum etenim suum qui post Constantinum regnare debuit inquietauit atque in carcerem posuit eiusque duobus filiis peremptis obtinuit regnum tertioque regni sui anno defunctus est.

---

[1] *llo*: capital omitted in MS.   [2] the bishop is named as *Teotius* at § 186; see p. 134 below.   [3] omission from MS.: see Introduction, p. lvi.

[182] Cui successit Wortiporius in quem insurrexerunt Saxones conducentes conciues suos nauigio; sed ipse prelium cum eis iniuit et [73v] superauit et monarchiam totius regni adeptus populum tandem gubernauit cum diligentia et pace.

[183] Cui successit Malgo omnium fere ducum Britannie pulcherrimus, multorum tirannorum depulsor, robustus armis, largior ceteris, et ultra modum probitate preclarus nisi sodomitana peste uolutatus sese Deo inuisum[1] exibuit. Hic etiam totam insulam obtinuit et sex comprouintiales occeani insulas, Hiberniam uidelicet atque Hislandiam, Godlandiam, Orchades, Norguegiam, Daciam, adiecit dirissimis preliis potestati sue.

[184] Cui successit Kareticus, amator ciuilium bellorum, inuisus Deo et Britonibus, cuius inconstantiam comperientes Saxones miserunt propter Gotmundum regem <A>ffricanorum[2] in Hiberniam in quam maximis nauigiis aduectus gentem patrie subiugauerat. Exin Gotmundus dux eorum cum centum sexaginta milibus Affricanorum ad Britanniam transfretauit quam in una parte Saxones, in alia uero parte ciues ciuilia <bella>[3] inter se assidue agentes penitus deuastabant. Inito igitur federe cum Saxonibus obpugnauit Kareticum regem et post plurima prelia fugauit eum a ciuitate in ciuitatem donec eum trusit in Cirecestriam et obsedit. Ubi Isembardus, nepos Lodouici regis Francorum, uenit ad eum et cum eo fedus amicitie iniuit et christianiatem suam tali pacto et pro amore suo deseruit ut auxilio suo regnum Gallie ab auunculo eripere ualuisset; a quo, ut aiebat, ui et iniuste erat expulsus. Capta tandem predicta ciuitate et succensa commisit prelium cum Karetico et fugauit eum ultra Sabrinam in Gwalias. Mox depopulans agros ignem cumulauit in finitimas quasque ciuitates; qui non quieuit accensus donec cunctam pene superficiem insule a mari usque ad mare excussit ita ut cuncte colonie crebris arietibus, omnes coloni cum sacerdotibus eccelesie mucronibus undique micantibus ac flammis crepitantibus humi prosternerent<ur>.[4] Diffugie<bant>[5] ergo reliquie tantis cladibus affecte quocumque tutamen ipsis cedentibus patebat.[6] [185] Quid, odiosa gens pondere immanium scelerum oppressa, quid semper ciuilia prelia sitiens tete domesticis in tantum debilitasti motibus: qu<e>[7] cum prius longe posita regna potestati tue subdidisses, nunc uelut bona uinea degenerata

---

[1] *Deo inuisum Deo* MS.   [2] *Inffricanorum* MS.   [3] om. MS.   [4] *prosternerent* MS.   [5] *diffugientibus* MS.   [6] corrected from *patebant* in MS.   [7] *qui* MS.

in amaritudinem uersa patriam, coniuges, liberos nequeas ab inimicis tueri? Age ergo, age ciuile discidium parum intelligens ewangelicum illud: 'Omne regnum in se ipsum diuisum desolabitur et domus supra domum cadet.' Quia ergo regnum tuum in se diuisum fuit, qui<a>[1] furor ciuilis discordie et liuoris fumus mentem tuam hebetauit, quia superbia tua uni regi obedientiam ferre non permisit, cernis iccirco patriam tuam ab impiissimis paganis desolatam, etiam domos eiusdem supra domos ruentes: quod posteri tui in futurum lugebunt. Uidebunt etenim barbarie leene catulos opida, ciuitates atque ceteras eorumdem possessiones obtinere; ex quibus misere [74r] expulsi prioris dignitatis statum uel numquam uel uix recuperabunt.[2] [186] Postquam autem, ut predictum est, infaustus tyrannus cum innumerabilibus Affricanorum militibus totam fere insulam uastauit, maiorem partem eius, que Loegria uocabatur, prebuit Saxonibus quorum consilio applicuerat. Secesserunt itaque Britonum reliquie in occidentalibus regni partibus, Cornubia uidelicet atque Guali<i>s,[3] unde crebras et ferales irruptiones incessanter hostibus fecerunt. Tunc igitur archipresules Teotius Londoniensis et Tadiocus Eboracensis cum omnes ecclesias sibi subditas usque ad humum destructas uidissent, cum omnibus ordinatis qui in tanto discrimine superfuerant diffugierunt ad tutamina nemorum in Gualiis cum reliquiis sanctorum: timentes ne barbarorum irruptione delerentur tot et tantorum ueterum sácra ossa si ipsa in imminenti periculo desererent et sese instanti martirio offerrent. Plures etiam Armoricam Britannicam nauigio magno petierunt ita ut ecclesia duarum prouinciarum, Loegrie uidelicet et Norhaumbrie, a con-uentibus suis desolaretur. Set hec alias referam cum librum de exulatione eorum transtulero.

[187] Amiserunt deinde Britones regni diadema multis temporibus et insule monarchiam nec pristinam dignitatem recuperare nitebantur; immo partem illam patrie que adhuc eis remanserat non uni regi sed tribus tyrannis subditam ciuilibus preliis sepissime uastabant. Set nec Saxones diadema regni adhuc adepti sunt qui tribus etiam regibus subdi<t>i[4] quandoque sibi ipsi quandoque Britonibus inquietationem inferebant.

[188] Interea missus est Augustinus a beato Gregorio papa in Britanniam ut Anglis uerbum Dei predicaret qui pagana superstitione

---

[1] *qui* MS.   [2] corrected from *recuperabant* in MS.   [3] *Gualias* MS.
[4] *subdidi* MS.

134

cecati in <illa>[1] insule <parte>[2] quam habebant totam deleuerant christianitatem. In parte autem Britonum adhuc uigebat christianitas que a tempore Eleutherii pape habita numquam inter eos defecerat. Postquam ergo uenit Augustinus, inuenit in eorum prouintia .vii. episcopatus et archiepiscopatum religiosissimis presulibus munitos et abatias complures in quibus grex Domini rectum ordinem tenebat. Inter ceteras erat quedam nobilissima in ciuitate Bangor in qua tantus fuisse fertur numerus monachorum ut, cum in .vii. portiones esset cum prepositis sibi prioribus monasterium diuisum, nulla harum portio minus quam trecentos monachos haberet qui omnes labore manuum suarum uiuebant. Abbas autem eorum Dinoot uocabatur miro modo liberalibus artibus eruditus qui Augustino petenti ab episcopis Britonum subiectionem et suadenti ut secum genti Anglorum communem ewangelizando laborem susciperent diuersis monstrauit argumentationibus ipsos ei nullam subiectionem debere nec suam predictationem inimicis suis impendere, cum et suum archipresulem haberent et gens Saxonum patriam propriam eisdem auferre perstarent. [74v] Unde eos summo habebant odio fidemque et relligionem eorum pro nichilo habebant nec in aliquo Anglis magis quam canibus communicabant. [189] Edelbertus ergo rex Cantiorum ut uidit Britones dedignantes subiectionem Augustino facere et eosdem predicationem suam spernere, hoc graue ferens Edelfridum regem Northamhimbrorum et ceteros regulos Saxonum instimulauit ut collecto grandi exercitu in ciuitatem Bangor abbatem Dinoot et ceteros clericos qui eos despexerant perditum irent. Aquiescentes igitur consilio eius collegerunt mirabilem exercitum et prouintiam Britonum petentes uenerunt Legecestriam ubi Broohmais consul urbis aduentum eorum expectabat. Uenerant autem ad eandem ciuitatem ex diuersis Britonum prouinciis innumerabiles monachi et heremite et maxime de ciuitate Bangor ut pro salute populi sui orarent. Collectis igitur undique exercitibus Edelfridus rex Northamhimbrorum prelium iniuit cum Brochmail; qui pauciori numero militum resistens ad ultimum relicta ciuitate sed prius maxima strage hostibus illata diffugit. At Edhelfridus ciuitate capta cum intellexisset causam aduentus predictorum monachorum, iussit in eos primum arma uerti et sic mille ducenti eorum in ipsa die martirio decorati regni celestis adepti sunt sedem. Deinde cum predictus Saxonum tyrannus Bangornensium urbem peteret, audita ipsius insania uenerunt undique obuiam illi duces Britonum, Bledericus uidelicet dux Cornubie et Margadud rex

[1] *illam* MS.   [2] *partem* MS.

Demetarum, Caduanus Uenedotorum, et conserto prelio ipsum uulneratum in fugam propulerunt sed et tantum numerum exercitus eius peremerunt ita quod .x. milia circiter et sexaginta sex corruerunt. In parte etiam Britonum cecidit Bledericus dux Cornubie qui ducatum in eisdem preliis ceteris prestabat.

[190] Exin conuenerant omnes principes Britonum in ciuitate Legecestrie communemque assensum habuerunt ut Caduanum facerent sibi regem ipsoque duce Edhelfridum ultra Humbrum sequerentur. Insignitoque illo regni diademate undique confluentes Humbrum pretereunt. Cumque Edhelfrido nunciatum esset, assotiauit sibi omnes reges Saxonum obuiusque Caduano perexit. Deinde cum cateruas suas in utraque parte statuerent, uenerunt amici eorum talique pacto pacem inter eos fecerunt ut Edhelfridus trans Humbrum, Caduanus uero citra fluuium Britanniam possideret. Cum autem conuentionem suam obsidibus cum iureiurando confirmassent, orta est tanta amicitia inter eos ut omnia communia haberent. Interea contigit ut expulsa propria coniuge Edhelfridus aliam duceret expulsamque tanto haberet odio ut eam ex regno Northamhimbrorum expelleret. Porro illa puerum in utero habens regem Caduanum adiuit orans ut eius interuentione marito resociaretur. Cumque id ab Edhelfrido nullatenus impetrari potuisset, remansit illa in thalamo Caduani donec dies partus filium quem conceperat in mundum produxit. [75r] Natus est etiam paulo post Caduano regi filius ex regina sua; nam et illa eodem tempore grauida facta fuerat. Exinde nutriti sunt pueri ut regium genus decebat; quorum alter, uidelicet Caduani, Caduallo nuncupatur, alter uero Edwinus. Interea, dum prog<re>ssior[1] aetas ipsos in adolescentiam promouisset, miserunt eos parentes ad Salomonem regem Armoricanorum[2] Britonum ut in domo sua documenta militiae caeterarumque[3] curialium consuetudinum addiscerent. Excepti itaque diligenter ab eo in familiaritatem ipsius accedere ceperunt ita ut non esset alter aetatis eorum in curia qui possit cum rege aut esse secretius aut loqui iocundius. Denique frequenter ante illum in preliis congressum cum hostibus faciebant uirtutemque suam preclaris probitatibus famosam agebant.

[191] Succedente tandem tempore defunctis parentibus in Britanniam reuersi sunt susceptoque regni gubernaculo eam amicitiam quam prius

---

[1] *progssior* MS. [2] corrected from *Armonicanorum* in MS. [3] wrongly corrected to *caetererum* in MS.

136

patres eorum exercere ceperunt. Emenso deinde biennio rogauit
Caduallonem ut sibi diadema habere liceret celebraretque statutas
solennitates in partibus Norhamhibrorum quemadmodum ipse citra
Humbrum antiquo more consueuerat. Cumque inde iuxta flumen
Duglas colloquium facere incepissent, disponentibus sapientioribus ut
melius fieri poterant iacebat Caduallo in alia parte fluminis in gremio
cuiusdam nepotis sui quem Brianum appellabant. Ac dum legati hinc et
inde mutua responsa dedissent uel defferrent, fleuit Brianus lacrimeque
ex oculis eius manantes ita ceciderunt ut faciem regis et barbam
irrorarent. Qui imbrem cecidisse ratus erexit uultum suum uidensque
iuuenem in fletu solutum causam tam subitae mesticiae inquisiuit.
Cui ille: 'Flendum est michi gentique Britonum perpetue: quae a
tempore Malgonis barbarorum irruptione uexata nondum talem
adepta est principem qui eam ad pristinam dignitatem reduceret.
Adhuc etiam id tantillum honoris quod ei remanebat te manente
minuitur, cum aduene Saxones qui sepius exterminatores eius
extiterunt in uno cum ill<a>[1] regno diademate insigniri incipiant.
Nomine etenim regis elati famosiores per patriam ex qua uenerunt
efficientur citiusque conciues suos inuitare poterunt qui genus nostrum
exterminare insistent. Consueuerunt namque exterminationem nobis
semper facere et a patria nostra nos fugare; unde a nobis opprimendos
esse, non exaltandos censerem. Cum ipsos primo rex Uortygernus
retinuit, sub umbra pacis remanserunt quasi pro patria pugnaturi sed,
cum impotentiam nostram comperire quiuerunt, malum pro malo
reddentes reliquaerunt eum populumque regni seua clade affecerunt.
Occiderunt deinde Aurelium Ambrosium, uulnerauerunt ad mortem
quoque Arturum quando cum Modredo nepote suo postposito iure
quo obligati fuerant contra illum dimic<a>uerunt.[2] [75v] Postremo
Kareticum regem reliquaerunt et Gormundum Affricanorum regem
super eum conduxerunt cuius inquietatione et patria ciuibus exempta
est et predictus rex indecenter expulsus.' [192] <Hec>[3] eo dicente
penituit Caduallonem incepte pactionis mandauitque Edwino quod
nullatenus a consiliariis suis impetrare poterat ut permisissent eum
petitioni illius acquiescere. Aiebant enim contra ius ueterumque
traditionem esse insulam unius coronae duobus coronatis submitti
debere. Iratus igitur Aedwinus dimisso colloquio secessit in
Northamhimbriam, dicens sese sine licentia Caduallonis regali
diademate initiandum. Quod cum Cadualloni indicatum esset,
nuntiauit ei per legatos se amputaturum illi caput sub diademate si

[1] *illo* MS.   [2] *dimicuerunt* MS.   [3] *Rex* MS.

infra regnum Britanniae coronari presumeret. [193] Orta igitur inter illos discordia, cum utrorumque homines sese plurimis decertationibus inquietassent, conuenerunt ambo ultra Humbrum factoque congressu amisit Caduallo multa milia et in fugam uersus est arre<p>toque[1] per Albaniam itinere Hiberniam insulam adiuit. At Aedwinus ut triumpho potitus <fuit>,[2] duxit exercitum suum per prouintias Britonum combustisque ciuitatibus ciues et colonos pluribus tormentis affecit. Dum autem seuitiae suae indulgeret, conabatur Caduallo semper in patriam nauigiis reuerti; nec poterat quia quocumque portu applicare incipiebat obuiauit illi Aedwinus cum multitudine sua introitumque auferebat. Uenerat namque ad eum quidam sapientissimus augur ex Hispania uocabulo Pellitus qui uolatus uolucrum cursusque stellarum edoctus predicabat ei omnia infortunia quae accidebant. Unde reditu Caduallonis notificato obuiauit ei Aedwinus, naues suas illidebat ita ut submersis sociis eidem omnem portum abnegaret. Nescius igitur Caduallo quod faceret cum fere in desperationem reuertendi incidisset, tandem apud se deliberat quod Salomonem regem Armoricanorum Britonum adiret rogaretque illum auxilium et consilium quo in regnum suum reuerti quiuisset. Cumque uela uersus <Armoricam dirigeret>[3], ruunt ex inprouiso tempestates ualide disperguntque naues suas sociorum suorum ita ut in breui nulla cum altera remaneret. Inuasit ilico timor nimius rectorem nauis regis quam relicto remige dispositioni fortune permisit. Ut igitur cum periculo mortis tota nocte inter obstantes undas nunc huc nunc illuc expulsa fuit, in sequentis diei aurora applicuerunt in quandam insulam que Garnareia nuncupatur ubi maximo labore nacti sunt tellurem. Ocupauit continuo Caduallonem tantus dolor et ira ob amissionem sociorum suorum ita ut tribus diebus et noctibus cibo uesci aspernaretur ac in lecto infirmatus iacebat. Quarta deinde instante die cepit eum maxima cupiditas edendi ferinam carnaem uocatoque Briano indicauit quod concupiscebat. At ille sumpto arcu cum pharetra cepit ire per insulam ut si casus aliquam feram offerret escam illi ex ea acquireret. Cunque eam totam peragrasset nec id quod querebat reperisset, maximis cruciatus est angustiis quia domini sui sub- uenire nequiret affectui. Timebat enim ne mors infirmitatem ipsius [76r] subsequeretur si appetitum suum explere non ualuisset. Usus igitur arte noua scidit femus suum et abstraxit inde frustum carnis paratoque ueru torruit illud et ad regem pro uenatione portauit. Mox ille ferinam carnem esse existimans cepit eam uesci et sese reficere

---

[1] *arrectoque* MS.   [2] *effuit* MS.   [3] *Armoricam diricam dirigeret* MS.

admirans quod tantam dulcedinem in aliis carnibus non reperisset. Satiatus tandem hilarior factus est et leuior ita ut post tres dies totus sanus fieret. [194] Incumbente deinde congruo uento armamenta nauis parant erectoque uelo aequoreum iter aggrediuntur et in Kidaletam urbem applicant. Deinde uenientes ad regem Salomonem suscepti sunt ab illo benigne <et ut>¹ decebat uenerati² et, cum causam aduentus eorum didicisset, auxilium eis in hunc modum promisit:

'Dolendum nobis est, egregii iuuenes, patriam auorum uestrorum a barbara gente oppressam esse et uos ignominiose expulsos. Et cum homines caeteri regna sua queant tueri, mirum est populum uestrum tam fecundam insulam amisisse nec genti Anglorum quam nostrates pro uili habent resistere posse. Cumque gens huius meae Britanniae una cum uestratibus in uestra Britannia cohabitaret, dominabatur omnium prouincialium regnorum nec fuit uspiam populus preter Romanos qui eam subiugare quiuisset. Romani autem, licet eam ad tempus subditam habuissent, amissis rectoribus suis ac interfectis cum dedecore expulsi abscesserunt. Sed postquam Maximiano et C<o>nano³ ducibus ad hanc uenerunt prouinciam, residui qui remanserunt numquam eam deinceps habuerunt gratiam ut diadema regni continue haberent. Quamquam enim multi principes eorum antiquam patrum dignitatem seruarent, plures tamen debiliores heredes succedebant qui eam penitus inuadentibus hostibus amittebant. Unde debilitatem populi uestri doleo, cum ex eodem genere simus et sic Britones nominemur sicut et gens regni nostri quae patriam quam uidetis omnibus uicinis aduersatam uiriliter tuetur.'

[195] Postquam his et aliis finem dicendi fecerat, aliquantulum uerecundans Caduallo in hunc modum respondit: 'Grates multimodas tibi ago, rex regibus atauis edite, quia auxilium michi permittis ut regnum meum recuperem. Hoc autem quod dicebas mirum esse gentem meam non seruasse auorum dignitatem postquam Britones ad has prouintias peruenerunt nequaquam ammirandum censeo. Nobiliores namque totius regni predictos duces secuti fuerunt et ignobiles remanserunt qui ipsorum potiti sunt honoribus. Qui cum uicem nobilium optinere cepissent, extulerunt se ultra quam dignitas expetebat et ob affluentiam diuitiarum superbi ceperunt et tali et tante fornicationi indulgere qualiter nec inter gentes audita est. Et cum Gillas hystoricus testatur, non solum hoc uitium sed omnia que

¹ *reut* MS. ² corrected from *uenerari* in MS. ³ *Cunano* MS.

139

humane nature accidere solent et precipue — quod totius boni euertit statum — odium ueritatis cum assertoribus suis amorque mendatii cum fabricatoribus suis, susceptio mali pro bono, u<en>eratio[1] nequitie pro benignitate, exceptio [76v] Sathane pro angelo lucis. Ungebantur reges non propter Deum sed <qui>[2] ceteris crudeliores exstarent. Et paulo post ab unctoribus non pro ueri examinatione trucidabantur aliis electis trucioribus. Si quis uero eorum mitior et ueritati aliquatenus propior uidetur, in hunc quasi Britannie subuersionem omnium odia telaque torquebantur. Denique omnia que Deo placebant et <displicebant>[3] equali lance penderent, si non grauiora essent displicentia. Itaque agebantur cuncta que saluti contraria fuerant acsi nichil medicine a uero omnium medico largiretur. Et non solum hoc seculares uiri sed et ipse grex Domini eiusque pastores sine discretione faciebant. Non igitur ammirandum est degeneres tales Deo ob talia scelera inuisos patriam illam amittere quam predicto modo maculauerant. Uolebat enim Deus uindictam ex eis sumere dum externum populum superuenire passus est qui eos patriis agris exterminarent. Dignum tamen esset, si Deus permitteret, ciues pristine dignitati restituere ne generi nostro opprobrium sit debiles fuisse rectores qui tempore nostro in id desudauerimus. Idem etenim nobis attauus fuit: unde securius auxilium tuum <postulo>.[4] Malgo nanque, summus ille rex Britannie qui post Arturum quartus regnauerat, duos generauit filios quorum unus Ennianus, alter uero Run uocabatur. Ennianus autem genuit Belin, Beli Iagonem, Iago Caduanum patrem meum. Run uero qui post obitum patris expulsus fuit <inquietatione>[5] Saxonum, hanc prouinciam adiuit deditque filiam suam Hoelo duci, filio magni Hoeli qui cum Arturo patrias sub<iu>gauerat.[6] Ex illa natus est Alanus, ex Alano Hoelus pater tuus qui dum uixit toti Gallie non minimum inferebat <timorem>.'[7]

[196] Interea hiemante eo apud Salomonem inierunt consilium ut Brianus in Britanniam transfretaret magumque Edwini regis aliquo modo perimeret ne solita arte aduentum Caduallonis indicaret. Cumque in Portu Hamonis applicuisset, finxit se infra uestimenta cuiusdam pauperis pauperem fecitque sibi baculum ferreum et acutum quo magum interficeret si illum casus obtulisset. Deinde perrexit Eboracum; nam tunc Edwinus in eadem urbe manebat. Ut igitur illam ingressus est, associauit se pauperibus qui ante ianuam regis

---

[1] *ueratio* MS.   [2] om. MS.   [3] *despisciebant* MS.   [4] *postuilo* MS.
[5] *inquietationem* MS.   [6] *subgauerat* MS.   [7] om. MS.

elemosinam expectabant. Eunte autem illo et redeunte egressa est soror eius ex aula habens peluim quandam in manu ut aqua<m>[1] regine asportaret. Illam rapuerat Edwinus ex urbe Guigornensium dum post fugam Caduallonis per prouincias Britonum deseuiret. Cum itaque ante Brianum preteriret, agnouit eam continuo et in fletum solutus dimissa uoce uocauit. Ad uocem ergo illius faciem puella uertens dubitauit primo quis ipse esset. At ut propius accessit, agnito fratre pene in extasi collapsa est timens ne aliquo infortunio notificatus ab hostibus caperetur. Postpositis ergo o<s>culis[2] et familiaribus uerbis indicauit fratri breuiter quasi aliud [77r] loquens statum curiae et magum quem quaerebat; qui forte tunc inter paup<er>es[3] deambulabat dum eisdem elemosina distribueretur. Porro Brianus ut noticia uiri usus est, precepit sorori nocte sequenti ex thalamis furtim egredi et ad se extra urbem iuxta quoddam uetus templum uenire ubi ipse aduentum eius in crepidinibus loci expectaret. Deinde intromisit se infra turbam pauperum in parte illa ubi Pellitus ipsos collocabat. Nec mora cum aditum percutiendi habuisset, erexit burdonem quam supradixi infixitque magum sub pectore atque eodem ictu interfecit. Mox proiecto baculo delituit inter ceteros nulli astantium suspectus et prefata latibula fauente Deo petiuit. At soror instante iam nocte pluribus modis egredi conata est; nec ualuit quia Edwinus ob necem Pelliti exterritus uigiles circa curiam posuerat qui queque abdita explorantes egressum ei adnegabant. Cunque id comperisset Brianus, recessit de loco illo iuitque Exoniam ubi conuocatis Britonibus ea que fecerat notificauit. Missis postmodum ad Caduallonem legatis muniuit urbem suam mandauitque uniuersis Britonibus proceribus ut opida sua et ciuitates conseruare insisterent letique aduentum Caduallonis expectarent qui in breui auxilio Salomonis fretus eis presidio ueniret. Hoc itaque per totam insulam diuulgato Peanda rex Merciorum cum maxima multitudine uenit Exoniam Brianumque obsedit.

[197] Interea applicuit Caduallo cum decem milibus militum quos ei rex Salomon commiserat petiuitque obsidionem quam predictus dux tenebat. Ut autem cominus perspexit, diuisit milites suos in quatuor turmas hostesque suos adire non distulit. Conserto deinde prelio captus est Peanda continuo et exercitus eius peremptus. Cumque ille alium aditum salutis non haberet, subdidit se Cadualloni deditque obsides p<ro>mittens[4] sese cum illo Saxones inquietaturum. Triumphatoque itaque illo conuocauit Caduallo proceres suos multo

---

[1] *aqua* MS.   [2] *occulis* MS.   [3] *paupes* MS.   [4] *pmittens* MS.

tempore dilapsos petiuitque Norhamhimbriam super Aedwinum; patriam uastare non cessauit. Quod cum Aeduuino relatum esset, associauit sibi omnes regulos Anglorum et in campo qui Hedfeld appellatur obuiam ueniens bellum Britonibus commisit. Illato otius prelio interficitur Aedwinus et totus fere populus quem habebat necnon et filius eius Offridus cum Gadboldo rege Orcadum qui e<i>s[1] in auxilium uenerat.

[198] Habita igitur uictoria Caduallo uniuersas Anglorum prouincias peruagando ita debachatus est in Saxones ut ne sexui quidem muliebri uel paruulorum aetati parceret; quin omne genus Anglorum ex finibus Britannie abradere uolens quoscumque reperiebat inauditis tormentis afficiebat. Deinde commisit prelium [77v] cum Offrico qui Aeduuino successerat atque interemit illum et duos nepotes eius qui post ipsum regnare debuerant sed et Caduanum regem Scottorum qui eis auxiliari uenerat.

[199] His itaque interfectis successit Oswaldus in regnum Norhamhimbrorum; quem Caduallo post ceteros inquietatum a prouintia in prouintiam usque ad murum quem Seuerus imperator olim inter Britanniam et Scotiam construxerat fugauit. Postea misit Peandam regem Merciorum et maximam partem sui exercitus ad eundem locum ut cum eo bellum consereret. At Oswaldus dum a predicto Peanda in loco qui uocatur Heuenfeld, id est 'caelestis campus', quadam nocte obsideretur, erexit ibidem crucem Domini et indixit commilitonibus suis ut suprema nocte in hec uerba clamarent: 'Flectamus genua omnes et Deum omnipotentem, unum et uerum, in commune deprecemur ut nos ab exercitu superbo Britannici regis et eiusdem nefandi ducis Peandae defendat. Scit enim ipse quia iusta pro salute gentis nostrae bella succepimus.' Fecerunt ergo omnes ut iusserat et sic incipiente diluculo in hostes progressi iuxta meritum suae fidei uictoria potiti sunt. Quod ut Cadualloni nuntiatum fuit, acri ira ignescens collegit exercitum suum et regem Oswaldum insecutus est et collato prelio in loco qui Burne uocatur irruit in eum Peanda atque interfecit.

[200] Perempto igitur Oswaldo cum multis militibus suorum successit ei in regnum Norhamhimbrorum frater eius Oswi; qui multa donaria auri et argenti Cadualloni toti iam Britanniae imperanti donans pacem

[1] *eos* MS.

eius adeptus est et sese sibi submisit. Nec mora insurrexerunt in eum Alfridus filius eius et Orwald filius fratris sui; sed cum perstare nequissent, diffugerunt ad Peandam regem Merciorum ipsum implorantes ut collecto exercitu cum eis trans Humbrum iret, regi Oswi regnum suum auferret. At Peanda timens pacem infringere quam rex Caduallo per regnum Britannie statuerat distulit sine licentia sua inquietationem incipere donec illum aliquo modo incitaret ut uel ipse in regem Oswinum insurgeret uel sibi copiam congrediendi cum eo concederet. Quadam igitur solennitate pentescostes, cum rex Caduallo diadema Britannie portando festum celebraret Londoniis et uniuersi Anglorum reges preter Oswi solum necnon et Britonum duces adessent, adiuit Peanda regem et quaesiuit ab eo cur solus Oswi aberat cum caeteri Saxonum principes adessent; cui cum Caduallo responderet ipsum infirmitatis causa deesse, adiecit ipse dicens illum misisse propter Saxones in Germaniam ut fratrem suum Oswaldum in ipsos utrosque uindicaret. Adiecit etiam illum pacem regni infregisse qui solus guerram inter eos inciperet cum Edhelfridum suum et Ordwallum fratris sui filium bellis inquietatos a patria propria expulisset. Petiuit [78r] quoque licentiam ut illum uel interficeret uel a regno fugaret.

Rex igitur in diuersas cogitationes inductus familiares suos seuocauit precepitque conicere quid super tali re autumarent. Conicientibus eis plura Margadud rex Demetarum inter ceteros dixit: 'Domine mi, quoniam omne genus Anglorum te ex finibus Britannie expulsurum proposuisti, cur a proposito tuo diuertens ipsos inter nos in pace uiuere pateris? Eia ergo permitte saltem ut ipsi inter semetipsos ciuilem habeant discordiam et mutuis cladibus affecti a patria nostra exterminaentur. Non est enim illi fides seruanda qui semper i<n>sidiatur[1] ut eum cui eam debet uersutis laqueis capiat. Saxones ergo ex quo primum patriam nostram ingressi sunt semper insidiantes gentem nostram prodiderunt. Quam itaque fidem eis tenere debemus? Da otius Peande licentiam ut in predictum Oswinum insurgat ut sic ciuili discordia inter illos exorta alter alterum perimens ab insula nostra deleatur.'

His igitur et pluribus aliis dictis motus Caduallo Peande licentiam dedit congrediendi cum Osuuino. Qui deinde collecto innumerabili exercitu <praeteriuit>[2] Humbrum et prouincias eius patriae uastando

[1] *isidiatur* MS. [2] *preraeteriuit* MS.

predictum regem acriter cepit inquietare. At Oswi ad ultimum necessitate coactus promisit ei innumera regia ornamenta et maiora donaria quam credi potest ut patriam suam uastare desineret et pretermissa inquietatione quam inceperat domum rediret. Cumque ille precibus eius nullatenus assensum preberet, rex ille ad diuinum <respiciens>[1] auxilium, licet minorem habuisset exercitum, iniuit tum prelium cum illo iuxta fluuium Uunued et Peanda necnon et .xxx. ducibus peremptis uictoriam <adeptus>[2] est. Interfecto igitur Peanda Wlfert eiusdem filius donante Caduallone successit ei in regnum; qui consotiatis sibi Ebba et Edberto Merciorum ducibus rebellauit aduersum Oswi sed iubente Caduallone pacem habuit cum illo. [201] Completis tandem .xlviii. annis nobilissimus ille atque potentissimus Caduallo rex Britonum senio et infirmitate grauatus .xv. kalendis Decembris ab hoc seculo migrauit. Cuius corpus Britones balsamo et aromatibus conditum in quadam aenea imagine ad mensuram staturae suae fusa mira arte posuerunt. Imaginem autem illam super eneum equum mirae pulcritudinis armatam et super occidentalem portam Lundoniarum[3] erectam in signum predictae uictoriae et in terrorem Saxonibus statuerunt. Sed et aecclesiam subter in honorem sancti Martini edificauerunt in qua pro ipso et fidelibus defunctis diuina celebrarentur obsequia.

[202] Suscepit itaque regni gubernaculum Cadualdrus filius suus (quem Beda Cheduallam iuuenem uocat) quod et initio uiriliter et pacifice tractauit. At cum .xii. annos post sumptum diadema preterisset, in [4]<infirmitatem cecidit>[4] et ciuile [78v] discidium inter Britones ortum est. Mater eius fuit soror Peande regis;[5] ex nobili genere Gewiseorum edita fuerat. Eam memoratus rex Caduallo [6]post factam cum fratre concordiam[6] in sotietatem thori accepit et Cadualadrum ex illa progenuit.

[203] Quo igitur, ut dicere ceperam, languente afficiuntur discordia Britones et opulentam patriam detestabili discidio destruunt. Accessit aetiam aliud infortonium quia fames dira ac famosissima insipienti populo adhesit ita ut totius cibi sustentaculo quaeque uacuaretur prouintia excepto uenatoriae artis solatio. Quam uero famem pestifera lues mortis consecuta est quae in breui tanta<m>[7] populi multi-

---

[1] om. MS. [2] *ademptus* MS. [3] emended from *Londoniarum* in MS.
[4] *infirmate* (om. *cecidit*) MS. [5] omission from MS.: see Introduction, p. lvi. [6] *post factam pacem cum fratre concordiam* MS. [7] *tanta* MS.

tudinem strauit quantam non poterant uiui humare. Unde miserae reliquiae patriam factis agminibus diffugientes transmarinas petebant regiones cum ululatu magno sub uelorum <s>inibus¹ hoc modo cantantes: 'Dedisti nos, Deus, tamquam oues escarum et in gentibus d<ispersisti> n<os>.'² Ipse etiam rex Cadualadrus cum nauigio miserabili Armoricam petens predictum planctum hoc modo augebat: 'Ue nobis peccatoribus ob nimia scelera nostra quibus Deum offendere nullatenus diffugimus dum penitentiae spatium habebamus. Incumbit ergo illius potestatis ultio quae nos ex natali solo exstirpat quos nec olim Romani nec deinde Scoti uel Picti nec uersute proditionis Saxones exterminare quiuerunt. Sed in uanum patriam super illos tociens recuperauimus cum non fuit uoluntas Dei ut in ea perpetue regnaremus. Ipse uerus iudex cum uidisset nos nullatenus a sceleribus nostris cessare uelle ac neminem genus nostrum a regno expellere posse, uolens corripere stultos indignationem suam direxit qua propriam nationem cateruatim deserimus. Redite ergo Romani, redite Scoti et Picti, redite ambrones Saxones: ecce patet uobis Britannia ira Dei deserta quam uos desertam facere nequiuistis. Non nos fortitudo uestra expellit sed summi regis potentia quam numquam offendere distulimus.'

[204] Ut igitur inter hos et alios gemitus in Armo<r>icano³ litore appulsus fuit, uenit cum tota multitudine sua ad regem Alanum Salomonis nepotem et ab illo digne susceptus est. Britannia ergo cunctis ciuibus exceptis paucis quibus in Gualiarum partibus mors pepercerat desolata per .xi. annos Britonibus horrenda fuit; Saxonibus quoque eadem tempestate ingrata qui in illa sine intermissione moriebantur. Quorum residui, cum tam fer<a>lis⁴ lues cessauisset, continuum morem seruantes nuntiauerunt conciuibus suis in <Germania>⁵ insulam indigena gente caren<t>em⁶ facile illis subdendam si ⁷in illam habitaturi⁷ uenirent. Quod cum ipsis indicatum fuisset, nefandus populus ille collecta innumerabili multitudine uirorum et mulierum applicuit in partibus Norhamhimumbriae [79r] et desolatas prouintias ab Albania usque Cornubiam inhabitauit. Non enim aderat habitator qui prohiberet preter paup<er>culas⁸ Britonum reliquias quae superfuerant, quae infra abdita nemorum in Gualiis

---

¹ *finibus* MS.   ² *et in gentibus d. n.* MS.   ³ *Armonicano* MS.   ⁴ *fertilis* MS.
⁵ *Germaniam* MS.   ⁶ *carenrem* MS.   ⁷ *in illam habitaturi* written over an erasure in MS.   ⁸ *paupculas* MS.

commanebant. Ab illo tempore potestas Britonum in insula cessauit et Angli regnare ceperunt.

[205] Deinde cum aliquantum temporis emensum esset et predictus populus roboratus fuisset, recordatus Cadualadrus regni sui iam a predicta contagione purificati auxilium[1] ab Alano petiuit ut pristine dignitati restitueretur. At cum id a rege impetrasset, intonuit ei uox angelica dum classem pararet ut ceptis suis desisteret. Nolebat enim Deus Britones in <insula>[2] Britannie diutius regnare [3]antequam tempus illud uenisset quod Merlinus Arturo prophetauerat.[3] Precepit etiam illi ut Romam ad Sergium papam iret ubi peracta penitentia inter sanctos annumeraretur. Dicebat etiam populum Britonum per meritum fidei ipsius insulam in futuro adepturum postquam fatale tempus superueniret. Nec id tamen prius futurum quam Britones reliquiis eius potiti illas ex Roma in Britanniam asportarent. Tunc demum reuelatis etiam caeterorum sanctorum reliquiis quae propter paganorum inuasionem abscondite fuerant amissum regnum recuperarent. Quod cum auribus beati uiri intimatum fuisset, accessit ilico ad Alanum regem et quod sibi reuelatum fuerat indicauit. [206] Tunc Alanus sumptis diuersis libris et de propheciis aquile quae Sestonie prophetauit et de carminibus Sibille ac Merlini cepit scrutari omnia ut uideret an reuelatio Cadualdri inscriptis oraculis concordaret. Et cum nullam discrepantiam reperisset, suggessit Cadualdro ut diuine dispensationi pareret et Britannia postposita quod angelicus ei preceperat monitus perficeret: filium autem suum Iuor ac Yni nepotem suum ad reliquias Britonum regendas in insulam dirigeret ne gens antiquo genere illorum edita libertatem barbarica irruptione amitteret. Tunc Cadualadrus abiectis mundialibus propter Dominum regnumque perpetuum uenit Romam et a Sergio papa confirmatus, inopino etiam languore correptus .xii. autem die kalendarum Mayarum anno ab incarnatione Domini .dclxxxix. a contagione carnis solutus caelestis regni aulam ingressus est.

[207] Cum autem Yuor et Yni naues sibi collegissent, quos potuerunt assotiauerunt sibi et applicuerunt in insulam atque .lxix. annis gentem seuissima inquietatione affecerunt; sed non multum profuit. Supradicta namque mortalitas et fames atque consuetudinarium discidium in tantum coegerat populum superbum degenerare quod hostes longius

---

[1] *et auxilium* MS.   [2] *insulam* MS.   [3] *antequam . . . prophetauerat* added at foot of the page in MS.

arcere nequiuerant. [79v] Barbariae etiam irrepente iam non uocabantur Britones sed Gualenses, uocabulum siue a Gualone duce eorum siue a Galaes regina siue a barbarie trahentes. At Saxones sapientius[1] agentes, pacem et concordiam inter se habentes, agros colentes, ciuitates et opida aedificantes et sic abiecto dominio Britonum, iam toti Loegriae imperauerant duce Adelstano qui primus inter eos diadema portauit. Degenerati autem a Britannica nobilitate Gualenses numquam postea monarchiam insulae recuperauerunt; immo nunc sibi, interdum Saxonibus ingrati consurgentes externas ac domesticas clades incessanter agebant. [208] Reges autem eorum qui ab illo tempore in Gualiis successerunt Karadoco Lancarbanensi contemporaneo meo in materia scribendi permitto, reges uero Saxonum Willelmo Malmesberiensi et Henrico Huntendonensi; quos de regibus Britonum tacere iubeo cum non habeant librum istum Britannici sermonis quem Gualterus Oxenefordensis archidiaconus ex Britannia aduexit, quem de hystoria eorum ueraciter editum in honore predictorum principum hoc modo in Latinum sermonem transferre curaui.

---

[1] corrected from *sapienteus* MS.

Index Nominum

Variant forms are recorded in brackets; all references are to Faral's chapter-numbers included in this edition, except those in brackets which give *Prophetie Merlini* numbers.

Baldulfus   143, 147
Basclenses   46
Bassianus   75
Beda   1, 202
Beduerus   156, 157, 165, 166, 167, 168, 171, 172, 176
Belin (Beli)   195
Belinus I   35, 36, 37, 38, 39, 40, 41, 42, 43, 44, 159, 160
Belinus II   56
Bladud I   27
Bladud II   30, 31
Blangan   27
Bledgabred   52
Bledricus   189
Bledudo   52
Bloccouius   173
Boccus (Bolcus)   163, 170, 171
Bodloan   27
Bolcus   see Boccus
Borellus   156, 166, 167
Boso   156, 166, 168, 171
Brennius (Briennius)   35, 36, 37, 40, 42, 43, 44, 159
Brianus   191, 193, 196
Britahel I   56
Britahel II   137
Britanni   5, 75
Britones   2, 5, 21, 34, 37, 42, 43, 47, 52, 54, 55, 56, 58, 60, 62, 66, 67, 70, 72,
   73, 74, 75, 76, 77, 78, 81, 85, 88, 91, 93, 100, 101, 102, 104, 105, 111, 119,
   121, 123, 124, 129, 130, 133, 136, 141, 143, 145, 147, 154, 155, 157, 158,
   159, 160, 166, 167, 171, 172, 174, 175, 184, 186, 187, 188, 189, 190, 191,
   193, 194, 195, 196, 197, 200, 201, 202, 203, 204, 205, 206, 207, 208
Brochmail (Broomais)   189
Bruniggus   178
Brutus   2, 6, 7, 8, 9, 10, 11, 12, 13, 14, 15, 16, 17, 18, 19, 20, 21, 22, 23, 27,
   54, 115 (20)
Brutus Uiride Scutum   27, 28
Budicius   96, 144
Buel   27

Cador   143, 148, 152, 156, 158, 166, 167, 168, 178
Cador Limenic   178
Cadualadrus (Cadualdrus)   2, 115 (20), 202, 203, 205, 206
Caduallo   2, 190, 191, 192, 193, 195, 196, 197, 198, 199, 200, 201, 202
Caduanus I   156
Caduanus II   188, 189, 190, 195

Caduanus rex Scottorum 198
Caliburnus gladius 147, 155, 174
Cancer 117 (73)
Cangu 27
Cantii 189
Cantuarii 56
Cap 52
Capis 29
Capoir 52
Caradocus 81, 82, 83, 87
Carausius 75, 76
Cassibellanus I (Cassibellannus, Cassibellaunus) 22, 53, 54, 55, 56, 57, 58, 59, 60, 61, 62, 63
Cassibellanus II 178
Cathleus Mapcatel 156
Catigernus see Katigernus
Cenomanni 167
Chedualla [i.e. Cadualadrus] 202
Chein 27
Cheldricus I 143, 147, 148
Chelricus 177, 178
Cheneus Mapcoil 156
Cherdich 101
Cherin 52
Cheudo [i.e. Kaius] 176
Cheulfus 35
Chinmarhogus 173
Christus 1, 64, 72, 77, 90, 92, 134, 147
Claudius Cesar 65, 66, 67, 68, 69
Cledaucus 52
Cligueillus 52
Clofaut 156
Clotenus 52
Coel 78, 83
Coillus 52
Coilus 71, 72
Colgrimus (Colgrinus) 143, 147
Conanus Meriadocus 81, 82, 83, 84, 86, 87, 88, 92, 115 (20), (21), 194
Constans 93, 94, 95, 96, 97, 119
Constantinus I 78, 79, 80, 81, 82, 83, 92, 159, 160
Constantinus II 92, 93, 94, 118, 119
Constantinus III 178, 180, 181
Conwena 41
Cordeilla (Gordeilla) 31, 32

154

Galluc   156
Ganhumara (Ganhumera)   see Guenhuuara
Gaufridus (Galfridus) Monemutensis   3, 110, 177
Gaurdid   27
Gemini   117 (73)
Genuissa   68, 69
Gerennus   52
Gerinus   156, 162, 166, 168, 171
Germani   43, 161
Germanus Altissiodorensis episcopus   100, 102
Geron   16
Geta   75
Gewissei (Gewisei, Geuuissei)   80, 94, 116 (50), 128, 202
Gildas (Gillas, Gilotas)   1, 22, 34, 39, 72, 100, 195
Gillabor   178
Gillafer   178
Gillamuri (Gillamurius)   149, 153, 156
Gillapatric   178
Gillarum   178
Gillas   see Gildas
Gillomanius   130, 132, 134
Gilotas   see Gildas
Gladus   27
Gloigin   27
Gloio   68
Goemagog (Goimagog, Goemagon)   21
Goffarius (Goffarus, Gofforius) Pictus   18, 19, 20
Gonorilla   see Gornorilla
Gorangonus   100
Gorbodugo   33
Gorbonian Masgoit   156
Gorbonianus (Gorhbonianus)   49, 51, 52
Gordeilla   see Cordeilla
Gorgon   27
Gorlois   124, 136, 137, 138
Gornorilla (Gonorilla)   31
Gotmundus (Gormundus)   184, 191
Gratianus (Gracianus)   80, 81, 82, 86, 88
Gratianus municeps   88, 89
Gregorius papa   188
Greci   7, 8, 9, 11, 15, 163
Grifud Mapnogoid   156
Gual   27
Gualauc Salsberiensis   172

Gualenses 207

Gualguanus (Galgwainus, Gwalguanus, Gwalgwainus, Gwalgwanus, Gwalgwinus) 152, 154, 166, 168, 173, 177

Gualo 207

Gualterus (Gwalterus) Oxenefordensis see Walterus Oxenefordensis

Gubertus 80

Gueithaet 56

Guendoloena 24, 25

Guenlodoe 27

Guenhuuara (Ganhumara, Ganhumera, Guenhumara) 152, 164, 176, 177

Guenlian 27

Guichlacus (Guichtlacus) see Guithlacus

Guiderus 65, 66

Guingornenses 196

Guitardus (Gwitardus) 155, 156, 167, 168

Guithelinus 47

Guithelinus Londoniensis metropolitanus 90, 92, 93, 94

Guithlacus (Guichlacus, Guichtlacus) 36, 38

Gunuasius 153, 156

Gurgintius 52

Gurguint Barbtruc 45, 46

Gurgustius 33

Gwalguanus (Gwalgwainus, Gwalgwinus) see Gualguanus

Gwitardus see Guitardus

Habren 24, 25

Hector 22

Helena I 78, 80, 83, 159

Helena II 165

Helenus 7

Heli 53

Helias 30

Hely 22

Hengistus 98, 99, 100, 101, 103, 104, 118, 120, 121, 122, 123, 124, 125, 126, 127, 136, 177

Henricus Huntendonensis 208

Henricus rex Anglorum 3, 4

Henwinus 31, 32

Hertor 27

Hibernenses (Hibernienses, Hybernienses) 70, 130, 149, 177, 178

Hiderus filius Nucii 166

Himbertus 18

Hirelglas I 61

Hirelglas II 172

Hirtacius   163, 170
Hiwenus   177
Hoelus I   144, 146, 148, 150, 155, 156, 157, 160, 161, 165, 168, 173, 177, 195
Hoelus II   195
Holdinus   156, 168, 172, 176
Homerus (Omerus)   19, 25
Horsa   98, 100, 101, 177
Humber   24
Huni   24, 88
Hybernienses   see Hibernenses
Hyrelglas de Periron   167

Iago I   33
Iago II   195
Iagon   27
Iagwinius de Bodloano   173
Ianus   31
Idual   52
Ieu   29
Ignogin   27
Ignogeg   see Innogen
Imbaltus   84
Ingenius   51, 52
Ingerna   137, 138
Innogen (Ignogeg)   14, 15, 23
Ioelinus   79
Iohel   29
Ionathal   156, 168
Iordanus de Tintagol   137
Isembardus   184
Iturei   163, 170
Itali   43
Iudei   126
Iudon   33
Iugin (Iugenis)   156, 168
Iulius   77, 156, 177
Iulius (Iulianus) Cesar   22, 54, 55, 56, 57, 58, 59, 60, 61, 62, 63, 64, 158, 159
Iuppiter (Iupiter)   16, 98, 117 (73)
Iuor I   27
Iuor II (Yuor)   206, 207
Iuuenalis   69

Kaius   155, 156, 157, 165, 168, 171
Kamber   23, 24
Kambreda   27

Index Locorum

Derwend   101
Dimilioc   137
Dorobellum   56
Dorobernia   62, 98, 112 (3)
Duglas flumen   143, 191

Eboracum   38, 50, 63, 72, 74, 78, 105, 124, 126, 127, 130, 136, 143, 151, 177, 196
Egyptus   68, 163, 170
Eppifordum   101
Equitania (Equitannia)   see Aquitania
Erir mons   106
Estrusia   155
Europa   69, 154
Exonia   69, 116 (56), 196

Flandrie   176

Galabes (Galahes) fons (uallis)   116 (40), (50), 128
Galabroc   76
Galatherium nemus   see Calaterium nemus
Gallia (Gallie)   5, 19, 27, 31, 33, 40, 41, 53, 56, 63, 84, 85, 86, 116 (38), 120, 155, 158, 159, 162, 166, 177, 184, 195
Gallica nemora   115 (21)
Gallica regna   16
Gallicani saltus   112 (2)
Gallicanum littus   37, 40
Garnareia   193
Genoreu oppidum   119
Germania   24, 27, 43, 86, 88, 98, 99, 100, 101, 102, 103, 112 (6), 131, 132, 136, 139, 143, 145, 177, 200, 204
Glamorgantia (Glamorgancia)   72, 156
Gloucestria   68
Godlandia   153, 156, 162, 183
Grecia (Gretia)   7, 14
Guaie fluuius   119
Gualia (Gualie, Guallie, Gwallie)   23, 72, 150, 184, 186, 204, 208
Guasconia   155
Guintonia (Gwintonia, Wintonia)   29, 67, 80, 93, 105, 116 (31), (35), 127, 132, 133, 134, 157, 177, 179, 180

Habren   25
Hantonia   66
Hedfeld   197

APPENDIX

Conversion table for the book and chapter numbers used by Commelin/
Thorpe (C) and Faral's chapter numbers included in the present edition (F).

C	F	C	F
I.i	1–4	II.xiii	31
I.ii	5	II.xiv	31
I.iii	6–7	II.xv	32
I.iv	8	II.xvi	33
I.v	9	II.xvii	34
I.vi	10	III.i	35
I.vii	11	III.ii	36
I.viii	12	III.iii	37
I.ix	13	III.iv	38
I.x	14	III.v	39
I.xi	15–17	III.vi	40
I.xii	17–18	III.vii	41
I.xiii	18–19	III.viii	42
I.xiv	19	III.ix	43
I.xv	20	III.x	44
I.xvi	21	III.xi	45
I.xvii	22	III.xii	46
I.xviii	22	III.xiii	47
II.i	23–24	III.xiv	47–48
II.ii	24	III.xv	48
II.iii	24	III.xvi	49
II.iv	24	III.xvii	50
II.v	25	III.xviii	51
II.vi	25–26	III.xix	52
II.vii	27	III.xx	53
II.viii	27	IV.i	54
II.ix	28–29	IV.ii	55
II.x	30	IV.iii	56
II.xi	31	IV.iv	57
II.xii	31	IV.v	58